NOSOTROS LOS
DREAMERS

Historias de vida más allá de la frontera

JOSEFINA VÁZQUEZ MOTA

Ilustraciones de
Felipe Galindo, *Feggo*

Grijalbo

Nosotros los *dreamers*
Historias de vida más allá de la frontera

Primera edición: noviembre, 2016

D. R. © 2016, Josefina Vázquez Mota

D. R. © 2016, derechos de edición mundiales en lengua castellana:
Penguin Random House Grupo Editorial, S.A. de C.V.
Blvd. Miguel de Cervantes Saavedra núm. 301, 1er piso,
colonia Granada, delegación Miguel Hidalgo, C.P. 11520,
Ciudad de México.

www.megustaleer.com.mx

D. R. © 2016, Felipe Galindo, *Feggo*, por las ilustraciones de interiores

ISBN: 978-607-314-719-4

Impreso en México – *Printed in Mexico*

El papel utilizado para la impresión de este libro ha sido fabricado a partir de madera procedente
de bosques y plantaciones gestionadas con los más altos estándares ambientales, garantizando
una explotación de los recursos sostenible con el medio ambiente y beneficiosa para las personas.

Penguin
Random House
Grupo Editorial

Índice

TESTIMONIOS

Prólogo

El libro escrito por Josefina Vázquez Mota, *Nosotros los* dreamers: *Historias de vida más allá de la frontera*, es una carta de amor a algunos de los líderes y activistas más inspiradores de nuestra época. Notoriamente, hace más de una década el ex presidente Vicente Fox nombró "héroes nacionales" a los mexicanos radicados en el exterior. El entonces presidente de El Colegio de la Frontera Norte, el doctor Jorge Santibáñez, lo corrigió, diciendo que, al contrario, eran "actores en una tragedia nacional". La migración masiva de mexicanos a Estados Unidos en los años noventa provee el fondo de la historia contada en *Nosotros los* dreamers, el momento en que muchos mexicanos decidieron lanzarse a probar su suerte en aquel país, huyendo de la crisis económica en casa. Esos mexicanos son, en las palabras de una mamá citada en este libro, "los *dreamers* originales".

Careciendo de canales legales para migrar, se aventuraron en el cruce más peligroso: por tierra. Muchos traían consigo unos bultos preciosos, envueltos en una manta, tomados de la mano de un coyote "de confianza" o cruzados con el pasaporte de un primo o vecino: sus hijos. La mayoría encontró trabajo y empezaron a invertir en una vida en Estados Unidos. Fueron pasando los años. Sin la oportunidad de regularizar su estatus se quedaron, paradójicamente, atrapados por una línea fronteriza diseñada para excluirlos. Nadie se imaginaba que pasarían 30 años después de la amnistía de 1986 (Immigration Reform and

Control Act) y todavía no habría cola donde formarse, ni manera de conseguir "los papeles". Para los padres de familia, este limbo prolongado duró más de lo esperado pero no fue totalmente sorprendente. Cuando migraron, sabían los riesgos que estaban tomando y la precariedad de trabajar "debajo de la mesa", o "fuera de los libros". Generalmente, a sus patrones no les importaba mucho su estatus, dado que trabajo sobraba para todos. Criaron a sus hijos, sin embargo, con expectativas diferentes y nuevas, aspiraciones que no se podrían imaginar en sus pueblos de origen: "trabaja fuerte y podrás ir a la universidad, podrás hacerte un profesional, te podrás superar". Les inculcaron a sus hijos una ética meritocrática del trabajo esforzado, la perserverancia y la diligencia. Sus hijos, en su mayoría, empezaron a sobresalir. Estudios como el libro brillante de Angela Valenzuela, *Escolarización sustractiva* (*Subtractive Schooling*), nos indican que los que migran siendo aún niños superan muchas veces a sus contemporáneos nacidos en Estados Unidos. Es lo que el doctor Robert Smith, profesor en la City University of New York (CUNY), llama "el trato de la familia migrante"; cuando los papás les dicen a sus hijos: "He sacrificado todo para que tú te superes, para que no tengas que hacer el trabajo que yo hago; trabajo para que estudies".

Sin embargo, el trato no se cumplió. A pesar del trabajo duro, las ganas y el empeño, muchos jóvenes, una generación entera nacida en México y criada en Estados Unidos, se dieron cuenta de que no tenían papeles y que sin ellos no iban a poder ir a la universidad, recibir ayuda financiera ni trabajar en el campo que estudiaron. Enfrentando este obstáculo, algunos se graduaron de la *high school* y siguieron en la universidad, y continuaron, todavía sin opciones, hasta la maestría, la escuela de medicina o de leyes, el doctorado… Otros, desanimados, desertaron de la escuela y asumieron los mismos trabajos que sus papás, lavando platos o haciendo pizzas. Algunos, debido a su capacidad bilingüe, encontraron trabajo como gerentes o supervisores en las mismas fábricas o restaurantes donde laboraban sus padres. Estados Unidos no cumplió su parte del trato: el énfasis en el trabajo duro fue torcido y usado como herramienta en contra de los migrantes. El sentimiento antimigrante en el país creció hasta niveles espantosos y ofensivos. Frustrados, muchos jóvenes empezaron a dedicarse a la acción colectiva, al activismo, y nació un movimiento nacional.

La propuesta de ley DREAM Act (Development Relief and Education for Alien Minors Act) fue presentada en el Congreso cada año entre 2000 y 2010. Diseñada como un camino a la legalización, específicamente para los jóvenes estudiantes, los protegería de la deportación y les daría un camino a la ciudadanía. Desgraciadamente, nunca fue aprobada. Portando playeras con las palabras "Indocumentado, sin miedo y sin disculpas", los jóvenes "salieron de las sombras" en Chicago en 2010, declarando abiertamente su estatus y fomentando acciones a nivel nacional. Apostaron a que estaban más seguros fuera de las sombras que detrás de ellas. Muchos usaban orgullosamente en sus manifestaciones la toga de graduación, para llamar la atención hacia sus buenas calificaciones y logros académicos como una razón más para extenderles un camino a la legalización. Pero el discurso de mérito empezó a ir en su contra. Los mismos legisladores que apoyaron la DREAM Act buscaban deportar a sus padres, diciendo que los jóvenes no rompieron la ley porque fueron traídos como niños, pero que los adultos sí. Así, los *dreamers* fueron caracterizados como inocentes, pero sus padres fueron criminalizados. Algunos jóvenes empezaron a rechazar el discurso de mérito y la DREAM Act misma, haciendo un llamado a una legalización para todos los indocumentados y promoviendo el fin de la detención y la deportación con la campaña Ni Uno Más. Se negaron a criminalizar a sus padres. Rechazaron la idea de que sus papás rompieron la ley mientras ellos eran inocentes. Gritaban en coro: "Ningún ser humano es ilegal".

Sus tácticas se volvieron más atrevidas: cruzar la frontera hacia México y volver a entrar, pedir permiso para "regresar a casa". Incluso se infiltraron en centros de detención y se sentaron en la calle con los brazos entrelazados para estorbar a los camiones que llevaban a los migrantes a dichos centros. También ocuparon las oficinas de campaña del presidente Obama, y al parecer éste los escuchó. Después de hacer una llamada oculta por el activismo, cuando su portavoz Cecilia Muñoz, ex directora del Consejo Nacional de la Raza, explicó que el presidente ejecuta la ley y que solamente la legislatura puede cambiarla, Obama empezó a explorar la opción de una acción ejecutiva. A nivel nacional, activistas demandaron que usara su autoridad, insistiendo en que el presidente podría cesar las deportaciones y detenciones con el movimiento de su pluma. Finalmente, en 2012 el presidente Obama anunció el Programa de Acción Diferida para los Llegados en la Infancia (Deferred Action for Childhood Arrivals, DACA): protección de la deportación, permiso para trabajar y acceso a licencias de conducir para inmigrantes que cruzaron antes de los 16 años y todavía no cumplían 31.

A pesar de que esto significaba una victoria para los activistas, muchos respondieron cautelosamente. Muchos quedarían fuera: los que no estaban en la escuela o habían desertado, los que eran mayores o menores de las edades referidas, los que habían caído dentro del sistema de justicia criminal y, aún más importante, sus padres. Muchos tenían miedo de aplicar, pensando erróneamente que era una trampa, que los deportarían o que quien sucediera a Obama usaría el rol de DACA como lista de deportables. Sin embargo, muchos confiaron y solicitaron su ingreso al programa, y por primera vez muchos de estos DACA-mentados pudieron trabajar "dentro de los libros" (legalmente) y en las profesiones para las cuales estudiaron, pudieron conducir y dejaron de preocuparse por la amenaza de la deportación. Muchos activistas expresaron cansancio después de años de lucha, y el activismo se tranquilizó.

Luego, el presidente Obama continuó la iniciativa al firmar una extensión de DACA y añadiendo DAPA, para los padres de hijos ciudadanos. De nuevo, muchos se quejaron de que no era suficiente, pero sus críticas se nulificaron cuando un juez en Texas ordenó que se congelara el programa, estatus que sigue vigente a pesar de varias apelaciones, hasta que la Corte Suprema del país decidiera sobre el caso. Por ahora, los padres y las familias siguen esperando. Todavía viven en el limbo. Todavía están atrapados en la "jaula de oro".

En este libro, la licenciada Josefina Vázquez Mota dedica su atención a los *dreamers*, dando la primera importancia a las propias palabras y testimonios de estas personas. En contraste con la mayoría de publicaciones sobre este tema (que sigue siendo un interés más o menos reciente), la autora de este libro escucha más de lo que habla. Ella siempre ha dicho que la gente se olvida de los hechos y las estadísticas, pero nunca se olvidan de una historia. Aquí las historias prevalecen. Aprendemos acerca de la diversidad tremenda entre los *dreamers* y sus historias —entre el que estudió en Harvard y el que dejó la escuela y casi se suicida ante la desesperación de ver los caminos cerrarse—. Vázquez Mota provee un resumen experto de la situación legal que viven muchos *dreamers* y sus familias, y ofrece muchas estadísticas y datos muy importantes, presentados de forma interesante y accesible, pero atiende aun más a las consecuencias emocionales que sobrevienen cuando los estudiantes enfrentan barreras que no se imaginaban. La mayoría no sabía de su estatus migratorio, o lo que implicaba, hasta terminar la *high school*. Porque los jóvenes indocumentados tienen derecho a estudiar en las escuelas publicas hasta terminar la preparatoria; es cuando quieren acceder a la universidad que encuentran obstáculos. Paradójicamente, para muchos es precisamente en eventos de acceso a la universidad, *tours* y otras actividades diseñadas para promover la educación superior donde reciben por primera vez la noticia de la barrera que su estatus implica.

Josefina Vázquez Mota se distingue por su amor a sus paisanos, donde sea que éstos residan. Aboga incansablemente por el empoderamiento y la movilidad de los mexicanos en nuestra época transnacional. Mientras en el pasado algunos criticaban a los migrantes por "desertar" del país en una época de crisis y por dedicar sus años productivos al trabajo en Estados Unidos, ella es sensible a los cálculos difíciles de las familias que miden las aspiraciones y sueños de sus miembros cuando optan por vivir en Estados Unidos, sobre todo cuando hacen esto sin permiso legal. Cuántos *dreamers* y sus familias han sido abofeteados por las variadas políticas mexicanas y estadounidenses, sin poder tomar decisiones totalmente autónomas debido a un sistema migratorio roto. Se caen por las grietas de las regulaciones que gobiernan las calificaciones educacionales, las licencias profesionales y los requisitos de la residencia, y cuando se les pide el famoso sello oficial, el apostillado.

Muchas de las familias presentes en este libro han probado estrategias múltiples: migrando por etapa, volviendo a México, intentando otra vez la vida en Estados Unidos, buscando aplicar sus recursos económicos y sociales a la construcción de una vida empoderada, y unir a sus familias. Vázquez Mota consigue acceso a todos los detalles minuciosos que hacen que las decisiones que toman las familias sean restringidas y emocionalmente cargadas: las separaciones de las familias, las aspiraciones diferidas, los saltos de fe que hacen las familias cuando no controlan completamente sus circunstancias. Tanto como en su trabajo filantrópico con la Fundación Juntos Podemos como en su continua lucha por el pueblo mexicano, ella promueve la doble nacionalidad y la naturalización. Inequívocamente, urge que México gane cuando tiene a sus nacionales empoderados en los dos lados de la frontera, con plena movilidad y derechos. Aboga por la participación cívica, rogando que los que puedan voten, se naturalicen, se involucren en la política. Presiona al gobierno mexicano para que haga más por sus ciudadanos en el exterior, aun si no tienen la intención de volver por ahora —y logra hacerlo—. En vez de lamentar la "fuga de cerebros" de los mexicanos profesionales y empresarios en Estados Unidos, celebra su espíritu innovador, emprendedor, su compromiso social y su generosidad, porque los mexicanos empoderados en Estados Unidos pueden extender la mano a los que vienen atrás, exigir mejores políticas binacionales y contribuir a sus comunidades en los dos lados de la frontera, mientras sus familias cumplen sus sueños.

Este libro es para los valientes, pues algunas de sus historias romperán el corazón de cualquier lector, sobre todo aquellas que son una letanía de puertas cerradas y oportunidades perdidas. Sin embargo, es una historia de perseverancia, de optimismo y de compromiso social por parte de jóvenes esperanzados. Con el afán de lograr sus propios sueños, los *dreamers* trabajan incansablemente para hacer el camino menos difícil para los que les siguen, y para minimizar los obstáculos que enfrentan otros jóvenes indocumentados y sus familias, mientras hacen campaña con fervor para una reforma migratoria.

Conmueve e inspira que la licenciada Josefina Vázquez Mota haya viajado de costa a costa, visitando tantos estados de la Unión Americana, para recolectar estas historias valiosas de los *dreamers*. Esperemos que se cumplan sus sueños.

ALYSHIA GÁLVEZ,
profesora de CUNY

Introducción

En Estados Unidos hay mujeres y hombres, todos muy jóvenes, que llegaron desde México cuando eran niños: a veces muy pequeños, recorrieron con sus padres los mismos caminos a través del desierto, las montañas o los pasos fronterizos para cruzar la frontera a pie. Algunos llevaban una visa temporal que les permitió ingresar, aunque sabían que la posibilidad de volver era muy poca si no es que nula; esos niños de hace 10, 20 años, hoy buscan un mejor futuro en Estados Unidos. La figura del *dreamer*, el joven migrante, el "soñador" que desea alcanzar el sueño americano, tiene su origen en la propuesta de ley que se presentó por primera vez en el Senado de Estados Unidos el 1º de agosto de 2001. La propuesta es conocida como DREAM Act, acrónimo de Development, Relief and Education for Alien Minors Act (Ley de fomento para el progreso, alivio y educación para menores extranjeros). Las siglas de la iniciativa dieron origen al apelativo de sus beneficiarios, los jóvenes indocumentados, los *dreamers*. De ser una figura legal, este apelativo se ha convertido en una suerte de identidad temporal, un término que cambia y se redefine cada vez que uno de ellos se apropia de la palabra para compartir su historia.

México y Estados Unidos están ante la primera generación verdaderamente binacional, jóvenes que van más rápido que cualquier política pública y que representan lo mejor de ambos países; sus experiencias son el punto de partida para abrir otro

15

capítulo en la relación bilateral y su ímpetu es el impulso para transformar a Norteamérica en una región más competitiva y más incluyente.

Las historias de estos jóvenes son muy diversas. Algunos llegaron a Estados Unidos sin actas de nacimiento; otros, de acuerdo con su edad, se quedaron en México durante algún tiempo a cargo de sus abuelos y cruzaron de la mano de un *coyote* o un familiar para reencontrarse con sus padres. Muchos sencillamente acompañaron los pasos y sueños de sus padres sin saber ni imaginar qué les esperaba en su nueva vida, sin tener la menor idea de a dónde se dirigían en realidad. En 2014 visité varias ciudades de Estados Unidos en busca de liderazgos locales para entender mejor la realidad de la comunidad mexicoamericana y me encontré con varios de ellos. Así nace este libro, de las conversaciones en que muchos de esos jóvenes compartieron sus historias conmigo. En muchos casos el proceso ha sido arduo, pero han logrado concretar una realidad acorde con sus metas; en otros todavía hay mucho por andar para que sientan que todo ese esfuerzo ha valido la pena.

Todos los *dreamers* tienen historias distintas sobre su origen y sus relaciones familiares, cómo llegaron a Estados Unidos y cómo han mantenido una relación con México. Pero aunque son diferentes, también tienen muchos puntos en común, lo sepan o no. No es posible generalizar las historias personales ni las vivencias de cada familia o cada *dreamer*, pero es importante hacer notar que entre todos hay muchas coincidencias.

Hay casos de adolescentes que apenas quieren entrar en la universidad, se dan cuenta de que es imposible por su condición de inmigrantes sin documentos legales; ante esto algunos incluso llegan a extremos desesperados, como pensar que no tiene sentido seguir viviendo: estas reacciones obligan a cualquier espectador a salir de la indiferencia. Es importante reconocer su realidad, los contrastes con algunos grupos de jóvenes que en México han tenido oportunidades de sobra para elegir entre un sinnúmero de opciones y lograr casi todo lo que anhelan. El contraste con los llamados "mirreyes" es brutal. Mientras que estos jóvenes con todas las oportunidades a su alcance se dedican a desperdiciarlas y a frivolidades, los *dreamers* se dedican a aprovechar todas y cada una de las oportunidades que se les presentan.

De esta forma, narrar las historias de estos jóvenes es una manera de conocer a otra comunidad de mexicanos, comunidad de la que casi no se habla pero que tiene la mayor trascendencia debido a que los *dreamers* participan activamente en la sociedad, son innovadores, entusiastas, trabajadores, estudiosos, y por encima de todo son responsables y conscientes del papel que juegan en el futuro.

Durante el tiempo que viajé para entrevistar a los *dreamers*, repasaba sus historias en las noches y sentía que mis batallas de vida habían sido menores. Pensaba con frecuencia en gente como Pedro Morales, y las condiciones en que vivió de niño en uno de los barrios más pobres de Ciudad Juárez: su tío lo golpeaba y abusaba sexualmente de su hermana. Para protegerse tuvo que dormir entre los cajones de fruta del mercado, y para comer cantaba en las cantinas cuando todavía no rebasaba ni los 12 años de edad. También pensaba en su paso por las maquiladoras —le daban trabajo porque se "cambiaba la edad" para apoyar a su madre con el ingreso familiar— y en la oferta que le hicieron para trabajar en la Casa Blanca y que al poco tiempo le retiraron al descubrir que su madre había mentido sobre su ingreso a Estados Unidos. Todavía hoy sigo repasando su búsqueda incansable por conseguir trabajo en las construcciones para no abandonar su sueño y terminar la escuela. Hasta ahora he conocido a pocas personas capaces de mostrar orgullo y humildad al mismo tiempo, y Pedro es una de ellas: hace poco me mostró su diploma de Harvard, un logro magnífico que acababa de conseguir, y me dijo que no era mérito suyo sino de la gente que lo había apoyado, y sobre todo de Dios.

Cuando pienso en jóvenes como Pedro, entiendo que los *dreamers* son guerreros que cada día libran todo tipo de batallas sin rendirse nunca. Cada una de ellas y de ellos es un ejemplo de valor y de perseverancia. En muchos casos, a pesar de su juventud, tienen claro el propósito fundamental de sus vidas y aquello que quieren conseguir. Muchos, después de enterarse de que su estatus migratorio les impediría estudiar una carrera, obtener un trabajo o una licencia, superaron la frustración y buscaron apoyo, reconocieron su nueva realidad y volvieron a empezar con más coraje y determinación, con la convicción de no darse por vencidos: fue así que empezaron a crear redes de ayuda y a impulsar cambios cada día más relevantes, gracias a que invitaron a otros jóvenes a sumarse a su esfuerzo. Juntos, aprendieron a perder el miedo y a buscar vías institucionales para encontrar solución a sus demandas.

El acceso a las oportunidades ha dependido también de la ciudad en que viven; aunque en algunas localidades han encontrado rutas más sencillas para avanzar, aún hay sitios donde la adversidad y las barreras siguen presentes. Cerca de la mitad de los jóvenes que pueden aplicar a DACA (Deferred Action for Childhood Arrivals, o Programa de Acción Diferida para los Llegados en la Infancia, es el resultado de una acción ejecutiva del presidente Barack Obama con el objetivo de evitar la deportación temporal de jóvenes llevados por sus padres a Estados Unidos cuando eran menores de 16 años, cuya edad al momento de solicitar acceso al programa fuera menor a 31 años y hubieran residido en el país desde el 15 de junio de 2007. El permiso de estancia es de dos años, pero con posibilidad de renovación. Los requisitos son similares a los establecidos en la DREAM Act, con la diferencia de que no ofrece un camino a la residencia legal pero sí permite estudiar o trabajar en el país) no lo saben o no tienen los recursos para hacerlo. A veces, los obstáculos para salir adelante están en su propia comunidad: hay padres que presionan a sus hijos para que dejen la escuela y vayan a trabajar con ellos, pues sienten que si ellos pudieron sobrevivir en las sombras, sus hijos tienen que hacer lo mismo; piensan que aun cuando sus hijos luchen por ingresar al colegio y tener mejores oportunidades, no tiene caso porque no van a poder conseguirlo. Creen que los chicos pierden tiempo valioso en la escuela y que, en cambio, deberían usarlo para apoyar económicamente a la familia.

Actualmente hay 17 000 estudiantes mexicanos en las universidades de Estados Unidos, de acuerdo con el estudio Open Doors Data publicado por el Institute of International Education en 2015 (http://www.iie.org/Research-and-Publications/Open-Doors/Data/Fact-Sheets-by-Country/2015#.V5uNX5MrKCQ). Entre ellos, son innumerables los casos de logros académicos extraordinarios que, de estar mejor acompañados, podrían desarrollarse en mejores condiciones de vida. Forjados en la adversidad y el esfuerzo, sus manos, mentes y corazones están listos para llegar tan lejos como los lleven la voluntad y la pasión. Para ese país, estos jóvenes pueden ser talentos a explotar, pueden generar prosperidad, representan el espíritu de la fortaleza y la determinación. Si hay avances en la reforma migratoria, los *dreamers* serán los próximos congresistas, empresarios, científicos, profesionales, mujeres y hombres de bien que, orgullosos del país que les brindó oportunidades, trabajarán por él y lo defenderán. Además, podrán ser inversores potenciales en México, país necesitado de inversión extranjera.

Sin embargo, para México ésta es la última llamada: estamos frente a una generación de jóvenes desconocidos para nosotros. Estos *dreamers* están dejando de hablar español, conocen México sólo por referencias o por las historias que sus padres y abuelos les contaron. Ésta es una generación que apenas se acuerda del día en que se fueron. Para ellos México es un recuerdo nostálgico, el país de sus padres, al que nunca han podido viajar o al que tuvieron que "volver" contra su voluntad: un país que además de ser desconocido, los trata de manera distante y tiene una configuración lejana a la realidad que ellos conocen; un lugar ajeno a sus batallas y a sus sueños.

Aunque todavía se consideran a sí mismos mexicoamericanos, en segundas y terceras generaciones se sienten más estadounidenses y cada vez menos mexicanos. Han visto trabajar a sus padres día tras día, avanzar en las sombras con temores y orgullo, con incansable esfuerzo y mérito. Si bien sus padres envían remesas que mantienen a casi millón y medio de hogares mexicanos, de acuerdo con cifras del INEGI, los *dreamers* pierden poco a poco las razones para hacer lo mismo. Independientemente de las remesas, los *dreamers* pueden construir un vínculo y una relación constructiva con México por medio de la vinculación cultural, incluso de la inversión y la generación de empleos en su país de origen. Por eso es urgente dar a conocer estas historias de vida, sus aportaciones y el espíritu de grandeza que las caracteriza; hay que hacerlo ya, en ambos lados de la frontera.

Es vergonzoso que cuando se publica una nota sobre ellos en México, sale casi siempre en la sección internacional: es como si estos jóvenes no formaran parte de la realidad nacional. Paradójicamente, cuando crecen las remesas que envían sus padres, las notas suelen ocupar amplios espacios en las primeras planas de los periódicos y en otros medios de comunicación. Salvo raras excepciones, casi no hay quien conozca a los *dreamers* en nuestro país; mientras tanto, en Estados Unidos se enfrentan a los embates de grupos cada vez más radicales frente a la migración.

De hecho, mientras escribo estas líneas, la decisión de un juez en Texas mantiene los programas DACA+ y DAPA en suspensión. En 2014, ante el *impasse* en el Congreso estadounidense para aprobar una reforma migratoria integral, el presidente Obama emitió una nueva serie de acciones ejecutivas relacionadas con el tema migratorio. Estas medidas ampliarían el número de beneficiarios de DACA en 408 000 personas (DACA+), de los cuales hasta 209 000 serían mexicanos, y beneficiaría además a los padres indocumentados de residentes permanentes autorizados en Estados Unidos (DAPA). En total, estas medidas, DACA+ y DAPA, podrían beneficiar a 3.9 millones de personas, de las cuales al menos dos millones serían mexicanas.

Pocas horas después del anuncio de Obama y sus acciones ejecutivas, el sheriff Joe Arpaio, del Condado de Maricopa en Arizona, desafió el plan del presidente para diferir las deportaciones ante un tribunal federal de Washington, D. C., en el expediente conocido como Arpaio vs. Obama. Días después, los representantes de los 17 estados (más nueve que se sumarían posteriormente) presentaron un caso similar en un tribunal federal de Brownsville, Texas. Este caso es conocido como Texas vs. Estados Unidos.

El gobierno de Estados Unidos se opuso a ambas demandas argumentando que las acciones del presidente eran una utilización legítima de las atribuciones presidenciales, y que los demandantes carecían de sustento para llevar su caso, ya que ellos no fueron perjudicados.

La corte federal de Washington, D. C., desestimó rápidamente la demanda del sheriff Arpaio. Esa decisión fue confirmada unánimemente por un panel de tres jueces de la Corte de Circuito de Apelaciones D. C., el 14 de agosto de 2015. El sheriff Arpaio solicitó a la Corte Suprema que revisara el caso, pero el 19 de enero de 2016 la Corte Suprema denegó esa solicitud.

El tribunal federal de Texas, en cambio, justificó la demanda de los 26 estados, argumentando una violación procesal legislativa por parte del ejecutivo. El Departamento de Justicia apelaría esta decisión y llevaría el caso a una instancia superior: la Corte del 5° Circuito de Apelaciones. El 9 de noviembre de 2015, en una votación dividida 2 a 1, esta Corte de Apelaciones aprobaría la decisión del tribunal federal en Brownsville. Un día después de este fallo, el Departamento de Justicia anunció su intención de presentar el recurso ante la Corte Suprema de Justicia de Estados Unidos. La Corte Suprema aceptaría revisar el caso el 18 de abril de 2016. La Corte Suprema votó la resolución de la Corte de Apelaciones, habiendo un empate de 4 a 4. Este empate implica que la decisión del 5° Circuito quede firme, por lo que hasta que no haya un pronunciamiento de la Corte Suprema en sentido contrario, DACA+ y DAPA quedarán suspendidas.

El Departamento de Justicia puede volver a apelar la decisión de la Corte de Apelaciones del 5to circuito; la Corte Suprema puede volverse a pronunciar, y ante un eventual empate (muy probable ante la actual composición de la Corte), la decisión de la Corte de Apelaciones quedaría en vigencia de nuevo, es decir, DACA+ y DAPA no podrían implementarse. Este proceso podría tardar varios años en llegar a una resolución final. Las elecciones de noviembre de 2016 podrían determinar quién nominaría al nuevo miembro de la Corte Suprema. En caso de contar con un presidente republicano es probable que sea nominando un juez conservador, el cual daría la mayoría a los jueces que se oponen a la utilización de las acciones ejecutivas por parte del presidente.

Los *dreamers* no regresarán a las sombras, no aceptarán como destino abandonar la escuela o marginarse de la prosperidad; ya han avanzado en su lucha y hoy tienen más confianza y una mejor perspectiva de su futuro. Mientras que sus padres sólo tuvieron la alternativa de trabajar y adoptar nuevas reglas y maneras de vivir, los *dreamers* están construyendo historias más amplias de vida, de éxito. Esos jóvenes no se dedican sólo a buscar empleo, de hecho empiezan a generarlo.

Estos jóvenes están gestando una nueva identidad. Saben que para soñar hay que hacer, y para hacer también hay que soñar. Ahora que comienzan a transformar su visión acerca del país que los vio nacer, están decididos a construir su destino en la tierra que los ha visto crecer. Sin duda, los *dreamers* cambiarán la historia en ambos lados de la frontera. Su revolución, a veces silenciosa, a veces muy sonora, apenas comienza.

Ésta es una última llamada para no perderlos para siempre en su corazón, en su vinculación con México, en sus deseos de venir algún día a caminar sus orígenes.

Este libro recoge varios testimonios (apenas una muestra de todos los que son) y está dividido en cinco capítulos con varias secciones que contienen recursos de apoyo, materiales de consulta o información en forma de datos, además de fragmentos de los testimonios que recogí para conformar este volumen. Al final se encuentra un apéndice con las entrevistas completas, en las que se respetó absolutamente la voz de cada joven, de cada madre que quiso compartir con los lectores su historia de vida y su ejemplo de lucha; entrevistas que, además de ser conmovedoras, también sirven para plantearse qué vendrá después. Cuando uno escucha que su mayor deseo es estudiar la universidad o ayudar a su familia, siente una enorme urgencia: ellos necesitan toda la solidaridad que la sociedad pueda brindarles.

CAPÍTULO I

Los soñadores

¿QUÉ SIGNIFICA SER UN *DREAMER*?

Los *dreamers* son jóvenes que nacieron en México pero crecieron en Estados Unidos, al margen del sistema. Por distintas razones, casi todas relacionadas con una vida precaria y con la falta de oportunidades en México, muchas familias se han visto forzadas a emigrar de manera indocumentada; casi todos estos jóvenes tuvieron que irse con sus padres a una edad muy temprana (la mayoría antes de cumplir 15 años). Como llegaron a Estados Unidos en una situación irregular, crecieron sin un número de Seguro Social, trabajan sin documentos y no tienen la oportunidad de estudiar en las mismas condiciones que sus compañeros estadounidenses: en resumidas cuentas, a pesar de que sus padres y ellos pagan impuestos, porque trabajan, han vivido sin oportunidades ni derechos, es decir, como ciudadanos de segunda clase.

En este momento hay casi dos millones de jóvenes de origen mexicano que son considerados *dreamers*. Algunos, por fortuna, han hecho un esfuerzo extraordinario para estudiar y terminar una carrera universitaria, y ya empiezan a destacar como líderes de la comunidad hispana.

MARCO LEGAL

La figura del *dreamer* (joven migrante, soñador indocumentado que quiere alcanzar el "sueño americano") tiene su origen en la propuesta de ley que se presentó por primera vez en el Senado de Estados Unidos el 1° de agosto de 2001, conocida como DREAM Act, acrónimo de Development, Relief and Education for Alien Minors Act (Ley de fomento para el progreso, alivio y educación para menores extranjeros). Las siglas de la iniciativa dieron origen a la palabra con que se conocería a sus beneficiarios: los jóvenes indocumentados que ahora son llamados *dreamers*.[1] De ser una figura legal, este apelativo se ha convertido en una suerte de identidad temporal, un término que cambia y se redefine cada vez que uno de ellos se apropia de la palabra para compartir su historia.

Mientras recopilaba estos relatos no encontré a ningún *dreamer* que dejara de lado a sus padres o hermanos si recibía apoyo para regularizar su situación migratoria: ellos conocen mejor que nadie la importancia de saber que cuentan con el apoyo de su comunidad. Estos jóvenes representan e impulsan un cambio dentro de su familia. Han luchado por los derechos de sus padres, han guiado a otras generaciones para inscribirse al programa de DACA y han aconsejado a sus hermanos pequeños para sortear el difícil camino del día a día; incluso hay *dreamers* que dedican su tiempo a ayudar a otros más vulnerables, como los migrantes indígenas o los paisanos que viven en sitios apartados y no tienen información o recursos suficientes.

---

[1] Alejandra Castañeda, *Soñando el sueño americano: Obama y los Dreamers*, El Colegio de la Frontera Norte, 2012. Castañeda define a los *dreamers* de acuerdo con los requerimientos establecidos en 2012 para aplicar a DACA (Diferred Action for Childhood Arrivals): jóvenes inmigrantes indocumentados que ingresaron al país antes de cumplir 16 años de edad, tienen menos de 30 y al menos cinco años de residencia ininterrumpida en Estados Unidos.

En este libro se muestran varios casos de jóvenes que llegaron en condiciones precarias y ahora son figuras líderes, pero no son los únicos; muchos se asumen como *dreamers* aun cuando no hayan conseguido el apoyo de DACA. Para ellos, ser un *dreamer* va más allá de una condición legal, de un programa que les permite perder el miedo a ser deportados y obtener un número de seguridad social, una beca o un trabajo. Al asumirse como parte de esos *soñadores*, afirman una esperanza permanente, crean una respuesta de fuerza y aliento que muestra generosidad para con los suyos e incluso con otros, desconocidos, que se hallan en una situación similar.

Transformadores de la realidad colectiva

Mi lema en la vida es: "No te rindas y seguirás avanzando". De hecho, tengo intenciones de escribir un libro y el título será *Nunca te rindas*. Lo que hago no sólo ha cambiado a mi familia, a mis sobrinos, a mi mamá: antier me escribió una muchacha de mi pueblo para decirme que me había visto en televisión, que estaba inspirada por mi ejemplo. Eso me motiva porque ya derrumbamos la barrera que nos hacía pensar que alguien de pueblo no llegaría a hacer algo grande. Con los *dreamers* me di cuenta de que podía motivarlos y ellos me motivan a mí.

YOHAN GARCÍA, Nueva York

Una comunidad de esperanza

Y pensé: *Me voy como un perdedor o peleo por algo aquí, peleo por mis sueños.* México me había hecho un perdedor y así había llegado a Estados Unidos; no podía regresar igual. Tenía que demostrar que si México no me había dado la oportunidad, había otros países que sí iban a darle una oportunidad a mi talento.

Y empecé a pelear, a buscar con quién moverme para empujar una reforma migratoria. Iba a haber una manifestación en marzo de 2010 en Washington, D. C.; sabía que me podían deportar si me paraba la policía de migración, pero llegué al punto de decir: *Me voy para allá solo, manejando mi carro, y si me agarran que me deporten, por una batalla no me voy a quedar sin darles guerra.* Una amiga me presentó a otro muchacho, Ramiro Luna, y nos fuimos a Washington. Recuerdo que llegamos a Virginia y ahí conocimos a otras muchachas, entre ellas Jennifer Cortés, ella me invitó a cabildear. Y yo pensé: *¿Qué voy a hacer en cabildeo si no tengo papeles?*, pero no dije nada porque creía que todos ellos tenían documentos; habían sacado citas con senadores y congresistas, era un mundo al que no pertenecía. ¿Cómo un mojado va a entrar al Congreso, al Capitolio a hablar con ellos? Estuve media hora en la entrada pensando qué decir. En ese momento se me vino a la mente el Servicio Secreto, se iban a enterar de que estaba ahí como indocumentado, y a la entrada del Capitolio me iban a pedir documentos, una visa; no sabía qué iba a pasar, pero tomé la decisión de entrar. Si me detenían, pensé, hasta ahí llegó Marcos, *de regreso a México y a darle duro.* Y no: nos revisaron, nos dejaron pasar, los muchachos empezaron a hablar de DREAM Act, de DACA y quién sabe de qué más. Yo no calificaba porque había entrado a los 17 años y el límite de edad era hasta los 16, pero después todos empezaron a compartir sus historias. Me identifiqué con ellos y ahí dije: *yo soy un* dreamer, *trabajo y estudio, mi familia no me trajo, me traje solo, pero por mis sueños, mi esfuerzo y mis estudios, soy un* dreamer.

Me acuerdo que en la manifestación grité y grité, esa bomba atómica que traía adentro, de ansia, de tristeza, esa energía negativa salió en Washington, D. C.; me quedé sin voz, pero regresé con el alma liberada. Les quité mi humanidad de vuelta a las personas que me decían ilegal y *mojado*. Yo decía: no, ésta es mía, es mi vida, no es tuya, no te pertenece.

Empecé a luchar, a organizarme con otros. Veía que los de California venían organizados, ¿y en Dallas qué, en Texas quién? Alfonso, Jennifer Cortés, Ramiro Luna, Nicole y yo formamos un grupo. "¿Y ahora cómo nos llamamos, compadre?", preguntó Ramiro: necesitábamos un nombre que nos identificara frente a los congresistas. Y de todas las ideas que teníamos en mente, se quedó el de North Texas Dream Team: éramos cuatro locos trabajando y el movimiento empezó a crecer, se acercaron muchachos que habían llegado con las mismas esperanzas y sueños que nosotros. Hicimos una huelga de hambre de tres días y la gente empezó a apoyarnos, nos llevaban agua y comida; ahí vi que la esperanza no está muerta.

MARCO MALAGÓN, Texas

Un gigante dormido

Ahora ya tengo mis papeles, soy *documented dreamer*. Ya no fue necesario inscribirme a DACA, que se anunció el mismo año en que recibí mi residencia. Tenía miedo de hablar porque pensaba que todos los demás eran ciudadanos, pero cuando contaba mi historia, algunos de mis amigos me decían: "Oh, estoy en la misma situación". Era un orgullo para mí saber que éramos más saliendo de las sombras.

Los *dreamers* somos los estudiantes que más energía tenemos para estudiar, para luchar por legalizarnos y viajar libremente a nuestro país de origen. Desde que me acuerdo, los niños con promedio más alto eran hijos de inmigrantes. Eso demuestra cuánto queremos este sueño americano. Somos un gigante dormido y estamos despertando.

MARÍA YOLISMA GARCÍA, Texas

Los padres como dreamers *originales*

Quiero cambiar el ambiente político de Arizona para que mis papás puedan estar aquí tranquilos. Los papás son los verdaderos *dreamers*, ellos dejaron familias y todo lo que sabían y se pusieron en riesgo para tener una mejor vida para nosotros, sus hijos. Quiero que nuestros papás estén bien y tengan la vida con la que han soñado.

ADRIANA GARCÍA, Arizona

Nosotros (los padres de los *dreamers*) nos sentimos los soñadores originales porque dejamos todo para soñar por nuestros hijos, para soñar en su bienestar. En nuestro país teníamos una profesión, no éramos gente millonaria ni acomodada pero teníamos nuestra casita, nuestro trabajo y era nuestro país, nadie nos podía decir nada, no vivíamos bajo ninguna amenaza.

LENKA MENDOZA, Virginia
Dreamers' Moms USA

Para inicios de los años noventa, entre 45 000 y 55 000 mixtecos trabajaban en la agricultura en el Valle Central de California, y entre 50 000 y 60 000 zapotecos se habían establecido en Los Ángeles.
—Jonathan Fox y Gaspar Rivera-Salgado, "Construyendo sociedad civil entre migrantes indígenas", *US-Mexico Policy Bulletin*, núm. 7.

 Guía de Asistencia Financiera para la Universidad y Colegios Comunitarios para Estudiantes Inmigrantes Indocumentados AB 540

http://www.e4fc.org/images/Nunez-AB540_Spanish_final.pdf

EL PODER DE UNA HISTORIA COMPARTIDA

Hace décadas hubo líderes como César Vargas y Adelfa Callejo, quienes sentaron las bases de una causa migrante que tomó fuerza en 2001. Ahora, ante la posibilidad de impulsar una ley de reforma migratoria a través de la DREAM Act, los jóvenes migrantes han construido sólidas redes de apoyo con la finalidad de regularizar su situación; quieren obtener los documentos que les permitirán quedarse de manera legal en el país donde crecieron, los cuales les darán también acceso a los mismos derechos que tienen otros ciudadanos estadounidenses.

Con el tiempo, su voz ha sido escuchada por sus comunidades y sus representantes, presionando con ello a legisladores y servidores públicos estatales y federales para resolver su problema. Ésta es una de las razones por las que el debate migratorio y las respuestas se han centrado en este grupo de jóvenes.

En este proceso, la importancia de compartir su historia ha sido fundamental. Antes era necesario que mantuvieran su identidad en secreto, pero al darse cuenta de que no estaban solos, se unieron cuando empezaron a compartir sus problemas y sueños y así encontraron la fuerza que necesitaban para trabajar juntos. Gracias a ese trabajo en conjunto salieron de las sombras para inspirar a otros a construir una realidad más justa.

De acuerdo con el reporte "Ten Economic Facts about Immigration" de 2010, presentado por The Hamilton Project, los inmigrantes de hoy poseen un fuerte espíritu empresarial y tienen 30% más de probabilidades de formar nuevos negocios que los ciudadanos nacidos en Estados Unidos (http://www.brookings.edu/~/media/research/files/reports/2010/9/immigration-greenstone-looney/09_immigration.pdf).

Hablar para sanar

Yo era un niño de la calle en Ciudad Juárez. Si llegué a Harvard no fue por méritos académicos, sino por el amor de mucha gente buena que me apoyó y me ayudó a seguir en mi orientación. Esas intervenciones, esos pequeños gestos de apoyo se acumulan hasta convertirse en una decisión personal. Sin embargo, hay dos personas clave en mi vida. La primera es el profesor David Carrasco: él me forzó a enfrentar el pasado del que venimos los mexicanos, el pasado de la Colonia, el pasado de vivir sistemáticamente en la opresión por cientos de años. Actuamos como si no viniéramos de ahí, creemos que la educación nos va a sacar de eso y hacemos cosas buenas, pero no enfrentamos el pasado. El profesor Carrasco me alentó a compartir mi historia, que venía cargada con una rabia de fondo muy intensa. Él detectó en mí esa garra, esa pasión, y me enseñó a usarla para algo más positivo, quizá por eso la gente me sigue. La segunda persona es el profesor Marshall Ganz, quien me ayudó a articular mi historia y dar sanación a las heridas del pasado a través de la narrativa personal: al compartirla, uno encuentra la fuerza y la forma de relacionarse con otros sin que esa historia resulte tan abrumadora.

PEDRO MORALES, Massachusetts

Soy mexicana, pero mis pies están acá. Yo llegué a Estados Unidos a los cinco años y perdí mi identidad. Mi hermano nació aquí y sí pudo viajar a México; cuando se iba, sentí que nos llevaba a todos. Lo poco que trajo fue muy importante para nosotros. Nuestra identidad está incompleta y tenemos que darnos cuenta, hablar de eso.

NORMA RAMÍREZ, Nevada

Alcanzar una meta

La meta de ese año era dar a conocer qué es un *dreamer* e invitar a otros estudiantes en la misma situación a que vinieran a compartir su historia. Para muchos era difícil pararse a hablar ante un micrófono, pero conocer las batallas que los demás habían pasado nos daba fuerza; al menos a mí me dio fuerza para seguir y hacer mucho más. Acabo de cumplir 20 años y voy a graduarme de una carrera de cuatro años antes de cumplir los 21: me siento muy orgullosa porque pude lograrlo a pesar de que muchas personas me dijeron que no podía. Pude lograrlo y ahora quiero hacer mi maestría.

KARINA ROCHA, Arizona

Actuar en beneficio de la comunidad

En 2011, un año antes de la National Democratic Convention, hicimos una acción de desobediencia civil en Charlotte y fui arrestada; fue para conseguir que nos dejaran estudiar en escuelas comunitarias en Carolina del Norte. Después lo volví a hacer aquí en Raleigh, en la Asamblea General, cuando estaban tratando de traer las mismas leyes de Arizona.

CYNTHIA MARTÍNEZ, Carolina del Norte

Recuerdo que el 18 de diciembre de 2010 se debatía la DREAM Act en el Senado; yo estaba ahí cuando comenzaron a contar los votos y faltaban cinco para hacer realidad la ley de nuestros sueños. Mientras caminaba por los túneles del Senado, le dije a una de las estudiantes que me habían invitado que la DREAM Act no me beneficiaba tanto a mí porque ya había sido aprobado para DACA. Ella me respondió: "Tal vez no te beneficie a ti, pero a través de tu liderazgo puedes ayudar a otros estudiantes". Yo aún no sabía qué iba a hacer con mi vida, pero cuando escuché hablar a la senadora demócrata Kirsten Gillibrand, que dio un discurso de 90 minutos sobre la DREAM Act, me inspiró tanto que dije: "Creo que ya sé lo que quiero hacer". Después, cuando el Senado falló en contra y miré a más de 200 estudiantes llorando, recordé a mi papá, que me decía: "Tienes talento y no puedes desperdiciarlo". Entonces le dije a la muchacha que me había invitado: "Te prometo que no vamos a descansar hasta que pasemos la DREAM Act".

En 2011 comenzamos a trabajar en otra versión de la DREAM Act. Desarrollamos grandes iniciativas de campaña, hicimos una caminata de 150 millas para promover la New York DREAM Act, fuimos al radio, hicimos protestas, conferencias de prensa, acciones de arte, conferencias donde los *dreamers* compartían sus historias; yo también empecé a hacerlo y me di cuenta de que al contar tu historia motivas no sólo a los jóvenes a seguir adelante, también llegas al corazón de las personas que menos te imaginas.

YOHAN GARCÍA, Nueva York

SER (Y SOÑAR) ES HACER

> Más que *dreamers*, somos *doers* porque estamos haciendo, no nos quedamos soñando con un mejor futuro, estamos luchando para llegar más arriba y estamos creciendo no sólo en número, también en espíritu. Vamos a seguir hasta que tengamos el futuro que queremos.
>
> CRISTIAN ÁVILA, Arizona

En su origen, la figura del *dreamer* apelaba a una serie de cualidades demográficas dentro del contexto de la DREAM Act. Si nos limitáramos estrictamente a esas condiciones, los *dreamers* sólo existirían como una posibilidad, ya que la DREAM Act no ha sido aprobada: lo que hoy existe de facto son los *dacas*, es decir, quienes han logrado obtener la Acción Diferida dictada por el presidente Obama en 2012. Sin embargo, los jóvenes migrantes han asumido el apelativo de *dreamers* como una bandera y comenzado a identificarse como una comunidad emergente de gran impacto político. Varias de sus acciones han contribuido al empoderamiento de la comunidad mexicoamericana, por ejemplo, han contado su historia para inspirar a otros y también trabajan en organizaciones a favor de los migrantes o directamente con los legisladores a través de manifestaciones públicas o campañas.

Los *dreamers* son personas de acción, piensan en su comunidad y actúan en pro de ayudar a sus semejantes. Ellos hacen visible la situación, trabajan para dotar de voz a esas figuras anónimas frente al sistema, brindan información a otros *dreamers*, los ayudan y abren canales de comunicación.

De acuerdo con un análisis del Institute on Taxation and Economic Policy, en 2012 los salarios correspondientes a 8.1 millones de trabajadores en Estados Unidos no pudieron ser "empatados" con números de seguridad social: algunos son errores de registro, pero la gran mayoría corresponden a trabajadores indocumentados. Eso significa que 11 800 millones de dólares fueron a dar a las arcas de la Seguridad Social. Mientras que investigadores de la Universidad de Harvard y de la City University of New York (CUNY) encontraron que entre los años 2000 y 2011 los trabajadores indocumentados pagaron más de 35 000 millones de dólares a Medicare (servicios médicos de bajo costo que se financian con los impuestos de los trabajadores) sin que hayan recibido servicio o prestación alguna a cambio.

Despiertan la conciencia política

Yo no entendía el privilegio que tenía al ser ciudadana, por eso me involucré en el movimiento de los *dreamers*, porque vi que a los nacidos en Estados Unidos se nos habían olvidado nuestras raíces, de dónde somos, la cultura que tenemos de ayudar al prójimo. Me di cuenta de que no era sólo yo: si no somos todos, no es nadie.

Un día vine a Dallas, conocí a Marco Malagón y vi que los del North Texas Dream Team estaban haciendo foros y trabajando con el consulado mexicano; ya habían ayudado a 1 000 personas a obtener la Acción Diferida, y dije: "Wow, son gente increíble con la fuerza de los sueños, con la energía para salir adelante".

Invité a Marco Malagón a West, Texas, una ciudad bastante conservadora donde la gente vive en riesgo; está lleno de patrullas fronterizas porque ahí están los trabajos, ahí vive la raza, no como en Dallas, donde hay muchos recursos. El North Texas Dream Team ayudó a mucha gente ahí. Antes había estado involucrada en varias organizaciones pero no tenían el carácter, la lumbre encendida como estos líderes.

Como ciudadana de primera generación inmigrante estoy involucrada en esto porque ya estamos conformes con lo que nos están dando, pero no nos ponemos las pilas. Yo veo a estos muchachos, la energía que traen y lo que pueden contribuir, y por eso estoy en la organización, registro a gente, los invito a votar en las elecciones de senadores y congresistas de Dallas porque son ellos los que tienen el poder acá en Texas, no el presidente. Yo les ayudo para que se puedan ayudar ellos mismos.

Con North Texas Dream Team tenemos un comité que ayuda a las personas que están en riesgo de deportación. Una familia de Oklahoma, por ejemplo, vino acá a Dallas; el padre estaba en riesgo porque, según el policía, no usó su direccional. Su esposa, que era ciudadana, estaba llorando y le dije: "No se vaya a México, tenga fe, algo bueno va a pasar". Al día siguiente les llamaron y les dieron un año de extensión porque no nos dimos por vencidos.

LAURA MENDOZA, Texas

Organizan y hacen visible a la comunidad

En 2007 conocí a otros estudiantes en la misma situación y me enteré de que había un movimiento fuerte; me uní a la organización y eso cambió mi vida. Empecé a participar en acciones, protestas y visitas a legisladores; me enteré de cómo seguir estudiando a base de becas, con trabajos adicionales y la ayuda de mis papás.

Creo mucho en la organización de las mujeres; trabajar con las madres de los hogares es clave, creo que tenemos mucha fuerza y mucho poder como mujeres, involucrando a las madres de familia podemos tener más éxito. Tenemos que mejorar el proceso, usar los medios de comunicación y asegurarnos de que todos tengan información y recursos para aplicarlos. Hay que mantener la energía ahora que viene el proceso para renovar los permisos de trabajo.

CITLALLI GÓMEZ, California

Impulsan reformas

En menos de un año empezamos a construir algo inmenso, a empujar a los congresistas y a la sociedad, que se resistía a entender que estábamos ahí, no podían ignorarnos. En 2011 armamos una estrategia y trajimos a casi 500 jóvenes indocumentados de todo Estados Unidos a Dallas, Texas: no sé cómo, pero trajimos el congreso nacional de United Dreamers. Nos pusimos de acuerdo para, entre todos, empujar por una sola meta: Acción Diferida. Y ganamos en 2012.

MARCO MALAGÓN, Texas

Nosotras somos las Dreamers' Moms USA, somos las madres soñadoras de Estados Unidos y ya tenemos una organización grande con madres de 10 estados del país. Yo fundé el grupo y nos organizamos con el lema de "Madres indocumentadas y sin miedo".

Antes mis hijos me decían: "Mami, ¿de verdad no te da miedo?", y mi esposo también me advertía: "Piénsalo bien, nos vas a jalar a todos". Pero yo no tengo miedo. O luchamos o nos vamos a quedar igual y no vamos a lograr nada. Empezamos cinco mujeres y estamos creciendo. Ahora nos llaman mujeres de otras ciudades diciendo que están inspiradas y que quieren pertenecer a nuestra red: hay mamás que han sido deportadas, que están en Tijuana y se ven todos los días con sus hijos a través de la rejita, se tocan las manos, es muy duro. Yo misma sé lo que duele estar lejos de mi familia, pero mi caso es uno en millones. Por eso voy a seguir luchando para sacar una reforma migratoria. Nosotros trabajamos, pagamos impuestos; no hemos venido a cometer crímenes, estamos construyendo esta nación. No pueden hacernos nada por pedir nuestros derechos, queremos regularizar nuestra situación.

LENKA MENDOZA, Virginia
Dreamers' Moms USA

Se estima que en Estados Unidos hay unos 35 millones de mexicanos, de los cuales sólo 6.5 millones son indocumentados.

LA FUERZA DE LA FAMILIA

> A los jóvenes migrantes les diría que vieran a su mamá: es el único modelo, la única fuerza que necesitan. Si tu mamá pudo traerte y hacer una vida, tú no tienes excusas, tienes todo el poder.
>
> César Vargas

Uno de los ejes en las historias de vida de los *dreamers* es su familia; puede hallarse en el lejano recuerdo del amor de sus abuelos o en la fortaleza que han encontrado en sus padres, y sobre todo en el aliento y trabajo incansable de sus madres.

No es casual que, en este contexto, haya surgido un movimiento de mujeres que apoyan a sus hijos para lograr sus sueños. En el otoño de 2014 tuve la oportunidad de dialogar con madres de varios *dreamers* que estaban en huelga de hambre frente a la Casa Blanca, pedían al presidente Obama que se definiera con certeza el futuro de DACA; el 20 de noviembre, semanas más tarde, al fin llegó esa respuesta positiva.

A diferencia de otras comunidades, las familias mexicanas en Estados Unidos han marcado una pauta importante en cuanto a valores como la solidaridad, el trabajo conjunto, los sacrificios, el esfuerzo compartido, y también en la comprensión de sus propias diferencias y realidades. En algunas familias conviven bajo el mismo techo jóvenes adultos que ya cuentan con la ciudadanía estadounidense al lado de hermanas o hermanos que siguen en las sombras y que día a día enfrentan lo que significa ser indocumentado. Actualmente, de los 10.4 millones de hogares de origen mexicano en Estados Unidos, 3.3 millones son hogares mixtos, es decir, tienen miembros con y sin documentos.

Estas mismas familias se han transformado con el tiempo. Los padres tienen el objetivo de lograr que sus hijos asistan a la escuela y accedan a oportunidades que ellos no tuvieron a su llegada; este propósito plantea dinámicas diferentes a la hora de relacionarse dentro e incluso fuera de su familia con las segundas y terceras generaciones.

Casi todos los jóvenes que se retratan en este libro entienden y hablan el idioma español en diferentes niveles, pero en todos los casos lo hablan cada vez menos. Durante décadas, hablar en español fue causa de discriminación, sanción, exclusión y reprimendas, mientras que ahora se otorga un mayor crédito a los hablantes bilingües en un sinfín de instituciones educativas. Sin duda, esto es un importante incentivo para que la comunidad mexicoamericana no pierda el español y, al mismo tiempo, se pueda integrar del todo al país que los ha visto crecer y trabajar sin pausa.

Cuando se habla de una comunidad mexicoamericana es indispensable reconocer las coincidencias, pero también es necesario notar las importantes diferencias. Creer o pretender que hay un solo grupo homogéneo llevará a tomar decisiones equivocadas o sacar conclusiones erróneas. En todo Estados Unidos hay presencia de *dreamers*, pero se encuentran concentrados en algunos estados en particular: 26% de ellos reside en California (326 000); 12% en Texas (146 000); 9% en Nueva York (111 000); 7% en Florida (84 000); 7% en Nueva Jersey (71 000); 5% en Illinois (59 000), y 4% en Arizona (52 000). El gran reto, y a la vez una gran oportunidad, es trabajar para que estas cadenas generacionales mantengan sus lazos de origen con la mirada enfocada en el futuro: no con patrones de nostalgia, sino con el objetivo de lograr millones de sueños que fortalecen sus vínculos y valores familiares.

La organización Dreamers' Moms USA nació en 2012 para motivar a madres y familias a involucrarse en el movimiento *dreamer*; entre sus objetivos está frenar las deportaciones que han separado a las familias de inmigrantes latinos e hispanos. Además de brindar información y abogar por los derechos de los migrantes, realizan acciones para impulsar una reforma migratoria.

dreamersmom.org

El apoyo familiar

Nunca imaginamos lo difícil que era estar en este país, sin idioma, sin documentos y más que nada sin tus papás. Rentamos un cuartito, mi hermano iba a la escuela en la mañana, yo trabajaba en las tardes en los restaurantes de hamburguesas y en las mañanas me iba a la escuela. Cuando entré a la universidad empecé a sentir los obstáculos y no tenía el apoyo de mis papás: ellos siempre nos ayudaron desde México, pero no es lo mismo que tener el apoyo directamente en tu casa. No terminé mis estudios porque me sentía muy lejos de la familia.

GIOVANNI DE JESÚS CASTILLO, Texas

Igualdad entre hermanos

Me daba tristeza ver una división entre mis propios hijos, porque la niña tenía privilegios que sus hermanos no poseían. Ella los abrazaba y les decía en su inocencia: *"Don't worry*, yo te voy a dar mis papeles para que tú puedas estudiar, para que puedas manejar y trabajar".

Cuando fuimos a renovar nuestros pasaportes al consulado peruano, la niña le dijo a su papá: "Yo quiero ser como ustedes". Decidimos inscribirla y mi hija salió feliz diciendo: "¡Ya soy peruana, ahora todos somos iguales!" Como que antes se sentía fuera de su familia, se sentía mal por tener derechos que su familia no tenía.

LENKA MENDOZA, Virginia
Dreamers' Moms USA

Emigrar de México es difícil porque dejas una familia, pero siempre lo haces por buscar un futuro mejor. Hace dos años deportaron a mi cuñado, éramos una familia muy unida y durante esa separación se quebró. En mi familia hay 10 ciudadanos americanos, un residente y un indocumentado, mi cuñado, el que fue deportado. Con la deportación vino un rompimiento completo de la familia, nos dañó mucho.

En marzo hice un viaje en bicicleta desde Miami para Washington. Mil doscientas millas en 36 días tratando de llamar la atención del Congreso y del presidente Obama para que den un alivio a las familias. Durante ese viaje conocí muchísimas historias de familias que están muy dañadas por el mismo problema. Eso me ha fortalecido para seguir adelante.

Francisco Díaz, Washington, D. C.

SUEÑOS POR CUMPLIR

El poder de estas historias ha tocado mi vida para siempre. Varias noches he perdido el sueño pensando qué habría hecho yo, cómo habrían reaccionado mis amadas hijas o cualquier otro adulto en su lugar. Es imposible permanecer indiferente cuando uno ve a estos jóvenes luchar por lo que anhelan.

Al inicio hablé de la última llamada: creo que ésta puede ser la última oportunidad que tenemos en México para no perder del todo a estos jóvenes. Me parece urgente ponerlos en el mapa, hacerlos visibles, reales, conocer su nombre y apellido. Por fortuna, el proceso en que se encuentran ha empezado a dar sus primeros frutos. Un ejemplo es la ampliación de DACA que anunció el presidente Obama en noviembre de 2014: una acción para frenar las deportaciones de muchos padres con hijos que son ciudadanos estadounidenses o están inscritos a DACA. En esa ocasión, la *dreamer* Astrid Silva fue presentada como ejemplo de tenacidad y liderazgo por el propio presidente Obama, y se ha convertido en uno de los rostros del movimiento. Sin embargo, ante un panorama político incierto, los *dreamers* necesitan todo el apoyo y el acompañamiento que podamos darles en ambos lados de la frontera.

Ante la actual suspensión de DACA+ y DAPA se requiere un fuerte trabajo de las organizaciones comunitarias y de sus integrantes para promover el reconocimiento de los derechos de los individuos, que con su trabajo y esfuerzo aportan a la economía y la sociedad estadounidense. Es preciso impulsar, de manera constante, la ciudadanización de mexicanos e hispanos elegibles, pues serán ellos los conductores e impulsores del cambio, vía el ejercicio de sus derechos, de una reforma migratoria integral.

A pesar de sus bondades en el corto plazo, la iniciativa del presidente Obama era una solución temporal. Se requiere una reforma migratoria que se derive de un acuerdo bipartidista e integral del tema migratorio, pues ésta es la mejor forma de promover la integración y la prosperidad de una comunidad mexicana de 35 millones de personas en Estados Unidos. En la reciente elección presidencial de 2012, 71% de los hispanos votó por Obama y 27% por Romney; esto representa 44 puntos porcentuales de diferencia, y constituye la segunda diferencia más grande desde la elección presidencial de 1980.

En la reciente elección presidencial de 2012, 71% de los hispanos votó por Obama y 27% por Romney; esto representa 44 puntos porcentuales de diferencia, y constituye la segunda diferencia más grande desde la elección presidencial de 1980.

Recibir apoyo del gobierno federal mexicano

La ampliación administrativa que ha dado el presidente Obama fue un paso muy grande, muy importante, porque fue producto del esfuerzo de los *dreamers*; a veces no entendemos que los políticos no hacen las cosas porque ellos quieran, es la gente la que los empuja, la que tiene el poder. Empujamos al presidente para que protegiera a más de cinco millones de personas: ésa fue una lección política muy importante. Esperamos que el presidente siga el proceso e implemente esas acciones, aunque sabemos que no es suficiente. Todavía quedan siete millones que no van a estar protegidos, tenemos que asegurarnos de que se amplíe la legislación de manera permanente, vamos a pelear y a recordarle al presidente Obama que su trabajo todavía no termina.

En respuesta a la acción del gobierno de Estados Unidos, esperaría que el de México ayude a muchos de los padres migrantes, que ya son grandes y algunos no fueron a la escuela, a que tengan un proceso eficiente en los consulados, que les den pasaporte, actas de nacimiento; que sea un sistema accesible a la gente. Hace siete años los consulados no eran lugares donde la gente sentía que podía pedir ayuda y con esta Acción Diferida, que beneficia a cinco millones, vamos a necesitar mucha ayuda del gobierno federal mexicano.

César Vargas, Nueva York

Luchar por la reforma migratoria

En nuestra pancarta de Dreamers' Moms USA fuimos tan valientes que pusimos nuestra leyenda en español y en inglés: "Mujeres indocumentadas, sin miedo y en acción". Hay mujeres que venden tacos para venir a protestar acá a la Casa Blanca, aunque las arresten; hay otras que hasta se han encadenado como protesta en Arizona. Algunas no sólo han sido indocumentadas, han sido relegadas y han vivido violencia doméstica por el hecho de estar bajo el machismo, y con toda esa complejidad hemos visto su transformación.

Somos mujeres indocumentadas sin miedo de venir a sentarnos aquí para que el presidente vea nuestro dolor, nuestra necesidad urgente; ahora llevamos nueve días de ayuno frente a la Casa Blanca, aguantando el frío. Él prometió que nos iba a dar un alivio administrativo, como hizo con nuestros hijos; es un respiro, pero nosotros vamos por una reforma migratoria más amplia que resuelva más factores, no sólo la regularización migratoria de los que ya están aquí sino más visas de trabajo, visas humanitarias, visas para estudiantes, agilización de los trámites de los familiares.

En estas elecciones trabajamos por el voto latino, pero vamos a seguir concientizando a la comunidad sobre la importancia de pasar una reforma migratoria: que nuestros hermanos que tienen el privilegio del voto vean quiénes son los que obstruyen el avance de este país, que siendo de Primer Mundo se está comportando peor que uno del Tercer Mundo, con discriminación, creando ciudadanos de segunda o tercera clase. Es necesario que la gente sepa lo que está pasando. Los republicanos se oponen a que el mundo sepa, pero aquí hay un grupo que maneja la "democracia", entre comillas. Este país que manda tropas a defender la libertad de otros no está mirando por la libertad de los que vivimos aquí adentro; eso tiene que verse, nosotros vamos a pelear, vamos a seguir levantando a la comunidad. Yo no puedo votar, pero tengo familiares y amigos que son ciudadanos y que pueden hacerlo. Vamos a usar esa voz en el Congreso, no nos vamos a quedar sentados.

Nos sentimos muy orgullosas de nuestro grupo porque somos mujeres que salimos de la sombra y levantamos nuestras voces para luchar. Les digo a las muchachas que estamos haciendo historia desde el momento en que salimos a marchar por las calles de Washington; luego se ríen cuando les digo que voy a hacer un libro con la historia de cada una, porque cada quien ha vivido un proceso bien diferente. Quiero contar cómo hemos crecido de la mano de nuestros hijos y cómo cada mujer que se ha acercado nos ha enriquecido.

Lenka Mendoza, Virginia
Dreamers' Moms USA

Mantenerse unidos y visibles

Estoy involucrada en la política más que en otros aspectos y he enfrentado las pedradas de la comunidad, porque me dicen "creída". En 2000 me sacaron en las noticias como estudiante indocumentada, me llevaron a entrevistas y me pusieron una luz encima. Casi siempre, los indocumentados salimos en los periódicos como delincuentes, manejando borrachos o por robar algo; por eso, cuando le pido a otros *dreamers* que compartan su historia en los medios, no quieren porque dicen que los van a llamar indocumentados, les da miedo y pena. Entonces los medios regresan a mí y la comunidad me echa la pedrada: "Tú te crees la única". Hay organizaciones que nos han querido dar ayuda para estudiar, pero me dicen que si sólo soy yo no basta, que necesitan otras caras. Hay personas con ciudadanía que nos están ayudando, las mamás nos andan ayudando más que los propios *dreamers*.

Sacrificamos todo. ¿Saben cuántas veces nos han dicho ilegales en el periódico, que nuestros padres son "transas", que los inmigrantes les estamos quitando todo? Mi papá tiene 25 años trabajando aquí y nunca va a recibir Seguro Social, nunca va a recibir ese dinero. Mi frustración es que en 2010 se hizo un cálculo estimado: había 23 000 *dreamers* en Nevada, sin embargo, en cualquier evento no veo más de 10 o 15. Cuando les pido que por favor vengan, me dicen: "Ya tengo mi licencia, ya no necesito ir". Les llamo para que pidamos licencias para nuestros papás porque por eso los deportan, por ir circulando sin licencia. Si les llamo para que vayan a testificar en el Congreso, llegan cuatro personas.

¿Dónde están los 9 700 *dreamers* que han recibido DACA? No les pido todo su tiempo; entiendo que yo tengo el privilegio de que me paguen por organizar y hacer lo que amo, pero ¿dónde están los demás?

ASTRID SILVA, Nevada

Vivir sus sueños

Somos una comunidad muy liberal, personas que hemos vivido cosas muy difíciles. Ahora somos adultos y es muy bueno poder decir que hay otros países donde podemos tener una buena vida sin tener que vivir lo que hemos pasado aquí. Estamos en el movimiento de *dreamers* y queremos que la gente se quede y siga luchando, pero también pienso en mi futuro: estudié relaciones internacionales y quiero viajar, ejercer la carrera que elegí desde el principio. Muchos hemos dado parte de nuestra vida a este movimiento.

ANA GÓMEZ, California

Los *dreamers* nunca perdieron su optimismo, pero ahora además de optimistas están bien organizados. Muchos adquirieron su estatus legal en un momento propicio, su conciencia política y cívica a manera de exclusión cruel ahora se ve en positivo, en la energía que tienen; ellos creen en el sueño americano, creen en la democracia americana. Ellos no han tenido duda de que Estados Unidos les va a ayudar y quieren al país. Estoy seguro de que si ellos progresan, la democracia americana va a estar muy sana y renovada, así que creo que es un paso muy importante.

—Robert Smith, académico especialista en temas de migración.

Discurso del presidente Barack Obama el 20 de noviembre de 2014. Anuncio de DAPA, ampliación de la Acción Diferida hacia los padres.

https://www.whitehouse.gov/the-press-office/2014/11/21/comentarios-del-presidente-barack-obama-discurso-la-naci-n-sobre-inmigra

CAPÍTULO II

Movidos por la esperanza

> Nosotros queremos ser libres en el país de la
> libertad, por eso elegimos quedarnos aquí.
>
> LENKA MENDOZA

LO QUE SU PAÍS NO PUDO DARLES

Durante 2014 conversé con varios *dreamers*: hablamos de su situación legal, del trabajo y la labor comunitaria, pero también me interesaba escuchar su historia personal, indagar sobre su origen, la edad a la que llegaron, cómo cruzaron la frontera, cómo fueron sus primeros años en Estados Unidos. En estos relatos, el cruce fronterizo y el momento en que tomaron plena conciencia de su estatus migratorio son recuerdos sobrecogedores; además del valor testimonial de cada historia, sirven como reflejo de un fenómeno migratorio regional e incluso global.

Por un lado, es necesario poner atención al paulatino endurecimiento de las políticas migratorias y al incremento de hostilidad fronteriza. Por otro, llama la atención que muchos de los padres evitaran hablar con sus hijos del tema migratorio o de su situación ilegal particular, quizá porque cruzar la frontera sin un respaldo legal los puso desde el inicio en peligro de deportación y los estigmatizó. Afortunadamente para los *dreamers* de segunda generación, este silencio, que al mismo tiempo los marcó y los protegió, ha comenzado a romperse.

Cuando relatan cómo cruzaron la frontera y se instalaron en Estados Unidos, la mayoría de los *dreamers* dice que poco recuerda cómo salieron de México o mencionan sólo lo que sus padres les han contado. Cuando llegan a ese episodio específico, la narración de estos jóvenes es escueta y casi siempre se ciñe a los hechos objetivos; tal vez porque corrían un riesgo, tal vez porque fue una experiencia traumática o porque fue algo que ocurrió cuando eran muy pequeños; también es posible que esa parte de la historia pertenezca más a sus padres que a ellos. En cualquier caso, siempre aparece el mismo motivo: la esperanza de una vida mejor que la que tenían antes en su lugar de origen, una esperanza que fue transmitida de padres a hijos y transformada en un sueño que, para algunos, empieza a volverse real.

La apuesta más importante que han hecho estos mexicanos ha sido por su familia y en especial por sus hijos, esos que hoy podemos identificar como *dreamers*. Estos padres han trabajado para proveer a su familia con todo lo que ellos no tuvieron e impulsarlos para enfrentar desafíos y vencer cualquier barrera, y las razones por las cuales decidieron buscar un mejor destino en Estados Unidos obedecen a diversas condiciones económicas, políticas y sociales como la pobreza, la violencia y la falta de oportunidades. En este panorama llama la atención que quienes migraron con toda su familia recurriendo primero a una visa de turista, tuvieron una diferencia fundamental con respecto a otros: no se expusieron a los peligros del cruce ilegal, aunque después enfrentaran la dificultad de buscar recursos para sostener a la familia entera. La mayoría de los *dreamers* han aprendido a respetar y valorar las decisiones que tomaron sus padres; en muchos casos, es hasta ahora que comprenden la decisión que tomaron de irse a Estados Unidos en busca de una vida que no iban a encontrar en su lugar de origen, porque no tenían oportunidad de construirla.

Hasta la década de 1970, la migración mexicana al país vecino del norte tenía su origen en unas cuantas entidades del centro-occidente y norte de México, como Jalisco, Michoacán, Guanajuato, Zacatecas, Chihuahua, Durango y Nayarit. La preeminencia de estos estados quedó delineada desde mucho antes del Programa Bracero (1942-1964); se mantuvo durante el periodo conocido como la fase de los indocumentados (1964-1986), y se afianzó con el programa de legalización de la IRCA de 1987. Al verse beneficiados con esta ley poco más de medio millón de migrantes nativos de esas entidades, se les sumaron otras del centro y sur del país que tiempo atrás no figuraban en las estadísticas migratorias o no aportaban grandes volúmenes de población migrante al flujo migratorio internacional. Los casos más sobresalientes son Guerrero, Morelos, Oaxaca, Puebla, Estado de México y, más recientemente, los estados de Hidalgo, Veracruz y Chiapas. Así, adentrada la década de 1990, se observaba una mayor diversificación territorial de la migración, con una tendencia a la configuración de un patrón migratorio de carácter nacional.

—Conapo.

Una esperanza económica

Nosotros vivíamos antes en Monterrey. Mi papá tenía dos trabajos y lo despidieron del que más ingresos le daba; mis padres acababan de comprar la casa y hacían muchos sacrificios para pagarla. Al no encontrar trabajo, él vino a Estados Unidos a trabajar una temporada: yo tenía cinco años cuando vinimos a visitarlo con visa de turista una Navidad. Él sintió la soledad y la nostalgia al vernos y no nos quiso soltar, nos pidió que nos quedáramos mientras juntaba dinero para volver a Monterrey. Cada año que pasaba nos decía: "Al siguiente nos regresamos", y ese siguiente se convirtió en 26 años. En ese tiempo nació mi hermana, que ahora tiene 25, mi hermano de 23 y la más chica, de 16.

LIZETTE MORENO, Texas

Un refugio contra la violencia

Vine a Estados Unidos por la inseguridad: mi papá fue asesinado en México, en Ciudad Juárez, Chihuahua. Mi mamá y yo tuvimos que huir. Mi historia no es la de alguien que busca superarse, esto fue una necesidad, mi vida y la de mi madre corrían peligro.

URIEL GARCÍA, Nevada

Soy salvadoreña y llegué a Estados Unidos en el año 80, durante la guerra en mi país. En 1980 habían matado a un tío mío y secuestrado a mi mamá; nomás la recuperamos y decidimos venirnos para acá toda la familia, de una sola vez. Éramos 23 personas, salimos de emergencia y lo dejamos todo porque pensábamos que a los seis meses íbamos a regresar. Yo tenía 13 años cuando llegamos a Virginia y desde entonces vivimos aquí.

Me tocó trabajar igual que todo el mundo. Mi primer empleo fue en la construcción y demolición; yo venía de una familia de dinero en El Salvador y fue muy duro verme con una mangana rompiendo los pisos de las cocinas. Después trabajé seis años limpiando oficinas por las noches; de día, estudiaba como cualquier otra joven.

IVANIA CASTILLO, Virginia
Dreamers' Moms USA

En varios estados del norte del país, como Baja California, Chihuahua, Durango, Coahuila, Nuevo León y Tamaulipas, a partir de 2007 se inició un éxodo de hombres de negocios, profesionales y familias de niveles de ingreso medio y alto a causa de la crítica situación de inseguridad pública originada en la operación del crimen organizado. En ciudades como San Diego, Los Ángeles, El Paso, San Antonio, Austin, Dallas o Houston hay una creciente comunidad de empresarios mexicanos que se han mudado al norte con todas sus pertenencias, incluidas sus empresas. Ésta es una diáspora con mayores niveles de ingreso familiar que la migración histórica y de un perfil socioeconómico diferente.

—Carlos Heredia Zubieta, "La migración mexicana y el debate en Estados Unidos: A la sombra del Tea Party", *Nueva Sociedad*, 2011.

Durante las décadas de 1970 y 1980, además de los trabajadores mexicanos, por la frontera sur de Estados Unidos entraban cientos de miles de hondureños, guatemaltecos, salvadoreños y nicaragüenses que huían de guerras en sus países, y sudamericanos que escapaban de dictaduras militares en los suyos.

LAZOS QUE LLAMAN

Son incontables los jefes de familia, mujeres y hombres, que han migrado solos a Estados Unidos a probar suerte: suelen trasladarse a zonas agrícolas junto con hermanos, tíos o primos para apoyarse entre sí; después, si logran o encuentran las condiciones propicias, se llevan al resto de la familia, algunos le pagan a un *coyote* para que la traslade. Esta dinámica forma parte de la llamada "migración por reunificación familiar" y ha sido el germen de las comunidades de migrantes que han acogido a los *dreamers* y a sus familias después de que cruzan la frontera para volver a estar juntos.

> De acuerdo con el Instituto Nacional de Estadística y Geografía (datos del 2015), uno de cada 10 mexicanos vive actualmente en Estados Unidos. El 6% de los mexicanos en ese país tiene menos de 17 años.

Juntos de nuevo

Cuando nacieron mis dos hermanos fue más difícil seguir adelante y mi papá tomó la decisión de venir a Estados Unidos: no sabía si iba a llegar o no, pero lo hizo por el amor que nos tenía. Pasamos un año y medio sin papá, yo tenía siete años y medio. Me acuerdo que me mandó unos zapatos y yo me los ponía todos los días; pobres zapatos, ya con hoyos y descoloridos, pero me los quería poner porque me los había mandado mi padre. […] Cuando cruzamos, al primer señor que vi lo abracé y le dije "papá"; él me dijo: "Yo no soy tu papá". Estaba a un lado, lo abracé y lloramos un rato. Mi papá siempre ha sido bien chillón, igual que yo. Me sentí muy contento de estar otra vez con él.

CRISTIAN ÁVILA, Arizona

Migrantes unidos

Nací en Capilla de Milpillas, en Tepatitlán de Morelos, Jalisco, pero lo que sé de allá es muy poco; nomás me acuerdo que mi abuela vendía pozole en la calle y que también les daba a los pobres. Todo lo que sé de la Capilla es por las fotos que me traen

MOVIDOS POR LA ESPERANZA

mis primos, los videos de las fiestas en Navidad, más las pequeñas memorias que tengo de mi abuela y de mis perros que tiene allá. Al igual que Ana Gómez, tengo problemas con mi español; llegué a Estados Unidos cuando tenía tres años, era un niño chiquito, fue entre 1991 y 1992, no lo tengo claro. Mi papá ya estaba aquí, había vivido en Santa Ana con mis otros tíos, pero quiso traernos a mí y a mi mamá. Llegamos con unos familiares, luego estuvimos dos o tres años en Los Ángeles y después nos mudamos al área central de California, a una zona que se llama Tulare. Es un área grande de migrantes porque es la capital de la agricultura; mi papá trabajaba ordeñando vacas y mi mamá en la pizca. Después entraron a trabajar en restaurantes y mi mamá ahora está en hoteles. Ya tienen casi 20 o 30 años trabajando en el mismo lugar.

PEDRO RAMÍREZ, California

La mayoría de los migrantes se desplazan en familias nucleares compuestas por parejas solas o con sus hijos (48.2%); otros lo hacen en familias compuestas, es decir, en pareja con algunos parientes y a veces con paisanos. Sin embargo, resulta interesante ver que surgen nuevas configuraciones provocadas por la migración, de hogares con jefatura de mujeres u hombres solos, acompañados de sus hijos, con parientes y/o paisanos. Con base en los datos de nuestra encuesta a hogares de jornaleros migrantes encontramos cierta presencia de las mujeres como jefes de hogar, lo que da muestra de este fenómeno.

—Sara María Lara Flores (UNAM), "Violencia y contrapoder: una ventana al mundo de las mujeres indígenas migrantes en México", *Estudios Feministas*.

El Informe sobre Desarrollo Humano de 2007 establece que los migrantes no provienen de hogares pobres sino de aquellos que tienen niveles de escolaridad e ingresos medios. Esto nos indica que los mexicanos que migran a Estados Unidos tienen cierto grado de calificación y no son los más pobres sino aquellos que —si bien con ingresos bajos— pueden ahorrar lo suficiente para pagar al intermediario o *coyote* que les promete ayudarlos a cruzar la frontera norte y llegar a su destino.

—Carlos Heredia Zubieta, "La migración mexicana y el debate en Estados Unidos: A la sombra del Tea Party", *Nueva Sociedad*, 2011.

MIGRACIÓN FEMENINA

Actualmente habitan en Estados Unidos 16.9 millones de mujeres de origen mexicano, de las cuales 68% nacieron en aquel país y 32% lo hizo en México. En términos generales, a partir del año 2000 el número tanto de hombres como de mujeres mexicanas que han entrado a Estados Unidos ha ido a la baja. Así, la proporción de mujeres, dentro del total de población mexicana que llegó a Estados Unidos, se incrementó entre los años 2008 y hasta 2011, pero a partir de 2012 la proporción disminuyó.

En los últimos 15 años se ha observado que es cada vez menor el porcentaje de mujeres mexicanas casadas en Estados Unidos y, por tanto, ha aumentado la proporción de mujeres que son jefas de familia. La población de mujeres de origen mexicano en Estados Unidos es importante, pues 9.95 millones se encuentran en edad de trabajar. De esta población, cuatro de cada 10 son jefas de hogar. En términos laborales, 56% de estas mujeres se encuentran empleadas, 38.9% no se encuentra fuera de la fuerza laboral (es decir se dedican a otras actividades y no están en busca de trabajo) y sólo 5% se encuentra desempleada.

Otro dato relevante para las mujeres de origen mexicano en Estados Unidos es que 50% de ellas ha adquirido una vivienda propia o se encuentra en el proceso de adquirirla. De las mujeres entre 18 y 64 años, en términos del ingreso anual por hogar, sólo 11% habita en un hogar con ingresos menores a los 15 000 dólares anuales. Un 18% lo hace en un hogar entre 15 y 30 000 dólares, mientras que 71% restante habita en un hogar que obtiene ingresos al año mayores a los 30 000 dólares.

Mientras escuchaba hablar a los *dreamers* sobre las situaciones que sus madres tuvieron que enfrentar, resonaba en mí algo que he pensado en otras ocasiones: la pobreza tiene rostro de mujer. Cada vez son más las mujeres que cruzan la frontera por su cuenta: algunas atraviesan el desierto llevando a sus hijos en brazos, otras tienen que separarse de ellos hasta que consiguen los recursos para reunirse ya en Estados Unidos por una vía menos peligrosa. Por eso no es casual que en muchos de los diálogos que sostuve con los *dreamers*, manifestaran que sus mamás han sido el factor más decisivo en sus vidas; cuando hablan de ellas destacan su valor, su audacia, su pasión, su amor, sus sacrificios y la inspiración que representan para ellos. Los testimonios de algunas *dreamers' moms* no dejan lugar a duda de que para sus hijos han sido no sólo un trampolín emocional sino también el mayor impulso para lograr saltos generacionales, cambios de vida sustanciales que en algunos casos han tomado hasta seis, siete u ocho generaciones.

Algunos de los *dreamers* tuvieron la confianza de abrirme su corazón mientras relataban su historia; muchos de ellos incluso revivieron momentos dolorosos cuando hablaban de los días en que su madre se había ido de avanzada a Estados Unidos, dejándolos en México a cargo de sus abuelos. Recuerdo en especial el caso de Montserrat, que ahora vive en Raleigh, Carolina del Norte: cuando narraba los pasajes de su vida que consideraba más importantes, volvía una y otra vez a los días en que

veía a su abuela llorar frente la imagen de la Virgen de Guada-
lupe, mientras ella misma no era capaz de saber la razón de su
pena. Conforme pasaban las semanas se acercaba la fecha en que
Montserrat se iría con una tía a Estados Unidos para reencontrarse con su madre, y entre más cerca estaba, más aumentaba
la tristeza de su abuela. Cuando el día llegó, la abuela mandó a
Montserrat a comprar unas tortillas; ahí la esperaba su tía, que le
preguntó si quería volver a ver a su mamá y Montserrat respondió entusiasmada que sí. La niña se reunió con su madre, pero
jamás volvió a ver ni a abrazar a su abuela. En su relato, su llan-
to seguía transmitiendo un profundo dolor por no haber podido decirle adiós. Casi al terminar nuestra charla, le pregunté qué
era lo que más anhelaba en ese momento. Sin dudar, respondió:
"Quiero ir a despedirme de mi abuela a su tumba, quiero decirle adiós y también cuánto la amo".

Lo que estas historias nos han mostrado es la otra cara de la
reunificación familiar: una doble desintegración familiar. Cuando los niños se quedan a cargo de sus abuelos, tejen fuertes
lazos afectivos con ellos al grado de considerarlos sus segundos padres; pero cuando llega el día de la separación, cuando los
niños finalmente pueden reunirse con sus padres, tanto nietos
como abuelos sufren el dolor de una segunda separación.

Mujeres fuertes

Mi mamá y yo estábamos pasando por una situación muy difícil en Puebla: vivíamos en una casa muy pequeña sin ventanas
y con techo de lámina. Yo tenía cinco años, mi papá había fallecido un año antes y mis hermanos más grandes ya se habían
venido a Estados Unidos. Mi madre, como cualquier otra, tenía
que tomar una decisión: *Me quedo aquí sin saber de mis hijos o*

tomo el riesgo de unir a la familia y darle una oportunidad que no veo en México. Trató de migrar legalmente pero el proceso era anticuado, no entendíamos el sistema legal de México, tampoco el de Estados Unidos. Comparado con el precio de un abogado, era más fácil pagarle a un *coyote*.

Llegué a Nueva York con mi mamá a los cinco años. Ella nunca le pidió nada al gobierno de Estados Unidos; trabajó vendiendo comida, cuidando niños, reciclando botellas para venderlas. Yo empecé a trabajar a los 13 años: así como mis hermanos se estaban esforzando por nosotros, sentí que debía hacer mi parte para ayudar a la familia.

César Vargas, Nueva York

Mujeres valerosas

Nací con una discapacidad en la espina dorsal; los médicos me daban tres meses de vida y el tratamiento requería atención especializada. Con una visa humanitaria, mi madre cruzó a San Diego y decidió quedarse allá para que me trataran. Ella tenía un negocio propio en Ensenada, todo iba muy bien aunque tuvo que dejarlo para atenderme y en San Diego consiguió un trabajo que no era muy bueno, pero necesitaba el dinero. Mi primera operación fue a los seis meses. Al mismo tiempo, mi abuela estaba agonizando en México: la perdimos en el mismo momento en que yo salía de la sala de recuperación. Tengo todos mis años de estudio, desde kínder hasta secundaria. Por falta de dinero y de papeles no pude avanzar más allá del primer año de colegio; también estudié artes marciales y defensa personal. Un instructor me dio la oportunidad, creyó en mí y empecé a dar clases. Así me las ingenié para ganar dinero.

Alfonso Palacios, California

Mujeres que hacen y no sólo sueñan

Para mí es muy difícil decir que soy de cierto lugar y no conocer ni de dónde soy, es algo que me duele. Tengo muy buenos recuerdos de Veracruz, éramos muy pobres, pero vivíamos muy felices porque era un mundo muy rico, muy *frutoso*; recuerdo la costa, comer mangos, cocos, papaya. Mi mamá se llama Clara y era madre soltera. Para salir adelante se fue a Estados Unidos y me dejó con mis abuelos un tiempo: esos años fueron muy felices. En ese tiempo se hizo el NAFTA, luego entendí que ese tratado había ocasionado lo que estamos viviendo, que mucha gente venga a Estados Unidos.

Mi madre llegó a Sacramento, California, exactamente a San Joaquín Valley, un lugar donde crece todo y le da de comer a toda la región. Mi tía había llegado antes, en 1982, y gracias a la amnistía de 1986 pudo arreglar sus papeles de residente y ahora es ciudadana. La primera vez que crucé fue con ella, hace 20 años era más fácil; la segunda vez tenía seis años y crucé con mi mamá. Eso les pasa a muchos jóvenes: sus papás se vienen primero, pero luego no pueden verlos en cinco, 15 o 20 años. Lo mismo ocurre ahora con los niños de Centroamérica, que no han podido ver a su familia, y a las mamás que no han podido ver a sus esposos.

IRVIS OROZCO, California

Actualmente la Ley de Normas Justas de Trabajo de Estados Unidos contempla que cualquier empleador del sector agrícola puede contratar a niños de 12 y 13 años durante una cantidad ilimitada de horas fuera del horario escolar con autorización de sus padres.

Made in the USA: *Child Labour & Tobacco*, realizado por la organización Human Child Watch, cuenta en ocho minutos los peligros a que están expuestos los niños migrantes que trabajan en los campos de tabaco en Estados Unidos en jornadas de más de 50 horas por semana; entre los daños están ser rociados con pesticidas altamente tóxicos mientras trabajan, y sufrir intoxicaciones por contacto con la nicotina del tabaco verde. La edad promedio de los niños trabajadores en el campo estadounidense es de 13 años.
http://youtu.be/OF77XsvucYk

 La invisibilidad en el proceso migratorio: las mujeres migrantes. Ofelia Woo Morales, investigadora del Departamento de Estudios Sociales de El Colegio de la Frontera Norte.
http://www.colef.mx/fronteranorte/articulos/FN13/8-f13_Nota_invisibilidad_ proceso_migratorio_mujeres_migrantes.pdf

NIÑOS QUE CRUZAN SOLOS

De acuerdo con datos de la US Customs and Border Protection, en 2015 la patrulla fronteriza retuvo a alrededor de 40 000 niñas y niños no acompañados, mientras que en lo que va de 2016 ha retenido a cerca de 43 000 menores viajando solos, con el riesgo de sufrir graves violaciones a su integridad física y a sus derechos humanos. La Unicef señala que los niños, niñas y adolescentes deciden viajar solos para cruzar la frontera de Estados Unidos por tres motivos: anhelo de reunirse con sus familiares, deseo de mejorar su nivel de vida a través del desempeño de un trabajo, y necesidad de escapar de la violencia familiar o la explotación sexual. Estas mismas motivaciones están presentes en algunos testimonios que los *dreamers* compartieron durante nuestras conversaciones.

Coyote y *pollero* son los apodos con que se conoce a las personas dedicadas a introducir a migrantes indocumentados en territorio estadounidense; por realizar este servicio suelen cobrar cuotas elevadas libres de cualquier responsabilidad, incluso de llegar a Estados Unidos. En algunos casos forman parte de redes dedicadas a estas y otras actividades en la frontera norte de México.

Recuerdos de infancia

A los cinco años, mis padres me mandaron a Estados Unidos con mi hermano de un año. Cruzamos la línea en un carro; íbamos con un muchacho y dos muchachas, una al frente y una atrás, yo traía a mi hermano cargando y con biberón. Al cruzar la línea me dijeron: "Hazte el dormido"; medio cerré los ojos, vi que una luz flasheó y luego pasamos del otro lado. Mi abuelita, que ya estaba en Estados Unidos, vino con un vecino a recogernos. Mi mamá logró cruzar a los seis meses, no había pasado tanto tiempo, pero como que no me acordaba de ella. Seis meses después llegó mi papá.

CHRISTIAN ÁLVAREZ, California

Niños también valerosos

Mi hermano tenía dos o tres años cuando le dio asma; yo iba en secundaria y vivíamos en Santa María Coapan, en Tehuacán. Sólo había una clínica, quedaba a 15 minutos caminando, ahí llevábamos a mi hermano y se quedaba internado dos noches; su tratamiento era muy caro, y por mala suerte a mi papá lo despidieron de la maquiladora donde trabajaba. Estuvo buscando empleo, pero le ofrecían menos de lo que estaba ganando. Mis primos, que ya estaban en Estados Unidos, le llamaron para contarle sus experiencias, le metieron la idea de irse y él aceptó.

Seguí estudiando, era julio de 2009 y estaba por cumplir 15 años. Un día, mi papá nos llamó: "Acabando la secundaria se pueden venir para acá, hay preparatorias públicas y de paga"; yo ya no alcanzaba a inscribirme en la pública, pero nos convenció y aceptamos. Mi mamá y yo íbamos todos preocupados porque a mi hermano todavía le daban ataques de asma, así que nos llevamos nuestra bolsita de medicinas por cualquier cosa. Primero fuimos a Morelos y de ahí a Nogales, donde los *coyotes* nos dijeron cómo íbamos a cruzar. Esa tarde nos llevaron a la garita o la línea, como le dicen: "Van a esperar aquí, nosotros les damos el pitazo y hagan todo lo que les digamos". Dos horas después, cuando ya se hacía de noche, nos dejaron en la carretera junto a un cerro chiquito; lo rodeamos y nos quedamos esperando la señal. Para esquivar las cámaras y la vigilancia de la garita, tuvimos que cruzar gateando. A los 10 minutos a mi hermano ya le iban sangrando las rodillas, igual que a nosotros; le dijimos que estábamos en un juego de espías, que no podíamos dejar que nos descubrieran. Encontramos una bajada y al final estaban todas las patrullas con las luces prendidas. Mi hermano, creyendo que era un juego, me decía: "Agáchate, que no nos vean"; no tenía claro lo que realmente estábamos viviendo. En eso, los *coyotes* gritaron: "¡Corran!" Nos levantamos y salimos corriendo, yo iba abrazando a mi hermano. Llegamos a una estación donde había puros tráileres, ahí nos dejaron en la cabina de un conductor toda la noche, éramos como ocho y nos advirtieron: "No se duerman, en la mañana viene una persona a recogerlos". Mi hermano estaba muy cansado y lo dejamos dormir, pero el resto nos quedamos vigilando porque la patrulla pasaba al lado y teníamos que escondernos.

En la mañana llegó un muchacho y nos llevó en un coche a una casa de seguridad en el lado de Arizona. Tres días después nos mandaron a Tucson en transporte público, pero nos dijeron que no podíamos ir más que de dos en dos; pedimos que nos dejaran ir juntos, pero los *coyotes* no aceptaron. Le dije a mi mamá que se fuera con mi hermano porque yo no sabría qué hacer si él se asustaba. Ella se fue en el primer transporte y a los 15 minutos me subieron en una combi con un muchacho. Ya en la carretera, vimos el letrero que decía: "Tucson a 5 minutos". El chavo con el que iba me miró: "Ya la libramos", dijo, pero justo en ese momento apareció atrás de nosotros la patrulla fronteriza, prendió las luces y la sirena. La combi se detuvo, el oficial abrió la puerta y empezó a pedirles a todos sus documentos. Entonces llegó hasta nosotros. "Sus papeles…" "Es que no tenemos." "Pues bájense."

Nos llevó en patrulla hasta el centro de detención. Al otro chavo lo pusieron en el grupo de hombres y a mí en el de niños, me tomaron las huellas y todo. Yo quería saber qué había pasado con mi mamá, tenía cerca una ventana que daba al cuarto de las mujeres pero no alcanzaba a ver y nunca supe si mi mamá estaba ahí. Me llevaron al DIF, yo no tenía dinero ni papeles, le llamé a mi papá y él contactó de nuevo al *coyote*. Traté de cruzar otra vez, pero me volvieron a agarrar porque el *coyote* nos abandonó. La siguiente vez crucé con un *coyote* diferente, ya habíamos pasado la línea cuando nos descubrió la *migra*; corrí sin detenerme y me dispararon balas de gas hasta que me caí, no podía respirar. Me detuvieron pensando que yo era el *coyote*, pero les demostré que no y me dejaron ir. […]

Viví solo casi ocho meses en una casa que estaba en un callejón, donde también vivía toda la familia. Estudié un semestre de preparatoria, y en las vacaciones mis papás me avisaron que un tío mío de Puebla iba a cruzar la frontera: me preguntaron si me quería ir con él. Estando con un familiar no iba a ser tan duro; sabía que contaba con mi familia si algo me pasaba. Atravesamos por Nogales, los *coyotes* nos dieron unas mochilas con agua y comida y nos dijeron que íbamos a caminar tres días por las montañas, pero al final fueron más de siete. El clima en la noche era muy frío; como había llovido, despertabas temblando. Se nos terminó la comida, sólo tomábamos agua y muchos ya vomitábamos. Al bajar de la montaña encontramos a los agentes fronterizos, nos regresamos al cerro y nos agarraron; ahí nos enteramos de que habíamos estado tomando agua contaminada de las minas, afortunadamente no nos enfermamos. La última vez cruzamos por Altar, Sonora, atravesamos el desierto; nos tardamos tres días, pero fue menos peligroso. Ahí nos recogieron unos *coyotes* y nos llevaron a Tucson, luego nos metieron como a 50 personas en una camioneta, todos apretados, y nos dejaron en Phoenix.

EDGAR MORALES, Nueva York

Desde 2001 hasta 2006 el DIF nacional y los DIF locales han establecido en la frontera norte 23 albergues que forman parte del Programa Interinstitucional de Atención a Menores Fronterizos; en 2007 atendieron a más de 20 000 niñas, niños y adolescentes mexicanos que fueron repatriados desde Estados Unidos. En la región, 13 albergues son del Sistema DIF, cuatro del DIF y del INM y seis de organismos no gubernamentales participantes en el programa. En la frontera sur está en funcionamiento un albergue en Tapachula, Chiapas, que atiende a niños y niñas centroamericanos.

SOLEDAD Y DIFERENCIA

Hace apenas una década que se empezaron a estudiar a profundidad los efectos psicológicos de la migración en niños mexicanos: tanto en los estudios recientes como en las conversaciones que tuve con los protagonistas de este libro, pude percibir el impacto emocional que producen el cambio de contexto (muchas veces traumático si cruzan de forma accidentada y fuera de la ley) así como el aislamiento social de los primeros meses a causa de la diferencia de idioma. A estos dos factores se suma la soledad en que crecen porque sus padres muchas veces están ausentes; casi todos trabajan durante todo el día y no pueden atenderlos. Y también está el factor del riesgo: se desarrollan en un estado permanente de temor ante la posible deportación, suya o de sus padres. En el caso de los *dreamers*, esta soledad se transformó en una segregación silenciosa durante la adolescencia y se profundizó cuando los chicos se percataron de las implicaciones de su estado migratorio. Recuerdo el caso de una chica de Raleigh, Carolina del Norte, que al enterarse de que no podría entrar a la universidad por no tener un número de Seguridad Social, sintió "que estaba en un funeral" y se hundió en una depresión. Y otra chica en el estado de Texas, tras haber obtenido una beca de canto de 50 000 dólares, no pudo acceder a ella por ser indocumentada.

La ley de Arizona SB 1070, de 2010, pretende la acción más amplia y estricta contra la inmigración ilegal de las últimas décadas. Ha provocado una controversia mundial puesto que criminaliza a los inmigrantes sin documentos; también otorga a los policías la facultad de detener a todos los que por su apariencia puedan ser inmigrantes, sin importar que sean ciudadanos estadounidenses o inmigrantes legales.

El golpe de la realidad

Tenía nueve años cuando llegué a Estados Unidos con mis padres y mis dos hermanas menores, era diciembre de 2000. Nos quedamos con un tío en Dallas en un cuarto con una litera, mis papás dormían en el suelo.

A los 17 años todavía pude sacar mi permiso de conducir sin documentos; era un permiso provisional para aprender. Un mes antes de cumplir 18, entró una ley que exigía Seguro Social para sacar licencia de manejo. Yo no tenía, y cuando me negaron la licencia sentí horrible, me pasé todo el día llorando. Lo mismo cuando quise entrar a la universidad: también se necesitaba Seguro Social para obtener financiamiento.

ABRAHAM PONCE, Dallas

Riesgo de deportación

Una de las cosas más difíciles que viví fue la aplicación de la ley SB 1070 en Arizona: la policía te podía detener solamente por cómo te veías, por tener la piel oscura y no por cometer una falta. Eso para mí era racismo, me dolía, era preocupante no sólo por mis papás sino por mucha gente. Hubo muchas deportaciones. A mis papás afortunadamente no los pararon, pero era triste mirar las noticias. A cada rato paraban a las personas, los deportaban y sus hijos chiquitos se quedaban viendo cómo se llevaban a sus papás. Era frustrante.

KARINA ROCHA, Arizona

Contrastes

En Agnes Scott College tuve una educación muy buena gracias a una beca, pero siempre me sentía culpable porque yo estaba viviendo el sueño americano y otros no; vivía en la universidad, y había gente que hacía la limpieza y lavaba nuestros platos. Yo los veía y me recordaban a mi mamá. Fue difícil estar ahí sabiendo que tantos jóvenes se merecen una educación y no hay fondos para que todos vayan.

JEIMY ADRIANA CAMACHO, Georgia

 Celia Mancillas Bazán, "Migración de menores mexicanos a Estados Unidos".
http://www.conapo.gob.mx/work/models/CONAPO/migracion_ internacional/politicaspublicas/06.pdf

LA AMNISTÍA DE 1986

Algunos de los familiares de los *dreamers* que conocí emigraron a Estados Unidos entre las décadas de 1960 y 1980; ellos vivieron una situación distinta a la de los migrantes llegados en años posteriores. En 1986 el presidente Ronald Reagan promulgó una amnistía que benefició a casi tres millones de migrantes indocumentados, la que se volvió una ley al poco tiempo y declaraba que los migrantes sin papeles sólo podían regularizar su estatus si se encontraban en el país antes de enero de 1982 y residían de forma continua desde entonces. Esta ley permitió que muchos migrantes, y en algunos casos sus familias, obtuvieran la ciudadanía estadounidense.

Diversos estudios han señalado que los salarios de los inmigrantes que se beneficiaron con el proceso de legalización de 1986 aumentaron sus salarios en los años posteriores a este proceso (http://www.rci.rutgers.edu/~japhill/demog.pdf).

Beneficios reales

Mis papás son de Jalisco, mi mamá de Las Liebres y mi papá de Tinajeros, un ranchito cerca de Zapotlanejo; yo nací en Dallas, al otro lado del río Trinity. Mis hermanas nacieron en Jalisco, mi papá venía seguido a Estados Unidos y las trajo a ellas y a mi mamá con un *coyote*: vinieron sin papeles, pero gracias a la amnistía de 1986 todos se hicieron ciudadanos y tenemos la doble nacionalidad.

LAURA MENDOZA, Texas

La brecha generacional

Mi nombre es Ana Gómez y nací en Guadalajara, pero mi familia es de Tepatitlán de Morelos, en los Altos de Jalisco. Mis papás y mis cuatro hermanos vinimos a este país hace 21 años, dejamos México en 1993 por razones financieras. Mi papá ya había trabajado en Estados Unidos en los años setenta, cuando estaba joven, vino solamente con sus hermanos: en ese tiempo la situación era muy distinta, se podía obtener un Seguro Social fácilmente, la gente podía trabajar y hasta viajar. Mientras estuvo aquí, siempre pudo ir y regresar a México, luego empezó a guardar dinero y se casó.

En 1993, básicamente quebró. Acá en México, él era... —hay cosas que no sé cómo decirlas en español—... es de un lugar donde hay muchos ranchos, era como ganadero, pero quebró. Decidió que tenía que venir a Estados Unidos, ya que tenía relación con gente y la mitad de su familia ya estaba acá. Vinimos a Los Ángeles; viví en LA Axe, en Westchester, hasta los 14 años, y después compramos una casa en Inglewood. Desde entonces y hasta ahora sigo siendo indocumentada. Mi papá aplicó para obtener la residencia en 1996 y legalizó su situación por medio de un hermano, pero el proceso es tan largo que cuando recibió su residencia, yo y mis dos hermanos nacidos en México quisimos aplicar, pero ya éramos mayores de 21 años.

ANA GÓMEZ, California

Obstáculos

En los años ochenta hubo una ley de amnistía que se llamaba Simpson-Rodino; gracias a ella mi madre, que trabajaba en la pizca, pudo obtener una residencia legal y nos jaló a Estados Unidos de un día para otro sin aviso. Teníamos familia en El Paso, entre el lado de Juárez y el lado americano, y nos dejaron vivir en su casa, que era un tráiler: en total éramos 14 o 15 personas en un trailercito chiquito. Yo tenía como 15 años, empecé a trabajar y fui a la escuela americana, a la *high school*. Me esforcé en aprender bien rápido el inglés, le ayudaba a mi mamá como conserje en un banco, vendía comida y me iba a limpiar carros; luego trabajé de *bartender*, hice limpieza, sacudía la pizca, cosas así. Si mi madre trabajaba 40 horas a la semana en la fábrica de Levi's haciendo pantalones, entonces yo, que era más joven, tenía mayor responsabilidad. Me puse a estudiar, no menos de 40 horas a la semana; me metí a concursos estatales, desde música hasta debate. Vi que la academia se me daba con cierta facilidad, pero no podía ir a la universidad porque no tenía papeles.

PEDRO MORALES, Massachusetts

La amnistía de 1986 transformó el paisaje político en California, que dejó de pintarse de rojo para adoptar el azul gracias a la fuerza del electorado hispano recién naturalizado y de sus hijos, que serían ciudadanos. Hasta 2009, aproximadamente 40% de los beneficiarios de la amnistía se han vuelto ciudadanos, y en 2012 70% de los electores hispanos —algunos de los cuales se naturalizaron gracias a la amnistía o están emparentados con personas beneficiadas por la ley— votaron por Barack Obama por encima de Mitt Romney, lo que pintó un panorama preocupante para el Partido Republicano, que ha tenido problemas para avanzar entre este grupo demográfico de rápido crecimiento.

—Liz Goodwin, "Los estadounidenses de la amnistía: seis historias de inmigrantes".

CAPÍTULO III

Educación: de la realidad al sueño

A los 17 años me enfrenté a la verdad. Era mi último año de la escuela, cuando viene el examen de admisión que requieren muchas universidades para medir tu conocimiento; también había que preparar solicitudes para ser aceptada y pedir becas, pero yo no tenía número de Seguro Social ni un papel que indicara que era legal. Mis papás me decían: "Pon todo tu empeño, es una oportunidad que mucha gente no tiene en México, estás en la gloria". Pero yo sentía que era una jaula de oro, que había perdido mi tiempo en la escuela.

LIZETTE MORENO, Texas

LA DURA REALIDAD

Buena parte de los protagonistas de este libro se enteraron de su estatus migratorio hasta que terminaron la *high school* y quisieron entrar a la universidad, o bien cuando tenían derecho a un intercambio, una beca o un viaje escolar fuera del país gracias a sus calificaciones sobresalientes y no pudieron acceder a ello por falta de un documento legal que los avalara como ciudadanos estadounidenses. Recordemos que siete de cada 10 de los *dreamers* mexicanos en Estados Unidos tienen entre 18 y 34 años de edad, y que ocho de cada 10 han obtenido el grado de *high school* o más.

Eran apenas unos adolescentes y el *shock* de la diferencia fue muy duro; en muchos casos, la reacción fue de igual intensidad. Hubo quien se encerró en su habitación cerca de tres años porque no soportaba la idea de ser "diferente", porque había descubierto que su condición no era la que siempre había creído; también hubo quienes se resintieron con sus padres por haber ocultado su situación migratoria, algunos incluso llegaron a culparlos de la exclusión que enfrentaban porque no tenían los derechos ni las oportunidades que se habían ganado con esfuerzo a lo largo de su vida. Así, mientras sus compañeros aplicaban para la universidad, ellos tenían que trabajar y costear programas de estudio más costosos, muchas veces imposibles de pagar. Quienes son tenaces y deciden seguir adelante con su educación universitaria, tienen que pagar una media de 25 000 dólares al año, pero los sueldos de sus padres sólo alcanzan para sostener a la familia y pagar impuestos como cualquier otro ciudadano.

Al no tener número de Seguro Social o residencia, los jóvenes y sus padres no son candidatos para recibir financiamiento del gobierno y tampoco tienen acceso a préstamos bancarios. Por lo tanto deben pagar la cuota que pagan los extranjeros, que suele ser hasta 40% más alta que para los ciudadanos estadounidenses.

Los mexicanos indocumentados que deciden estudiar en una *community college* deben combinar al menos tres recursos: trabajo, pequeñas becas de fundaciones privadas y apoyo de sus familiares, si es que los tienen. Para ellos estudiar se convierte en una carrera llena de dificultades como la falta de documentos o el endeudamiento, cuestiones que poco tienen que ver con lo académico.

Los colegios comunitarios son instituciones de educación superior que otorgan un *associate degree* al estudiante que finaliza sus estudios; requieren haber completado 60 créditos en cursos semestrales. Las *community colleges* también se conocen con el nombre de *technical colleges*, *junior colleges* y *county colleges*. Si se estudia a tiempo completo y se completan los créditos, los cursos se finalizan en dos años. En promedio, la inscripción en un colegio comunitario cuesta cerca de 5 000 dólares anuales; en una universidad, la misma cuota oscila entre los 12 000 y los 20 000 dólares al año.

High school es el término que define la educación media superior en Estados Unidos. Comprende normalmente cuatro ciclos escolares, del noveno al doceavo grado, y sería similar a la preparatoria o bachillerato mexicano. Cualquier joven puede ingresar a una *high school* pública y gratuita, tenga o no documentos que lo acrediten como ciudadano estadounidense.

Empuje e iniciativa

Empecé a vender dulces, papitas y sodas en la escuela aunque no se podía, pero como nunca me dijeron nada, continué vendiendo los siguientes tres años. En vez de pedirles dinero a mis papás, con lo que ganaba pagué lo que necesitaba para la *high school*, para mí y para mi novia de entonces; el baile de fin de año, *tickets* para ir a Disneyland y todo. En 2012 me dieron mi carta para graduarme y me llegaron notificaciones de cuatro universidades del estado de California: UCLA, Berkeley, Santa Cruz y Santa Bárbara. En las cuatro me aceptaron, pero yo quería ir a Santa Bárbara. Pagué lo de la inscripción y fueron como 200 dólares.

Sentía raro pedirle dinero a mi papá, pero él me dijo: "Si es para tu escuela, pídeme lo que quieras, yo como sea le hago y te lo consigo". Luego me notificaron que ya tenía que hacer mi primer pago: 35000 dólares al año, y si quería vivir en la escuela tenía que pagar 20000 más. Mi papá no ganaba eso en un año.

CHRISTIAN ÁLVAREZ, California

El dilema de abandonar la escuela

Yo disfrutaba mucho la escuela; no era el más inteligente, pero le echaba ganas. Fue en la *high school* que me di cuenta de que no tenía papeles. Como no podía ir a la universidad, estudié un año en el colegio comunitario, pero era muy caro: mis padres ganaban el salario mínimo y no me alcanzaba. Dejé el colegio y me puse a trabajar, pero usé un seguro que no era mío. Un día me paró la policía, checaron mi cartera y me preguntaron por qué lo traía; dije que estaba buscando trabajo, pero me llevaron a la corte. Afortunadamente me bajaron los cargos, antes era un delito federal. Después de eso estuve tres años sin trabajar ni ir a la escuela.

ISRAEL LÓPEZ CAÑEDO, California

En la mayoría de los estados hay una diferencia en el precio de la matrícula (*tuition*) entre *in state* y *out of state*. Los que califican como *in state*, es decir, los residentes en ese estado, generalmente pagan mucho menos que los *out of state* (aunque no siempre es así); ciudadanos, residentes, refugiados y asilados que vivan en un determinado estado y cumplan con requisitos adicionales que dependen de cada entidad, pueden calificar para una matrícula *in state*. Si los indocumentados califican para ser admitidos o no, depende del estado; si realmente residen en él, pueden pagar como *in state*.

Requisitos para postular al programa de apoyo de la Ley Noriega en Texas:
http://www.dcccd.edu/why/whatweoffer/espanol/futuros/paying/pages/noriega.aspx

UNA CARRERA DE OBSTÁCULOS

Las condiciones de vida de los *dreamers* han sido más o menos adversas o amigables según el lugar donde crecieron; sin embargo, la percepción general de los jóvenes es que el *shock* de la diferencia hizo que en un lapso muy corto de tiempo comprendieran que todo sería diferente para ellos, que llevarían una vida dura y excluyente sin haberla elegido, pues esa decisión la habían tomado sus padres. Estaban en el país que los vio crecer, no en el que los vio nacer, y en ninguno de los dos se sentían ciudadanos con derechos y oportunidades.

Muchos *dreamers* siempre estuvieron al tanto de su condición migratoria, pero tuvieron que mantenerla en secreto; compartieron con sus padres el temor de la deportación cuando una patrulla se detenía a su lado o cuando en la escuela les solicitaban papeles adicionales y sabían que no contaban con ellos. También sabían que debían esforzarse más y obtener mejores notas que el resto de sus compañeros, pues sus retos serían más grandes. En estricto sentido, el problema de estos jóvenes no es tanto si podrán o no acceder a la educación superior, pues aunque pudieran pagarla, por su situación migratoria no podrán ejercer la profesión que han elegido.

Por otra parte, los padres de estos chicos ya son mayores. Y a pesar de que han pagado impuestos desde que llegaron a Estados Unidos, no cuentan con ningún seguro médico o una pensión que

les ayude a sobrellevar una enfermedad o a vivir la vejez digna-
mente. A esas dificultades se suman las creencias y el lastre cultural que pesa sobre ellos.

Para algunos *dreamers*, los consejeros en los colegios y las
secundarias han sido mentores o guías de vida; sin embargo, en
lo que se refiere a los trámites pocas veces saben qué hacer, las
soluciones han surgido sobre la marcha y casi siempre impulsa-
das por los mismos estudiantes. Actualmente las organizaciones
de *dreamers* son quienes brindan más ayuda e información.

En un estudio llevado a cabo por el College Board se indica que,
durante el transcurso de la vida laboral, los individuos que obtienen un grado universitario ganan aproximadamente 60% más que
aquellos que sólo obtuvieron un diploma de *high school*.

Requisitos para recibir apoyo económico del gobierno federal de
Estados Unidos para educación superior:
• Comprobar su necesidad económica (para la mayoría de los pro-
gramas).
• Ser ciudadano estadounidense o extranjero con derecho a par-
ticipar.
• Tener un número de Seguro Social válido.
• Inscribirse, si aún no lo ha hecho, en los registros militares del Sis-
tema de Servicio Selectivo si es varón y tiene entre 18 y 25 años.
• Inscribirse o ser aceptado para la matrícula como estudiante
regular en un programa aprobado que otorgue un título o certi-
ficado.
• Estar inscrito para estudiar con dedicación de medio tiempo, por
lo menos, para tener derecho a recibir fondos del Direct Loan
Program.

- Mantener un progreso académico satisfactorio en la universidad o instituto profesional.
- Firmar declaraciones en la Solicitud Gratuita de Ayuda Federal para Estudiantes (FAFSA®) mediante las que declare:
  - No haber incurrido en incumplimiento de pago de un préstamo federal para estudiantes ni tener una deuda de dinero por una beca federal estudiantil;
  - Utilizar la ayuda federal para estudiantes sólo con fines educativos, y
  - Comprobar que reúne los requisitos para obtener educación de una universidad o una escuela politécnica mediante un diploma de escuela secundaria o un equivalente reconocido, como el Certificado de Formación Educativa General (GED, por sus siglas en inglés), o finalizar los estudios secundarios con alguna forma de enseñanza en el hogar que esté aprobada por la legislación del estado.

La falta de convenios binacionales

En 2010 andaba como gallina sin cabeza, nomás corriendo de acá para allá, estudiando sin una idea precisa. Ahí me ganó la depresión: no tenía papeles, no podía seguir pagando una universidad de 1 500 dólares por clase cuando yo ganaba siete por hora. Perdí el cabello, me segregué de todo el mundo, mi familia se desapareció. Me preguntaba: *¿Qué estoy haciendo aquí, cuál es mi motivo, mi lucha?* A punto de regresarme a México, toqué fondo: podía irme y continuar mis estudios allá, pero cuando busqué información me di cuenta de que otra vez mi bendito gobierno mexicano no aceptaba revalidaciones de colegio. Si me regresaba, mis estudios no valían; no eran 1 000 dólares, eran miles los que había gastado y miles de noches sin dormir por trabajar duro.

MARCO MALAGÓN, Texas

La falta de licencias para ejercer su profesión

Tengo los suficientes requerimientos para ser maestro, amo trabajar con niños, pero me negaron mi licencia porque no soy ciudadano americano o residente. Nadie mejor que yo sabe las necesidades de los estudiantes latinos, nadie mejor que yo, porque fui uno de ellos. Necesitamos que los doctores, los maestros y los abogados puedan tener sus licencias. Muchos sentimos que a los *dacas* nos quieren en trabajos que pagan menos de 15 dólares, que son totalmente honrados, pero ¿dónde está nuestra superación?

Uriel García, Nevada

La mentalidad de los padres

Hay veces que los padres tienen la mentalidad de que no es necesario ir al colegio y les dicen a sus hijos: "Es muy caro, vente a trabajar conmigo porque no hay dinero". Si los padres quieren que uno trabaje de algo que no sea la jardinería, es muy respetable, nos han ayudado a pagar la universidad gracias a su trabajo, pero nosotros queremos superarnos como estudiantes.

Alan Alemán, Nevada

Mi familia no estaba de acuerdo en que yo fuera a la universidad, siempre me dijeron que era una pérdida de tiempo y de dinero; a veces ellos no entienden porque no tuvieron esa educación y no saben las puertas que te abre una carrera.

Briana Cabrera, Georgia

De acuerdo con la Asociación Americana de Colegios Comunitarios, hay en Estados Unidos 1 132 colegios comunitarios. Estos centros educativos albergan a 12.8 millones de estudiantes, de los cuales 20% es de origen hispano, y seis de cada 10 reciben algún tipo de ayuda para continuar sus estudios. En el estado de California, ofrecen flexibilidad para que los estudiantes continúen su educación mientras trabajan, ofreciendo clases nocturnas, los fines de semana y en línea.

EL MOTOR DE LOS SUEÑOS

El deseo de terminar la universidad y ejercer su profesión ha hecho que los *dreamers* desarrollen la capacidad para transformar los obstáculos en oportunidades en muy poco tiempo; de igual forma, su generosidad para transmitir ese conocimiento a sus pares y a las nuevas generaciones de mexicoamericanos los ha convertido en ejemplos de liderazgo, reafirmando su identidad como parte de una comunidad más abierta y más participativa. Para ellos, el estudio es la plataforma que les permitirá integrarse a la cultura en la que crecieron. En muchos casos, debido a que sus padres se los llevaron para ofrecerles un mejor futuro, obtener un título universitario es también una forma de expresarles su gratitud.

Si esos casi 1.7 millones de jóvenes estudiantes mexicanos que viven en Estados Unidos tuvieran que ser educados en instituciones públicas mexicanas, representarían 68% de la matrícula actual de las universidades públicas en nuestro país, estimada en 2.5 millones (Sistema Nacional de Información Estadística Educativa, 2016 (http://www.snie.sep.gob.mx/estadisticas_educativas.html).

Estudiar para pertenecer

Había estado en escuelas públicas con mucha gente americana, eso me incomodaba porque había mucho racismo. En la nueva escuela, en cambio, había muchos estudiantes refugiados; como había violencia en sus países, los traían a Estados Unidos y los ayudaban. Conocí a varios latinos en la escuela, otros compañeros que no sabían ni quién era Jan Brewer, la gobernadora, y no tenían ese sentimiento de racismo: eso me hizo sentir muy bien. Luego supe que había un club que se llamaba Latino Union y me involucré el primer año: todos eran muy buena gente y me dijeron que a través de ese club se podía aplicar para una beca, ahí mismo había un puesto para reclutar a más estudiantes que pudieran ser parte del programa, y la tomé.

KARINA ROCHA, Arizona

Estudiar para conocerse

Ahora tengo dos carreras. La primera es una licenciatura en administración de empresas internacionales bajo el idioma español; la escogí para conocer más de dónde vengo, es mi primera lengua y pude conocer un poco más sobre estudios de Latinoamérica, porque aquí solamente te enseñan temas de Estados Unidos.

El segundo título que tengo es diseño, corte y confección. Para pagar la segunda carrera tuve que tomar dos empleos, uno de tiempo completo: a veces me tocaba dormir en el carro, pasarme la noche a escondidas en el dormitorio con las amigas, en un rinconcito. Lo digo con orgullo porque fui capaz de hacer todo eso por un sueño, gracias al coraje que me enseñaron mis padres para lograr mi objetivo.

LIZETTE MORENO, Texas

Estudiar para agradecer

Para mi papá fue muy difícil pasar la frontera; es un tema muy delicado para él. Me imagino que le pasaron cosas muy feas en el desierto. Me di cuenta de todo el sacrificio que hizo para darnos una mejor vida. La única manera de empezar a pagarle era con una buena educación, salir adelante, ser profesional.

CRISTIAN ÁVILA, Arizona

Estudiar para ayudar a otros

Yo siempre supe que debía ir a la universidad y estudiar porque tenía la capacidad de cambiar las cosas; desde los cuatro o cinco años sabía que había injusticias en el mundo y que nosotros tenemos el poder de cambiarlo. Cuando vine aquí, me di cuenta de lo que pasaba con los inmigrantes. Al principio no me sentí conectada con eso porque ser migrante es como ser malo y más si eres indocumentado, quieres distanciarte de eso. Pero después me di cuenta de que hay cosas en el sistema que tenemos que cambiar para crear oportunidades para todos, porque todos tenemos el potencial de hacer cosas grandes, de cambiar la vida de nuestras familias y nuestros barrios.

MAYRA LÓPEZ, Illinois

Ahora tengo dos trabajos para poder pagar la escuela, ayudar en la casa y pagar los gastos. Estoy estudiando para ser abogado. En el trabajo, ayudo en cualquier caso que llega de un cliente hispano, me relaciono con ellos porque sé lo que les puede pasar y no me gustaría estar en esa situación.

DANIEL GARCÍA, Carolina del Norte

TRABAJAR Y ESTUDIAR

El que un estudiante trabaje para pagar la universidad no es excepcional. Un estudio de 2012 reveló que en Estados Unidos cuatro de cada cinco estudiantes trabajan en empleos de medio tiempo o de tiempo completo para pagar su educación superior; en México, 48.2% de los estudiantes universitarios tienen que trabajar para cubrir sus gastos y aportar a la economía familiar.[1] Sin embargo, en el caso de los *dreamers* la combinación de estudios y trabajo los pone en condiciones de vida muy precarias y en situaciones de agotamiento, frustración e incluso depresión.

A diferencia de sus pares con ciudadanía estadounidense, los *dreamers* enfrentan situaciones laborales más complicadas y desventajosas, ya que para sostenerse y pagar las altas cuotas de la universidad deben obtener dos trabajos, algunos de tiempo completo en horarios nocturnos, y firmar contratos externos que aun cuando les retienen impuestos no les dan acceso a un número de Seguro Social.

Recientemente, en algunos estados como California, Florida y Texas, los estudiantes que se gradúan de la preparatoria con el mejor promedio de su generación tienen admisión automática a ciertos colegios o universidades; en algunos casos reciben beneficios adicionales, como descuentos en la colegiatura. Los criterios para determinar el lugar en el *ranking* suelen contemplar promedio de calificaciones, ensayos, premios académicos y logros personales.

[1] Encuesta Nacional de la Juventud, México, 2010.

El estudio ante todo

Vi que la academia se me daba con cierta facilidad, pero no podía ir a la universidad porque no tenía papeles: me fui a trabajar a Chihuahua como ayudante de peón, hasta que terminé haciendo traducciones. Gracias a un programa fronterizo pude entrar a la Universidad de Texas en El Paso; después, en Harvard me ofrecieron un buen paquete para estudiar y así llegué a Massachusetts. [...] Quise volver a estudiar, pero no tenía cómo pagar la escuela. Empecé pequeños negocios con la idea de que fueran sustentables, algo que había aprendido con Jeffrey Sachs; quería dar valor agregado al producto, un pago equitativo para la gente que lo producía y un buen producto para el consumidor. Abrí un café que se llamaba Mama Gaia, fue muy exitoso, aunque los dueños terminamos separándonos. Me quedé con una concesión que vende productos en el teatro principal de la Universidad de Harvard, con eso me sostuve y pude pagar la escuela clase por clase, porque había perdido la beca. Interrumpí en 1996 y desde entonces también he trabajado en la construcción, reparando la pintura y el piso de las casas. Regresé en 2006 a terminar el año, me seguí con la maestría en teología, religión y política pública, y ahora estoy preparándome para entrar al doctorado. No tengo propiedades y no califico para préstamos, así que no me quedó de otra más que buscar una beca.

PEDRO MORALES, Massachusetts

Jornadas interminables

Desde 2010 he estado trabajando de diez de la noche a siete de la mañana; al principio trabajaba seis noches, ahora sólo cuatro. Por eso me tomó más tiempo terminar la universidad, he batallado para pagar las clases. Aunque es una escuela comunitaria y el costo es más bajo, tienes que decidir cuántas horas vas a trabajar, cuántas vas a estudiar y para qué te alcanza. Con ésta es la tercera beca que me dan, también he conseguido préstamos con amigos y familiares.

YOHAN GARCÍA, Nueva York

Comencé a ganar mi propio dinero a los 16 años trabajando con mi papá los fines de semana y después de la escuela. Cuando me gradué de la preparatoria estuve un semestre sin estudiar, trabajando en la construcción: tuve la suerte de encontrarme al señor Abel Miranda, que me dio la oportunidad de tomar clases en un colegio nocturno; conseguí becas, tomaba clases en la noche y trabajaba de día.

HUGO ENRIQUE ARREOLA, Arizona

Derechos que cuestan

En mi primer año de universidad saqué una beca para ir a estudiar ingeniería en la Universidad de Washington, pero en enero de 2014 pusieron a mi papá en proceso de deportación: mi mamá me llamó y regresé para estar con ellos. Afortunadamente pude agarrar un trabajo como mesera, no es algo que aspiraba a hacer, pero gano muy bien para mi edad y puedo ayudar a mis papás.

ARIAM VILLASEÑOR, Nevada

RETRATO DE UN ESTUDIANTE *DREAMER*

Los *dreamers* que generosamente compartieron conmigo sus historias para este libro tienen cualidades que no sólo los distinguen como estudiantes, sino que también los hacen destacar entre sus pares por su actitud. A pesar de las adversidades y los obstáculos, son muchas las cualidades que los han llevado a no desistir en su lucha por alcanzar sus metas académicas.

Un diploma universitario en Estados Unidos se divide en dos: *major* y *minor*. *Major* corresponde al área general de conocimiento o tronco común (ciencias sociales, arte, ingeniería); *minor* corresponde a una especialidad (psicología social, danza, ingeniería mecánica). Para obtener un diploma de *major* es necesario elegir una asignatura de cada una de las especialidades del área de estudio; por ejemplo, si se opta por un *major* en arte, se deberán elegir una materia de artes plásticas, otra de artes escénicas y otra de artes visuales. Para obtener un *minor*, se deben elegir al menos dos materias de la especialidad elegida.

Gratitud

Donde estudié la preparatoria, 80% eran alumnos hispanos y sus padres no hablaban inglés. Como me gradué en primer lugar, tuve el privilegio de hablar frente a todos los estudiantes y dar el discurso de graduación; los directivos de la escuela sabían de mis intenciones de hablar en español, por lo que intentaron sobornarme con dinero para mantenerme callada o hacer lo que ellos querían, pero ya lo tenía planeado. Practicaba lo que ellos querían escuchar y se los enseñaba, pero esa mañana me levanté y medité por unos minutos: no necesitaba ningún papel, no necesitaba notas para decir lo que tenía que decir. Era un desafío: todos estaban en contra de que hablara en español, pero lo hice, hablé en español y terminé mi discurso en inglés porque todos esos padres, al igual que los míos, no hablan inglés, pero habían hecho un sacrificio muy grande. Dejaron un país donde a lo mejor no tenían para comer pero vivían tranquilamente, para ir por un sueño, por sus hijos. Por eso mi discurso fue en español, para que escucharan lo que significaba que sus hijos se estuvieran graduando de *high school*: no podía impedirles ese momento de alegría, de saborear todas las lágrimas, el sudor de trabajar día a día para que sus hijos tuvieran educación. Era un momento de orgullo y yo les quería dar ese gozo, agradecerles todo lo que habían hecho por cada uno de sus hijos, por ser los padres que eran, y que gracias a ellos, gracias a ese apoyo, sus hijos estaban sentados en el centro de ese auditorio.

TANAIRI OCHOA, Texas

Tenacidad

Había un pequeño grupo de mexicanos que me recibieron y se juntaban conmigo, pero uno de ellos quería andar en la calle y otro andaba de flojo; con las mujeres no podía convivir mucho, ellas andaban en sus cosas y yo me aburría. Una de las chavas, que me tenía en calidad de *nerd*, me dijo: "Para qué estudias, no sirve de nada; ¿de qué vas a trabajar cuando termines la *high school*, en una construcción, en una pizzería, de repartidor? No tenemos futuro, estamos condenados". Sus palabras se me quedaron grabadas y quise demostrarle lo contrario. Si no podía acabar la universidad, por lo menos iba a terminar bien la preparatoria.

Puse lo mejor de mí y fui el estudiante con la mejor nota de la escuela. Mi papá se sentía orgulloso porque cada mes me pasaban al frente y me entregaban un reconocimiento; mi hermano, al verme, también empezó a ganar reconocimientos. A mí me daba alegría saber que estaba haciendo algo bueno por él. A algunos compañeros no les caía bien porque decían que me sentía "el muy muy", pero es que no me juntaba con ellos porque se saltaban las clases; uno hasta me dijo que me odiaba, pero yo había escuchado una frase: "Si nadie te odia, es que no estás haciendo las cosas bien". *Entonces voy por buen camino*, pensé.

En el último año de preparatoria todos mis compañeros andaban alocados para irse a la universidad o salirse de su casa, y yo pensaba: *Hasta aquí llegué*. Pero mi consejera, que es mexicana nacida acá, tenía conocimiento de la City University of New York (CUNY) y me dijo que ahí sí podía aplicar; ella me motivó y me guio para entrar a la universidad. Mi papá, que siempre leía el periódico, vio un artículo sobre becas para mexicanos: apliqué para la IME Becas, la obtuve en 2013 y ya logré renovarla. Ahora estoy en mi segundo año de universidad, estudio Computer Science, que es como diseño de programas para computadoras, y mi sueño es graduarme y poder trabajar en Google. Al final le demostré a mi compañera de la *high school* que sí se podía.

EDGAR MORALES, Nueva York

Ambición

Los *dreamers* somos los estudiantes que más energía tenemos para estudiar, para luchar por legalizarnos y viajar libremente a nuestro país de origen. Desde que me acuerdo, los niños con promedio más alto eran hijos de inmigrantes. Eso demuestra cuánto queremos este sueño americano.

MARÍA YOLISMA GARCÍA, Texas

Excelencia

Entré de nuevo a la escuela y siempre fui el de mayor calificación en mi clase. Cuando terminé la secundaria me ofrecieron muchas becas, una de ellas en Michael E. Debakey High School, una de las mejores siete escuelas a nivel nacional, reconocida por un nivel académico superior. Es como una escuela privada, cada año aplican como 2000 personas y solamente aceptan a 200.

César Espinosa, Texas

Sentido de comunidad

A Manzana Foundation llaman estudiantes que no saben qué hacer. Yo les digo: "No te preocupes, vamos a platicar, vamos hacerte un plan, yo sé qué se siente no saber qué hacer". Ésa es mi misión, primero ayudarlos y luego entrenarlos para que regresen algo a la comunidad. Quiero que tengan la misma oportunidad que tuve y que se sientan bien al dar a la comunidad, eso a mí me encanta. Acabo de cumplir 21 años y estoy estudiando periodismo y criminología, quiero ser una periodista de investigación, quiero compensar a mis padres lo que me han dado.

Los *dreamers* no podemos darnos por vencidos, hay mucho camino por recorrer, muchos sueños, muchas metas. No solamente se trata de soñar, es hacer, pensar en otras personas que necesitan ayuda. Siempre es bueno ayudar a tu comunidad, hay muchas personas que están peleando por sus derechos y es hora de que ellos también se levanten y se unan para hacer un cambio.

Kassandra Álvarez, Arizona

Acabé la primera parte de los estudios, pero después tenía que encontrar una escuela que me ayudara para servir a la comunidad, a mi gente. Vi que me podían aceptar en el sistema público de la Universidad de Nueva York, en la cuny Law School. Apenas fui, le dije a una de las directoras que no tenía papeles y me dijo: "No te preocupes, haz tu prueba y mete tu solicitud". De ahí me gradué en 2011, pasé el examen de la barra de abogacía y la prueba de carácter, una de las más difíciles del país; la primera es la de California, la segunda la de Nueva York. Por mi estatus migratorio, estamos peleando en la corte para que me den mi cédula, porque hay diferencias legales entre el Departamento de Justicia, el gobierno federal y el gobierno estatal de Nueva York. Nueva York dice que sí califico como neoyorkino; el gobierno federal dice que no hay una ley que apruebe a los indocumentados. Tal vez el mes próximo haya una decisión favorable. En el proceso he conocido a muchos de los jueces, me han apoyado y me dan esperanzas. Si todo sale bien, seré el primer abogado mexicano indocumentado en Nueva York.

Ahorita no me importa conseguir un trabajo que me dé mucho dinero porque quiero pagar con mi servicio a toda la comunidad que me apoyó, porque no lo hice solo. Sí fui a averiguar a escuelas pero el apoyo fue comunitario, vino de la familia, los amigos, los profesores, los que me dieron trabajo cuando sabían que no tenía papeles, los lavaplatos que me dijeron: "César, estudia, tú vas a pelear por nosotros". Por ellos quiero ser abogado, para representar a mi comunidad y pelear juntos por los derechos de nuestra gente.

CÉSAR VARGAS, Nueva York

La CUNY, a través del Institute of Mexican Studies, cuenta con un programa de becas que busca reconocer, premiar y promover la excelencia académica y el servicio comunitario en la comunidad mexicana residente en Estados Unidos. El objetivo del programa consiste en apoyar a futuros líderes para que alcancen sus metas académicas, formar redes comunitarias profesionales y promover el aprendizaje a través del servicio. El estatus migratorio no es un requisito a considerar.

CAPÍTULO IV

La Acción Diferida
(DACA)

El miedo es una barrera. Igual como cruzamos la
frontera tenemos que cruzar ese miedo, si no, no
podemos seguir adelante. Ahora sé que no estoy
sola y estoy muy agradecida porque nos apoyamos unos a otros. Es un orgullo para mí saber que
estamos saliendo de las sombras.

MARÍA YOLISMA, Texas

REQUISITOS Y DIFICULTADES

Deferred Action for Childhood Arrivals Process (DACA) es un
programa de apoyo a la inmigración para quienes hayan llegado a
Estados Unidos antes de cumplir los 16 años de edad; fue anun-
ciado en 2012 por el presidente Barack Obama. Quienes cumplen con los requisitos que marca esta acción ejecutiva no son
objeto de deportación inmediata, pueden aplicar para conseguir
un permiso de trabajo de dos años, obtener un número de Seguro Social y, en casi todos los estados, una licencia para manejar.
Esta acción fue impulsada por un grupo de *dreamers* de todo el
país. Se estima que esta medida podría beneficiar a cerca de 1.3
millones mexicanos elegibles.

DACA ha representado un alivio significativo para los jóvenes
migrantes y sus familias, pues es la única oportunidad legal que

se ha conseguido hasta ahora. Sin embargo, mientras la ley DREAM no sea aprobada, la única realidad legal para ellos es ser *dacas*. La obtención de este estatus migratorio es un trámite que implica cumplir con requisitos muy específicos y enfrentarse a situaciones completamente nuevas para esta generación de migrantes.

Requisitos para solicitar DACA
- Haber llegado a Estados Unidos antes de los 16 años y no tener más de 31 cumplidos a junio de 2012.
- Haber residido continuamente en Estados Unidos desde o antes del 15 de junio de 2007.
- Ser estudiante, tener un certificado de *high school* o aprobar el examen de Formación Educativa General (GED), o ser veterano con una baja honorable de la Guardia Costera o de las fuerzas armadas de Estados Unidos.
- No tener antecedentes penales, no haber sido convicto de un delito grave, delito menor significativo, tres o más delitos menores, y no representar una amenaza para la seguridad nacional o la seguridad pública (pertenecer a una pandilla sí lo es).
- Para la renovación, que puede hacerse hasta por una ocasión, haber residido de manera continua en Estados Unidos desde la primera solicitud y no haber salido del país después de agosto de 2012.

Orígenes

Hicimos la campaña de la Acción Diferida en abril de 2012; fue una idea que no vino del presidente Obama ni de los congresistas sino de nosotros los *dreamers*. La Casa Blanca no nos escuchaba, pero tuvimos la oportunidad de empezar a trabajar con un profesor de leyes de UCLA que nos dijo que en ciertas circunstancias el presidente podía hacer una orden efectiva para limitar las leyes antiinmigrantes: nosotros vimos la oportunidad de empezar una campaña, el profesor llamó a otros 96 profesores de leyes de todo el país y firmaron una carta para el presidente Obama.

La Acción Diferida le hizo muy difíciles las elecciones al presidente Obama, pero al mismo tiempo, en noviembre de ese año 78% de los latinos le dieron su voto.

Irvis Orozco, California

El costo

Cuando salió la oportunidad de aplicar para DACA, yo no tenía dinero; acudí al consulado mexicano, evaluaron mis recursos y gracias a Dios me dieron un cheque de 1 000 dólares que cubrió el costo. Tras un año de trámites, Migración me mandó mi permiso para trabajar. Ya me hablaron para un trabajo como guardia de seguridad, por ahí voy a empezar y me voy a inscribir a la escuela de nuevo.

Israel López Cañedo, California

La falta de información e infraestructura

Trabajo en una organización que se llama Progressive Leadership Alliance of Nevada (PLAN) y soy parte de los fundadores de Dream Big Vegas, dirigida a estudiantes indocumentados y a otros aliados que nos ayudan. En 2013 algunos compañeros y yo fuimos a dos ciudades muy pequeñas al norte de Nevada, ahí nos encontramos con que muchas personas no saben qué es DACA; además, allá no hay consulados ni oficinas, por lo que es muy difícil conseguir documentos mexicanos para aplicar a DACA.

Astrid Silva, Nevada

El costo del trámite para obtener y renovar DACA es de 465 dólares. El pago está dividido en dos: 380 para el formulario I-765 (solicitud de empleo) y 85 para la fotografía y la toma de huellas dactilares.

LAS PUERTAS ABIERTAS

Obtener la Acción Diferida brinda ventajas migratorias sustanciales para los *dreamers*: se termina el riesgo de ser deportado, salvo si se comete un delito que anule la aprobación; se obtiene un permiso de trabajo y un número de seguridad social; se tiene la posibilidad de viajar fuera de Estados Unidos y regresar al país si se tramita un permiso antes del viaje. Por otra parte, es el único caso en que se permite a especialistas en idiomas o profesionales de la salud ingresar al Ejército a través del programa Adhesiones Militares Vitales para el Interés Nacional (MAVNI, por sus siglas en inglés).

DACA es para el presidente Obama un paso más en la cuestión migratoria, la que lo hizo destacar primero como senador y después como candidato presidencial. En el centro de su propuesta está la noción de "ciudadanía ganada" (*earned citizenship*), un concepto que encarna al menos tres dimensiones: participación en la fuerza laboral —pago de impuestos y aporte a la productividad del país—, incremento en el nivel educativo y una verdadera integración cultural.

Por otra parte, aunque es una solución temporal y no implica un camino hacia la residencia permanente o la ciudadanía, constituye una herramienta valiosa y perfectible: valiosa porque ha cohesionado y dado visibilidad a un grupo de jóvenes que no dejará de presionar hasta obtener cambios en la legislación independientemente del partido que ocupe el poder, y perfectible porque aún requiere mejorar aspectos de cobertura y administración, rubros en que la sociedad civil, los centros de investigación y las organizaciones no gubernamentales pueden realizar importantes aportaciones.

En suma, DACA ha hecho patente la viabilidad y los beneficios de una reforma migratoria y para los *dreamers* ha tenido una trascendencia enorme, pues no sólo ha modificado su situación migratoria; también ha transformado profundamente sus expectativas y su calidad de vida.

No obstante que los llamados *dreamers* son legalmente ciudadanos mexicanos, en México nadie ha movido un dedo por defenderlos, como no sea en declaraciones tan efectivas como la carabina de Ambrosio. En cambio, en Estados Unidos han constituido todo un movimiento social que ha luchado constantemente por obtener la legalización de su estancia en aquel país, en el que se han educado como cualquier estadounidense a pesar de la amenaza de ser arrestados y expulsados como consecuencia de hacerse visibles. No tengo duda de calificar esta decisión de Barack Obama (DACA) como genial.

—Jorge Agustín Bustamante Fernández, "Vulnerabilidad y circularidad migratoria", *México, movilidad y migración*, CNDH, México, 2013, p. 79.

Perder el miedo

Estoy estudiando tecnología de la información, pero no he terminado porque a los 19 años empecé a trabajar y me salí de casa de mis papás; quería crecer como persona, ver cómo era ser independiente. Por mis padres estoy aquí, por ellos tuve todo, pero no quería depender de ellos. Trabajaba con papeles falsos y la novia que tenía, después de dos años, llamó a la compañía para decir que yo no tenía papeles: eso me llevó a la depresión. Aunque un abogado trató de ayudarme, no pude conservar el empleo.

En 2012 empecé a trabajar con mi papá. Un día, mi primo me dio la noticia de que habían pasado DACA; fue una alegría, algo que no estaba esperando. Busqué información y me enteré de que el presidente Obama había permitido que los estudiantes como yo y muchas personas lo solicitaran. Busqué información para ayudar a mis hermanas a llenar la aplicación, iba a ser muy caro para mis padres porque éramos tres, pero encontré en internet un foro de North Texas Dream Team donde nos explicaron cómo hacerlo, y ya estamos en DACA.

Ya con la Acción Diferida tienes la posibilidad de seguir adelante, nadie te pisa. Ahora quiero ayudar a otras personas para que la obtengan y no los deporten. La Acción Diferida te abre las puertas, te quita el temor.

ABRAHAM PONCE, Texas

Sentirse tranquilos

Desde que tengo DACA mi vida ha dado una vuelta completa. Cuando me gradué de la secundaria quería ser abogado, fui con el dinero que junté con mis clases y me negaron la admisión, me dijeron que no iba a poder ejercer; tenía muchas aspiraciones y me las quebraron, pero con DACA hay una nueva oportunidad, un segundo aire. Como estoy trabajando me siento en una posición más tranquila, sé que estoy haciendo un bien para la comunidad, aportando mi granito de arena a este país. Al final lo más importante es mi mamá, su estilo de vida ha cambiado tremendamente y por eso estoy infinitamente agradecido con DACA.

ALFONSO PALACIOS, California

Recibir una remuneración justa

A partir de que tengo DACA he ido como a 20 estados del país en los últimos dos años a muchas conferencias, a muchos viajes. Poder trabajar ha cambiado mi vida totalmente: estuve muchos años limpiando casas y vendiendo libros en el mercado para poder pagar mis estudios, y finalmente tengo un trabajo donde me pagan bien. Ahora me pagan el triple de lo que me ofrecían "por debajo de la mesa".

MILENA MELO, Texas

Requisitos para renovar DACA y obtener el permiso de trabajo:
- Tener una Acción Diferida (DACA) aprobada y con fecha de vencimiento a menos de cinco meses.
- No haber salido de Estados Unidos desde el 15 de agosto de 2012, excepto si se viajó a otro país con un permiso conocido como *advance parole*.
- Haber residido en Estados Unidos de forma continua desde que se concedió la aprobación de la Acción Diferida.
- No haber sido condenado por un delito calificado como felonía (en general, se considera felonía un delito que se castiga con una pena de al menos un año y un día).
- No haber sido condenado por una falta grave, lo que en inglés se conoce como *significant misdemeanor*. Una *misdemeanor* lleva aparejada una condena de prisión de entre cinco días y un año, por ejemplo por abuso sexual, manejar intoxicado con droga o alcohol, explotación sexual, posesión o uso ilegal de un arma de fuego, robo, venta de drogas, violencia doméstica y cualquier otra ofensa por la que se condene a una persona a más de 90 días en prisión.

La clase política y las élites económicas mexicanas han tratado la cuestión migratoria de manera complaciente e irresponsable. Durante décadas han visto la emigración hacia el norte como una útil válvula de escape a las tensiones sociales en México. Esta actitud raya incluso en el cinismo, pues parecen espetar a los migrantes que su obligación es remitir a México cada año un monto mayor de dinero para sufragar el costo de caminos y de infraestructura que los gobiernos han sido omisos en construir.

—Carlos Heredia Zubieta, "La migración mexicana y el debate en Estados Unidos: A la sombra del Tea Party", *Nueva Sociedad*, 2011, p. 145.

CAMINOS POR ANDAR

DACA ha representado un alivio para los migrantes, sin embargo, esta acción ejecutiva es temporal; a decir de muchos, la solución no sólo no es sustentable sino que está retrasando la reforma definitiva. Mientras el Congreso no apruebe la ley DREAM, los jóvenes migrantes tendrán que seguir esforzándose por difundir información sobre DACA, hablar sobre sus beneficios a la comunidad hispana y ampliar sus alcances. Para acortar la distancia entre el sueño y la realidad, las organizaciones de *dreamers* siguen trabajando día a día en distintas áreas de oportunidad, como la educación al interior de las familias para creer en sí mismas, para generar una cultura del ahorro y orientarse para obtener apoyo financiero.

El que un chico haya sido aprobado para DACA no da a los padres la posibilidad de solicitar la Acción Diferida. La suspensión de DAPA (Acción Diferida para Padres Estadounidenses) impide que aquellos mexicanos con hijos que son ciudadanos estadounidenses o residentes permanentes legales (con LPR, *green card*, visa o mica) puedan regular su situación vía esta acción. DAPA hubiera podido beneficiar a alrededor de 1.9 millones de padres mexicanos.

Fortalecer la identidad cultural

Después de DACA, las opciones de trabajo son inmensas. Ahora estoy en una organización que intenta preservar la cultura tradicional a nivel California, trabajo con las comunidades en el este de Los Ángeles y en el valle de Coachella. Quisiera empezar a aumentar mi conocimiento en comunicación y periodismo, en cómo podemos usar los medios y las redes sociales para causas como la migración y la preservación de los derechos culturales.

CITLALLI GÓMEZ, California

Ampliar el beneficio para los padres

En este momento no ejerzo la segunda carrera porque estoy de tiempo completo en la comunidad y trabajando para obtener una licencia para vender casas. Trabajar en el área de diseño implicaría irme a otra ciudad y ahorita mis padres todavía no están en una situación segura porque pueden ser deportados; yo tengo Acción Diferida, pero todavía no puedo salir del país a menos que sea una emergencia.

Hay muchas personas que se dieron por vencidas al no tener la opción monetaria para seguir estudiando, pero ahora pueden aprovecharlo con DACA. En mi caso, esperé muchos años algo mínimo que me permitiera trabajar, por eso insisto en que hay que aprovecharlo, muchas personas han dado su tiempo para que otros obtengan este beneficio.

LIZETTE MORENO, Texas

Actualizar las leyes

Logré graduarme en septiembre de 2011; la universidad me apoyó al grado de pagar el examen, que costaba más de 1 000 dólares. Mientras esperaba que me dieran mi cédula, me llegó una carta diciéndome que por mi estado migratorio no tenían la menor idea de qué hacer conmigo, por lo tanto iban a llevar mi caso a la Corte Suprema de Florida. Siete meses después de esa noticia, Obama dio la orden de Acción Diferida el 15 de junio de 2012: eso significaba que me iban a dar un permiso de trabajo y yo podría abrir mi bufete. El 24 de diciembre de 2012 llegó mi permiso; pude sacar por primera vez mi número de seguridad social, ocho años después de haber salido de la preparatoria pude sacar mi licencia. Fue un momento muy emotivo para mí, por fin tenía una identificación de Florida.

Cuando me dieron el permiso de trabajo, la Corte no entendía exactamente cuál había sido el proceso, por lo que le hicieron una serie de preguntas al Departamento de Justicia Federal. En mayo de 2013, aun cuando ya había pasado la Acción Diferida, la Corte resolvió que para fines de cédula profesional yo seguía indocumentado, por lo tanto, no podía ejercer como abogado; en otras palabras, que si yo quería trabajar en una construcción o recogiendo basura, eso estaba muy bien, pero no podía ejercer como abogado. A raíz de eso apelamos a la Corte: no estábamos de acuerdo con la resolución porque había una separación de poderes. Mi abogado hizo lo que pudo, pero a final de cuentas la Corte dijo que el Departamento de Justicia Federal tenía razón, que yo seguía indocumentado para propósitos de la cédula profesional, y como la Corte era una agencia del Estado, la ley federal impedía que me extendiera la cédula profesional.

El mismo juez Jorge Labarga dijo que era un resultado injusto, que era una vergüenza que el Congreso del estado de Florida no hubiera modificado el estatuto; quiso acentuar ese punto porque el Congreso no sólo podía, sino que debía modificarlo. Además, dijo: "El caso de este hombre es idéntico al mío, él vino de México como refugiado de la pobreza, yo vine de Cuba como refugiado del comunismo".

Días después, fui al Congreso estatal de Florida a ver mi situación y me encontré con una sorpresa muy agradable: la Barra Cubana de Abogados y otras instituciones estaban trabajando en la modificación del estatuto, cabildearon diputados y senadores en el Congreso estatal: hicieron un proyecto de ley que decía, propiamente, que si uno tenía domicilio en Estados Unidos en los últimos 10 años, que si había entrado como menor de edad, si era hombre, aunque no se hubiera inscrito en el Servicio Selectivo, mientras cumpliera con los demás requisitos que establece la Junta Examinadora de la Barra de Abogados, la Corte Suprema de Florida tenía la autoridad de permitir a esa persona ser abogada o abogado. El gobernador firmó esa ley el 2 de mayo de 2014; tres meses después, la Junta Examinadora de la Barra de Abogados dio la recomendación a la Corte Suprema de Florida para que me permitieran ser abogado.

José Manuel Godínez Samperio, Florida

Mi hija y yo somos ciudadanas americanas, nacidas en Estados Unidos; estamos manifestándonos frente a la Casa Blanca porque deportaron a mi marido. Él vivió en Estados Unidos por más de 10 años como una persona productiva, teníamos un negocio y dábamos trabajo a más gente; el problema es que ahora las leyes dicen que si cruzaste como ilegal tienes que irte a México, y te dan un castigo de cinco o 10 años sin poder volver. Le pedí ayuda a mi congresista y le mostré el expediente de mi esposo; en Migración y en todas las agencias sale totalmente limpio porque fue una persona dedicada al trabajo. Ése es el tipo de personas que no deben ser deportadas, no son criminales, son personas productivas para este país.

YETHEL FRANCO, California

Apoyar a los más vulnerables

Acabamos de regresar de Washington, D. C., ahí nos reunimos con una delegación de Los Ángeles que convocó el alcalde de la ciudad. Todas las conversaciones que tuvimos fueron sobre lo que podíamos hacer para ayudar a las comunidades de migrantes. Nosotros trabajamos en un área que se llama Democratic Park, aquí hay una gran comunidad maya, indígena, que casi no habla español ni inglés; en ella hay gente que ha sufrido muchos problemas de violencia doméstica y tuvieron una experiencia horrible cuando vinieron para Estados Unidos. Tienen el trauma de venir a este país y luego, ya que están acá, no saber a quién creerle o a quién tenerle confianza. Considerando que DACA ayuda a personas más jóvenes, que todavía están en preparatoria, es una oportunidad muy grande para ellos. Hay que hacer algo para guiar a sus padres en el proceso de aplicación, asegurarse de que sientan confianza, pero hay que tomar en cuenta la diferencia de idioma y de dialecto, porque hay comunidades que son más vulnerables que otras. Básicamente, hay que dejarles claro que la información que nos den no se va a compartir con la policía de migración, porque ése es el miedo que tienen.

Yo creo que DACA ha sido muy importante en muchos aspectos. Por ejemplo, ahora puedo tener una licencia de manejo del estado de California, aunque antes supimos encontrar nuestras mañas para obtener una licencia en otro estado y poder manejar; sin embargo, yo trabajé muchas veces con un contrato externo y ya pagaba impuestos antes de DACA. Los que llevamos muchos años aquí queremos algo más permanente. Es cierto que hemos aprendido muchísimo en el proceso, hemos encontrado a otras personas, otras minorías de este país que han abierto nuestra mente, porque también nosotros traemos los prejuicios de los que crecimos en pueblos chiquitos. Sin embargo, imagino que mi vida habría sido mucho más sencilla si hubiera tenido los privilegios de un estadounidense.

ANA GÓMEZ, California

Para el año 2050 se calcula que uno de cada cinco estadounidenses tendrá sangre mexicana en sus venas.

—Carlos González Gutiérrez.

CAPÍTULO V

Una nueva identidad

México me dio dos alas, pero Estados Unidos me
dio las plumas para volar.

Marco Malagón, Texas

DE AQUÍ Y DE ALLÁ

A lo largo de su historia, Estados Unidos ha recibido sucesivas oleadas de migrantes que hoy conforman una población multiétnica. Italianos, irlandeses y japoneses, por ejemplo, se han integrado al *american way of life* sin tener que negar los rasgos identitarios de su país de origen; ellos son la muestra de identidades dobles y triples que encuentran sentido en esa tierra de oportunidades. Los migrantes hispanos empiezan a vivir un proceso similar. No buscan afirmarse en el *american way of life*, para ellos es un concepto que carece de sentido pues fueron criados dentro de la cultura estadounidense. Estos jóvenes tienen una identidad doble; son "de aquí y de allá", han integrado a su día a día los valores de la cultura estadounidense con los de su familia mexicana.

Estos jóvenes, mujeres y hombres, son americanos en sus corazones, en sus mentes, en todas las maneras menos en el papel.
—Barack Obama.

107

Buscan conectarse con México

Con la inmigración se refuerza en muchos casos la identidad nacional de origen que los propios interesados mantenían en estado de apagada somnolencia. Se torna verdad entonces algo muchas veces repetido: nadie se reconoce en su identidad nacional hasta que no se enfrenta a la del otro. En esa confrontación con lo diferente se avivan invisibles lazos de pertenencia que habían permanecido en estado latente o apenas habían sido percibidos como propios; el inmigrante recupera así con frecuencia tradiciones o costumbres que no había seguido en su país de origen o, por el contrario, rechaza todo aquello que tenga ver con la antigua patria. De una u otra manera, estas reacciones son síntomas inequívocos de un complicado conflicto personal no resuelto.

—Juan Carlos Velasco, "La problemática identidad del migrante".

En Estados Unidos hay que asegurar que las personas mexicanas son capaces y que no son traidores, que son una ventaja y debemos pensar en México de manera diferente... Los inmigrantes tienen una vida, se casan, tienen familia, tienen compromisos y ya no van a regresar. Pero tienen una cercanía. No es importante que regresen, sino que guardan alguna nostalgia, pueden servir como puente y fuente de intercambio de una agenda económica.

—Henry Cisneros, líder mexicoamericano, alcalde de la ciudad de San Antonio (1981-1989) y secretario de Vivienda y Desarrollo Urbano con el presidente Bill Clinton.

LA IDENTIDAD ERA UN SILENCIO

La identidad mexicoamericana puede considerarse una característica de los *dreamers*; crecieron y se han forjado como seres humanos en esa doble vertiente cultural. Sin embargo, este proceso ha estado marcado por la vergüenza, la invisibilidad y la desigualdad, estigmas surgidos de la condición de ilegalidad en que crecieron. Si bien muchos *dreamers* han logrado sobreponerse a esos factores, éstos han minado su esperanza, sus sueños y su autoestima desde niños.

La Propuesta 187 de California fue presentada poco antes de las elecciones de 1994: proponía negar a los inmigrantes indocumentados servicios sociales, médicos y educación pública. Para solicitar dichos servicios debían comprobar su residencia legal; los agentes gubernamentales que sospecharan del estatus migratorio de alguien, debían reportarlo por escrito a las autoridades. Salvo los servicios de emergencia, la atención médica, la educación primaria y la secundaria estaban incluidas en la proposición. En 1998, el gobernador G. Davis llevó varios casos a la corte y la propuesta fue desmantelada.

Una jaula de oro

"Ahí viene la *migra*", decían; yo sentía terror al escuchar esa palabra y crecí con pesadillas por la cultura de la *migra*. Siempre supe que tenía que callar mi identidad y no decir que era indocumentada. También sufrimos discriminación de nuestra propia gente aquí en Estados Unidos; si alguien se enojaba contigo, te amenazaba con reportarte. A mí me insultaban, me decían *mojada*, indocumentada, "regrésate a tu país". Los mismos vecinos mexicanos nos decían eso. Había una división entre el que tenía documentos legales y el que no.

Mis papás me decían: "Pon todo tu empeño, es una oportunidad que mucha gente no tiene en México, estás en la gloria". Pero yo sentía que era una jaula de oro, que había perdido mi tiempo en la escuela. No sabía que no era la única, que había miles y miles como yo; la identidad era un silencio en ese entonces.

LIZETTE MORENO, Texas

CONSCIENTES DE LOS RETOS

Muchos de los líderes con los que conversé trabajan día a día para construir plataformas de desarrollo que ayuden a otros a cumplir sus sueños. A raíz de la DREAM Act, cuando empezaron a formarse las organizaciones de *dreamers* gracias al diálogo, la reflexión y el reconocimiento de sus circunstancias, estos jóvenes han tomado conciencia de los obstáculos que les impedían avanzar y los retos a los que se enfrentan como comunidad. Entre esos retos hay dos, mencionados por una *dreamer* a quien conocí en Nevada. El primero, dejar atrás los prejuicios sobre la participación política que sus padres les han transmitido, la idea de que la situación no va a mejorar aunque se manifiesten o emitan un voto. El segundo, la sensación de que al ser indocumentados son inferiores, "ciudadanos de segunda" sin derecho a hablar su lengua materna, a sentirse orgullosos de su origen o a mostrar sus talentos públicamente.

Más de la mitad de los estadounidenses apoya el tipo de legislación que aprobó el estado de Arizona. Al mismo tiempo, 60% quiere resolver la situación legal de los que ya están allá. Muy pocos se preguntan qué pasaría si dejara de haber oferta de jardineros y sirvientas en sus casas. Pero el hecho político que nadie puede ignorar es que el nivel de tolerancia ha disminuido.

—Luis Rubio, "El costo político de legalizar la migración mexicana", Americaeconomia.com, 2010.

El miedo

Temo que llegue ese momento en que nosotros mismos vamos a decir: "Ya no queremos más mexicanos". Miren a los niños en la frontera; muchos hispanos están diciendo que por culpa de ellos no hay una reforma migratoria. Nosotros mismos tenemos el estigma de empujarnos abajo. Qué más quisiéramos que por lo menos 1 000 de esos *dreamers* salieran, ojalá con su beca, y dijeran: "¡Aquí estamos!" No podemos seguir así, tenemos que perder ese miedo.

ASTRID SILVA, Nevada

El racismo

El año que entré a la escuela comenzó un programa que se llamaba "Academias", consistía en separar a los alumnos por áreas; pusieron academias de ingeniería y academias de leyes, y para identificarnos nos ponían diferentes colores en las playeras de los uniformes. Había una academia especial para los que acababan de llegar al país: eso causó problemas entre los mismos hispanos, porque algunos son de papás chicanos que hablan inglés; eran racistas con nosotros y hubo muchos problemas de discriminación. Yo tenía 13 años y le decía a mi mamá que no quería estar en Estados Unidos, que había niños y niñas que me miraban mal en la clase.

ARACELI SÁNCHEZ, Texas

La imagen que Estados Unidos tiene del migrante latino

He viajado por todo Estados Unidos, desde Texas hasta Nueva York, y este conflicto social no es nuevo en la historia de Estados

Unidos, siempre ha llegado un grupo de personas que son vistos como enemigos: los italianos, los irlandeses, y ahora los latinos. Estamos aprendiendo las lecciones de la historia: los grupos nuevos cambian la identidad americana. Aunque mucha gente diga que no somos americanos, cuando les contamos nuestra historia nos reconocen como tales y ven que no somos muy diferentes a ellos. La identidad es un problema en Estados Unidos, pero como cualquier otro país, necesita mejorar su sistema de gobierno.

CÉSAR VARGAS, Nueva York

Tenemos derechos, somos humanos, no criminales. Mucha gente piensa que por el hecho de ser indocumentados venimos a quitarles el trabajo pero somos como cualquier persona americana con ganas de trabajar, a veces hasta más. Ellos tienen un concepto muy diferente del mexicano o del latino, piensan que somos incultos, malas personas; no sé qué se les figura pero nosotros tenemos deseos de progresar, de que a mis hijas les den la oportunidad de salir adelante sin ponerles ninguna barrera.

MARÍA DE MARTÍNEZ, Carolina del Norte
Dreamers' Moms USA

Según datos de 2007, en Estados Unidos hay 45.3 millones de inmigrantes de América Latina y sus descendientes. Los hispanos representan 15% de toda la población norteamericana, agrupándose especialmente en los estados de California y Texas (mexicanos y centroamericanos), y Nueva York y Florida (sudamericanos). Del total de hispanos, 60% nacieron en Estados Unidos y 40% han nacido fuera, siendo los nacidos en México mayoría en este último grupo (30%), seguido a bastante distancia de cubanos, dominicanos y salvadoreños.

—Pew Hispanic Center, 2009.

La mayoría de los mexicoamericanos no ven atrás, ven hacia el frente y quieren ser ciudadanos de Estados Unidos. La visión de muchos estadounidenses con respecto a México data de hace 25 años, no está actualizada. Es tiempo de generar más puentes entre los mexicanos, los americanos y los canadienses.

—Robert Pastor, académico especializado en temas de migración.

ABRAZAR EL ORIGEN

Cuando los *dreamers* hablan de México suelen hacerlo con cierta nostalgia. Han crecido como ciudadanos estadounidenses y están orgullosos de ello, sin embargo, la discriminación y el miedo a la deportación han hecho que tengan que ocultar o negar su primer origen; de ahí que cuando tienen oportunidad de hablar de México, también expresan los anhelos de su familia y su comunidad. Uno de ellos es poder viajar libremente a su lugar de origen. En el caso de sus padres, aunque llevan muchos años viviendo en Estados Unidos no han dejado de añorar el regreso y no abandonan el deseo de comprar un terreno o construir una casa que probablemente nunca habitarán, pero que demostrará en sus pueblos que lograron el sueño americano. En el caso de los hijos, sienten que su identidad no estará completa hasta que vuelvan a pisar la tierra que los vio nacer.

Los Ángeles es la segunda ciudad con mayor concentración de personas de origen mexicano después de la Ciudad de México.

Salir de la "jaula de oro"

No sé si conocen la canción de Los Tigres del Norte: "*...aunque la jaula sea de oro, no deja de ser prisión*". No sabemos quiénes somos hasta que no conocemos de dónde venimos; necesitamos identificarnos como personas, es una cuestión moral, una cuestión de humanidad.

URIEL GARCÍA, Nevada

Reunirse con la familia

Me siento muy afortunada de vivir en Los Ángeles pero tengo muchísimas ganas de ir a México, siento un vacío por no poder ir a ver dónde nací. Tengo muchas tías, tíos que sí han podido arreglar su visa, incluso tengo una tía que cuando éramos chicas venía en los veranos y nos daba clases de español; eran unas experiencias muy bonitas.

Quisiera que mis papás pudieran viajar. Él está por cumplir 64 años, mi mamá acaba de cumplir 60 y veo que para ellos, y también para mí, es importante volver. Hay familiares que han fallecido en México y nuestra humanidad se pierde cuando no podemos estar al lado de nuestra familia; no poder viajar en momentos difíciles, tener que escuchar por teléfono los llantos de nuestros familiares es algo serio, yo diría que es una crisis. Ver que mis papás ya se van a retirar y tienen necesidades de salud; ése es otro problema al que se van a enfrentar los migrantes, no tener acceso al cuidado médico es algo grave. La diabetes, la alta presión son epidémicas y creo que no hemos hablado de esos temas lo suficiente aquí en Estados Unidos.

Sueño con ir a Veracruz, a Jalisco, a Oaxaca, a varias ciudades de las que he aprendido aquí en Los Ángeles. Yo me siento

110% mexicana y quisiera poder amanecer allá mañana aunque sea de visita, estudiar unos meses; sería muy bonito para mí, en 22 años no he podido ir.

CITLALLI GÓMEZ, California

Yo quería estar con mi abuelo, con mis tíos. No pude decirle adiós a nadie, ni a mi abuela, que ya falleció. No conozco a los papás de mi papá, sólo sé que mi abuelo nació en Texas pero se cambió de nombre cuando migró a México; sé que ya murió pero no conozco a mi abuela paterna, no tengo comunicación con ella. Es algo que he querido hacer, ir a México para saber más sobre la familia de mi papá, porque lo sueño.

MONTSERRAT MATA, Carolina del Norte

Reconstruir la memoria colectiva

Mis otros hermanos ya tienen papeles, son ciudadanos o residentes; empezaron negocios, abrieron restaurantes chicos, mi hermana ha tenido *beauty salons*, mis otras hermanas trabajan en restaurantes y tienen hijos. Hemos sido una familia unida y todos vivimos juntos. Ya casi no tenemos familiares en México y me gustaría ir alguna vez a Puebla: me acuerdo de la comida, de las sensaciones, de los olores, me acuerdo del café con pan mexicano, me acuerdo cuando llovía.

CÉSAR VARGAS, Nueva York

De qué me sirve el dinero,
si estoy como prisionero
dentro de esta gran nación;
cuando me acuerdo hasta lloro,
y aunque la jaula sea de oro
no deja de ser prisión.

Los Tigres del Norte y Juanes, "La jaula de oro".
https://vimeo.com/30470123

CULTIVAR EL ORGULLO

Si obtienen los documentos que los regularicen como ciudadanos estadounidenses, los *dreamers* tendrían la posibilidad de abrazar su origen mexicano sin sentir miedo ni vergüenza. En su testimonio, Astrid Silva cuenta que en los medios de comunicación se difunde una imagen de los migrantes mexicoamericanos asociada al crimen, las pandillas y la violencia; aunque existe, es un mínimo porcentaje que no se compara con la inmensa fuerza de trabajo y esfuerzo que representan más de seis millones de hispanos y que es fundamental para el sostén de estados como Nueva York, California o Texas. Desafortunadamente, esas historias quedan en las sombras. Mientras sean considerados ilegales, aunque ellos no se asuman bajo esa condición, los migrantes no pueden sentir orgullo por su identidad o sus raíces.

Muchos de estos jóvenes son profesionistas y estudiantes de excelencia que no desean volver a México sino que esperan la oportunidad de expresar su talento en Estados Unidos, el país que los vio crecer. Aun cuando los *dreamers* hayan integrado ambas culturas en su identidad, necesitan ser reconocidos de facto para poder desarrollar todo su potencial.

De 2002 a 2007 el número de negocios propiedad de hispanos creció más del doble del promedio nacional, sumando 2.3 millones; de éstos un millón son de mexicanos, los que en el periodo considerado crecieron casi 48%. Las remesas que envían a México suman anualmente más de 20 000 millones de dólares, de las que dependen dos millones de hogares en México. En Estados Unidos hay alrededor de 12 millones de mexicanos, de los cuales siete millones están trabajando.

La cultura es lo que da vida al ser humano: sus tradiciones, costumbres, fiestas, conocimiento, creencias, moral. Entonces, podemos decir que la cultura tiene varias dimensiones y funciones sociales y que genera modos de vida, cohesión social, creación de riqueza y empleo, así como equilibrio territorial.

—Laura Tamayo Vásquez, *Identidad cultural en los migrantes*.

Reconocer el poder de la comunidad

Me siento mexicana; nací en Estados Unidos pero tengo la sangre verde, blanco y rojo. Crecí con esa pasión, aunque antes no tenía esa identidad porque no iba a las clases donde estaban todos los indocumentados. Es un privilegio tener una voz aquí en Estados Unidos y lo comparto con los inmigrantes haciendo foros para educar, para que conozcan los riesgos que pueden ocurrir si no votan o si no sacan su DACA, porque ahora está la amenaza de que lo quieren quitar.

Aquí en Estados Unidos el voto de veras tiene mucho poder. A lo mejor nosotros traemos el pensamiento que en nuestros países de origen el voto es comprado pero aquí, si nos unimos para trabajar, podemos dirigir esta nación, tener mejores oportunidades en las escuelas, vivir sin el riesgo de que un policía va a estar atrás de ti nada más por tu color. Tú debes enseñarle a la gente el poder que tiene aquí: agarra la educación, regístrate y vota. Necesitamos generar la cultura de participar no sólo en las elecciones sino todos los días.

Ahora podemos trabajar más con el caso, mostrar que no es justo deportar a un señor que es de casa, de la comunidad; si vas a deportar a alguien, que sea porque andan matando gente o violando niños, no porque van a trabajar, porque están haciendo algo por su familia. Ésa no es la América que yo tengo en la sangre. Americanos somos todos los que vivimos en el continente, no sólo los estadounidenses. Como soy mexicana, soy estadounidense, y voy a seguir luchando por mi gente, por nuestra cultura mexicana y latina que nos enseña que somos todos y juntos, o no somos nadie.

Laura Mendoza, Texas

Involucrar a todos

Necesitamos mover una pieza para mover a los demás y también involucrar a más gente en la comunidad, que se den cuenta de que no es que alguien luche por ti sino que tú tienes que luchar. Eso fue algo súper bonito para mí: ver a personas que nunca habían estado involucradas en el sistema político de Estados Unidos —a lo mejor por la aberración a la política, que traen de México—, de repente se integran y empiezan a luchar.

Mayra López, Illinois

Reconocer el potencial

No estoy en contra de los grupos que se oponen a los migrantes, no les guardo resentimiento, al contrario, es por ellos que muchos de nosotros hacemos nuestro mejor esfuerzo para demostrar que no somos una amenaza. Cualquiera, por naturaleza humana, tiene miedo de enfrentar lo desconocido pero no somos un peligro, estamos para ayudarnos a buscar oportunidades de avanzar, de hacer cosas grandes y mejores.

ALFONSO PALACIOS, California

De todos los extranjeros que se encuentran laborando en la economía estadounidense, uno de cada cuatro es mexicano. Los mexicanos tienen una amplia presencia laboral en agricultura, construcción, servicios, y contribuyen a la economía norteamericana con cerca de 635 000 millones de dólares al año, lo que constituye 5% del PIB en Estados Unidos y un equivalente al 60% del PIB de México.

—Carlos González Gutiérrez, "Migrantes mexicanos: su impacto en la economía de Estados Unidos", *La migración en México, ¿un problema sin solución?*, CESOP, 2006, p. 34.

Conclusión

Me encantaría que nos vieran como un recurso.
Queremos aportar algo a México porque todavía
nos sentimos mexicanos y hay todo un ejército
de personas que estamos capacitadas en ciertas
áreas; si hubiera una posibilidad, aquí estamos.

ANA GÓMEZ, California

UN LLAMADO A LA SOLIDARIDAD

El panorama, en general, tiene dos caras: por un lado está la del desaliento, las dificultades, el sistema en contra, la falta de reconocimiento, de espacios y oportunidades; por el otro está la cara de la valentía, del amor, la solidaridad, la perseverancia, la voluntad, la visión clara.

En la introducción a este libro hablé de la última llamada. En México necesitamos plantearnos seriamente brindar a estos jóvenes migrantes una mano extendida; ellos no llegaron a Estados Unidos por voluntad, pero tampoco son víctimas. Como se puede ver a lo largo de estas páginas —así como en los testimonios que a continuación aparecen íntegros—, todos tienen unas enormes ganas de hacer las cosas bien, trabajar duro, ayudar a su gente e incluso a los desconocidos que se acerquen. ¿Cuánta gente que no tiene que luchar constantemente para sobrevivir en un sistema ajeno valora los privilegios que posee? Es más, ¿cuánta gente los aprovecha realmente?

Estas líneas son un llamado a percibir a los *dreamers* como lo que son, personas vinculadas con su país de origen, que es el nuestro. Es también una manera de construir puentes y abrir la puerta a posibles apoyos, de encontrar juntos la manera de vincularnos con ellos para brindarles ayuda. Los *dreamers* nacieron en México, y aunque hayan crecido lejos, compartimos con ellos las raíces y los derechos que nos hacen mexicanos.

Ojalá que estos testimonios ayuden a abrir el camino para que puedan transitar libremente entre una cultura y otra, de un país a otro, sabiendo que cuentan con la solidaridad de sus compatriotas, porque la patria es más que un documento y una tarjeta de color verde.

TESTIMONIOS

ARIZONA

No son sueños, son metas
KASSANDRA MARIEL ÁLVAREZ VÁZQUEZ

Soy de Navojoa, Sonora, una ciudad hermosa que extraño y me gusta mucho. Mi papá era carrocero y no teníamos dinero suficiente para vivir, entonces se fue a trabajar a Nogales; creo que vivimos un año solos sin él. Cuando estaba en cuarto grado, tenía como ocho años, mi papá llegó y de la nada nos llevó a vivir a Nogales. Ese día lloré, me despedí de mis amigos, que no me creían que me iba. Les decía: "Ojalá los vuelva a ver algún día". Mi papá dijo que íbamos a regresar en un año, pero nunca volvimos.

Empecé la escuela en Nogales, era un ambiente distinto; mi papá se fue un año a Arizona y nosotros nos quedamos. Mi mamá empezó a trabajar en las fábricas, era la primera vez que nos dejaba solas: yo soy la mayor y tenía que cuidar a mis tres hermanas, que todavía no iban al kínder. Iba a la escuela, cuando regresaba jugaba con ellas un rato y luego nos metíamos solas a la casa. Al año, mi papá nos trajo a vivir a Phoenix. El cambio fue más complicado, porque no conocía el idioma y no teníamos apoyo; la única persona que teníamos aquí era una tía. Gracias a Dios, mi papá pudo conseguir un apartamento; éramos cinco viviendo en una sola recámara.

Entré a la escuela a los 10 años; las niñas se reían de mí porque no hablaba inglés. Lloraba en las noches, no podía entender a mis maestras, sufrí mucho *bullying*. Fui afortunada de tener a una maestra, *Miss* Bejarano, que sabía por lo que estaba pasando. Todos los jueves teníamos que escribir algo que nos gustara; yo lo hacía en español y ella me lo traducía. "Párate frente a la clase y lo lees en inglés", me decía, pero yo no sabía ni cómo se pronunciaban las palabras.

El primer año fui la estudiante del mes por mi esfuerzo; aunque no entendía inglés, estaba avanzando en matemáticas y en ciencias. Mi mamá me cambió de escuela porque seguía sufriendo mucho por el *bullying*. En la nueva escuela había más hispanos, incluida la maestra, que me ayudó mucho. Cuando empecé a aprender sacaba pura F (reprobado) pero mi mamá se involucró en mi educación, habló con la maestra. Yo lloraba: "Me quiero ir, no quiero estar aquí, me hablan feo"; me decían cosas terribles. Mi mamá y la maestra trabajaron juntas, me metieron a talleres de la escuela como teatro, música, artes, clases de inglés. Lo que más me ayudó a aprender el idioma fue hablar con mis amigos, estar en las clases que tenían, y también las caricaturas: todo el verano vi caricaturas en inglés y aprendí mucho. Un año después ya sabía inglés. En la secundaria tenía un maestro afroamericano que no hablaba español, me presenté con él y le hablé en inglés desde el principio; empezamos a platicar y se me quitó el miedo de hablar en inglés.

Siempre tuve en mente que iba ir a la universidad porque mis papás me inculcaron que la educación era importante. En la *high school* me metí a Magnet Programs, un programa en comunicaciones y producción de video; hacíamos noticieros en la escuela y eso me encantaba, pero no estaba muy informada. Siempre encontré a buenos amigos y conocí a una persona muy importante para mí, el señor Abel Miranda, de Manzana Foundation, una organización que ayuda a estudiantes, *dreamers*, ciudadanos residentes e indocumentados a entrar a la universidad; ahí aprendí a hacer mi *personal statement*, que es todo lo que se necesita para las becas, y conocí a gente que me ayudó mucho. Supe que quería estudiar periodismo y el señor Miranda me dio la oportunidad de ser practicante en el programa de televisión que tenía para ayudar a la comunidad. Fui abriéndome camino en un mundo al que pensé que no iba a pertenecer: ahora estoy estudiando periodismo y comunicaciones en la Universidad Estatal de Arizona. Había gente que me decía que no iba a poder ir a la escuela, otros me decían que siguiera soñando. Hay cosas que duelen, pero quiero ser un ejemplo para mis hermanas; yo tenía que abrir ese camino para ellas. Siendo indocumentada, nunca perdí la esperanza.

Empecé a trabajar en el programa cuando tenía 16 años y estaba en *high school*; ahora somos coordinadores de la emisión. El año pasado falleció nuestro benefactor, Abel Miranda; fue muy difícil porque perdimos su apoyo, no solamente financiero, también moral. Cuando nadie más creía en nosotros, él siempre estuvo ahí, era una persona maravillosa. Ahora su esposa sigue su ejemplo y nos está ayudando. Gracias al señor Abel tuvimos acceso a becas y me gradué con honores de la *high school*. Trabajé mucho para ello, estudiaba los sábados sin parar. Antes de graduarme, ya tenía planeado dónde iba a estudiar. Estudié el primer año en la Universidad Estatal de Nuevo México, que es más barata que la Universidad de Arizona, donde nos cobran 300% más, como si fuéramos estudiantes foráneos. Si eres de Estados Unidos, en una universidad te cobran 677 dólares por crédito, si no, pagas de 2 000 a 3 000 dólares por crédito en una clase en la que se necesitan tres créditos. Con becas, trabajo y la ayuda de mis papás pude ir a la Universidad de Nuevo México.

Cuando me gradué de la *high school* ya sabía editar videos, escribir y tomar fotografías. Lo primero que hice cuando salí fue buscar trabajo en los anuncios, las revistas, las compañías de foto y video de eventos; así me dieron la oportunidad de empezar a editar videos de quinceañeras y de bodas. Con eso pude ir a la escuela y pagar mis libros, eran gastos que no tenía que hacer mi papá.

A Manzana Foundation, donde trabajo, llaman estudiantes que no saben qué hacer. Yo les digo: "No te preocupes, vamos a platicar, vamos hacerte un plan, yo sé qué se siente no saber qué hacer". Ésa es mi misión, primero ayudarlos y luego entrenarlos para que regresen algo a la comunidad. Quiero que tengan la misma oportunidad que tuve y que se sientan bien al dar a la comunidad, eso a mí me encanta. Acabo de cumplir 21 años y estoy estudiando periodismo y criminología, quiero ser una periodista de investigación, quiero compensar a mis padres lo que me han dado.

Nosotros hemos luchado contra la ley SB 1070 porque ha creado mucho miedo y ha hecho que las personas se vayan; hay familias que fueron separadas, deportadas. Fue más el miedo que causó que el daño que hizo. Sí hay muchas personas que fueron afectadas, pero ya quitaron muchas partes de la ley que eran controversiales y no fueron aceptadas en la Corte Suprema. Sin embargo, sigue afectando mucho.

Los *dreamers* no podemos darnos por vencidos, hay mucho camino por recorrer, muchos sueños, muchas metas. No solamente se trata de soñar, es hacer, pensar en otras personas que necesitan ayuda. Siempre es bueno ayudar a tu comunidad, hay muchas personas que están peleando por sus derechos y es hora de que ellos también se levanten y se unan para hacer un cambio. Llevamos varios años con esta pelea tan grande, ¿y qué hay de los *dreamers*? Puedes llegar a ser lo que quieras, a cumplir tus sueños, que a mí me gusta más llamarlos metas.

Quiero ayudar a mis padres
Hugo Enrique Arreola Tinoco

Emigramos de México, D. F., a Estados Unidos en 1996. Mi mamá trató de cruzar por la frontera dos veces conmigo, pero no pudo. Dos de mis hermanos cruzaron con una tía que se los llevó para Nogales; mis otros dos hermanos y yo cruzamos después por un túnel. Yo tenía tres años, mi hermano era recién nacido y mi otro hermano tenía casi 10 años. En el túnel había cadáveres y unos señores trataron de asaltar a mi papá. Fue una experiencia muy dura.

Después de estudiar primaria supe que nuestra situación era diferente porque no tenía papeles; no pude hacer cosas que mis otros amigos podían y lo entendí hasta que llegué a la *high school*. En tercer año de preparatoria pasé los exámenes con calificaciones altas y califiqué para una beca, pero no tenía número de Seguro Social y no la pude recibir. Tenía 16 años y eso me afectó, pero quería ir al colegio y tenía que encontrar una forma de hacerlo. Comencé a ganar mi propio dinero trabajando con mi papá los fines de semana y después de la escuela. Cuando me gradué de la preparatoria estuve un semestre sin estudiar, trabajando en la construcción: tuve la suerte de encontrarme al señor Abel Miranda, que me dio la oportunidad de tomar clases en un colegio nocturno. Luego conseguí becas para el semestre de 2012; tomaba clases en la noche y trabajaba de día.

Empecé con el programa de Manzana Foundation y he estado con él desde que inicié con el señor Miranda. Cuando fue lo de DACA, fui a las juntas que hizo para ayudar a la gente a entender la información. Los abogados nos explicaban qué necesitábamos y quién podía aplicar; desafortunadamente, no hay muchos abogados que ayuden por un precio bajo. Muchas veces la gente paga 1000 dólares por la aplicación cuando cuesta sólo 465. Por eso empecé a ayudar a la gente, a enseñarles cómo aplicar ellos solos para que no tuvieran que pagar a un abogado cuando su caso no era grave.

Ahora tengo un nuevo trabajo de técnico de computadoras en una *high school* y estoy avanzando con mi grado en ingeniería computacional; si todo va bien, podré abrir un negocio para ayudar a mis padres a que regresen a México a ver a sus familiares o para que puedan descansar. Mi padre perdió a su madre hace casi tres años: eso nos afectó porque él tenía casi 14 años sin verla y sin tener comunicación con su familia. Mis padres quieren regresar, tienen ganas de enseñarnos México, porque yo no lo conocí.

Hemos crecido en espíritu
CRISTIAN IVÁN ÁVILA RAYADO

Nací en Cuernavaca, Morelos, y vine a Estados Unidos cuando tenía nueve años; estábamos en una situación financiera muy difícil en México. A mi mamá le dieron un lote, era un pedazo de cemento con cuatro palos y sábanas: ésas eran nuestras paredes. Había días en que sólo comíamos una tortilla y un cafecito. Fueron mejorando las cosas, pudimos tomar un apartamento del Infonavit, mi mamá se graduó como licenciada en administración y mi papá dejó la escuela de abogado para pagar la de mi mamá y mantenerme a mí.

Cuando nacieron mis dos hermanos fue más difícil seguir adelante y mi papá tomó la decisión de venir a Estados Unidos: no sabía si iba a llegar o no, pero lo hizo por el amor que nos tenía. Pasamos un año y medio sin papá, yo tenía siete años y medio. Me acuerdo que me mandó unos zapatos y yo me los ponía todos los días; pobres zapatos, ya con hoyos y descoloridos, pero me los quería poner porque me los había mandado mi padre.

Para llegar a Estados Unidos tomamos un avión a Agua Prieta. De ahí nos metieron a una casa, éramos como 16 personas en un cuarto; teníamos que dormir en hilerita, unos arriba de otros. Nos daban comida descompuesta. Estuvimos ahí como cinco días, no nos dejaban salir al baño hasta que oscurecía, para que nadie nos viera. Iba con mi mamá y mis dos hermanos, cinco años menores que yo. Fue muy complicado pasar; una vez lo intentamos y nos pidieron que nos escondiéramos durante dos horas. No pudimos. La segunda vez, gracias a Dios, nos encontramos con unos conocidos de mi mamá, amigos de la familia en Morelos: cuando intentamos pasar nos corretearon los llamados *bajadores*, que son un grupo racista antiinmigrante que golpea y mata a la gente en la frontera. Recuerdo que mi mamá llevaba a los dos niños y yo me agarré de su pantalón. Uno de los amigos de mi mamá nos ayudó a cargar a mis hermanos; pudimos haber muerto. Le hablamos a mi papá para decirle que mejor nos regresábamos a México, pero una hora después llamó para decirnos que ya tenía alguien más que nos iba a pasar. Nos cruzó por la línea. Cuando cruzamos, al primer señor que vi lo abracé y le dije "papá"; él me dijo: "Yo no soy tu papá". Estaba a un lado, lo abracé y lloramos un rato. Mi papá siempre ha sido bien chillón, igual que yo. Me sentí muy contento de estar otra vez con mi papá.

Como llegamos un verano, no había escuela y yo ya quería entrar; se me fue la onda de que no hablaba inglés. Estuvimos con mi tía un tiempo, desde cuarto año hasta la *high school*. Vivíamos con miedo a la policía, escondiéndonos; mi mamá me decía que agachara la cabeza cuando pasaban cerca de nosotros. En *high school* me dieron una beca completa, 16 000 dólares cada semestre. Mucha gente dijo que esa oportunidad no era para mí, que era para los gringos y gente de dinero, pero si llegué ahí fue porque estudiaba mucho, destaqué en los exámenes para entrar. Es un proceso entre más de 1 500 aplicantes y nomás se quedan 300.

El inglés se me hizo complicado, pero pensé: "Si ellos pueden, por qué yo no". Tuve mucho apoyo de la directora de la escuela, se hizo muy amiga de la familia y nos ayudó bastante; también mi primera maestra, la *Miss* Rosales. Para mi papá fue muy difícil pasar la frontera; es un tema muy delicado para él. Me imagino que le pasaron cosas muy feas en el desierto. Me di cuenta de todo el sacrificio que hizo para darnos una mejor vida. La única manera de empezar a pagarle era con una buena educación, salir adelante, ser profesional. Pero en 2006 pasó la Proposición 300, que impedía a las instituciones darnos becas a los indocumentados; la colegiatura subió casi 300%. Hubo marchas masivas, parecía un río de camisetas blancas pasando por las calles. Me acuerdo que nos mandaron un mensaje de texto para que saliéramos de la escuela y fuéramos a marchar. Nada más de mirar a tanta gente se me enchinó la piel: creo que fue la primera vez que me sentí poderoso, capaz de algo más grande que yo y que mi comunidad. En la organización donde estoy trabajando ahora conocí a mi otra familia; me han ayudado a desarrollarme como líder, sé que aunque no tengo documentos tengo una voz y esa voz se amplifica con las otras personas que tocamos. Me fueron ubicando y empecé a sobresalir dentro de la comunidad.

Cuando escuché el anuncio de DACA me imaginé bastantes cosas, me dije: *¿Qué voy a hacer con esto? Se me va a abrir una puerta, voy a poder manejar, voy a poner los carros de mi mamá a mi nombre para que los trámites sean más fáciles.* Mi sueño era entrar a la Marina, yo quiero ser *marine* o entrar a las fuerzas armadas de Estados Unidos.

Llené muchas aplicaciones para DACA cuando estuve ayudando como voluntario; también llené las de mis hermanos, las mandamos, y nos la dieron. Quería trabajar al salir de los *marines* y tener un futuro: durante ese tiempo estaba muy entusiasmado y ya casi sentía mi uniforme en la piel. Cuando me llegó el número de Seguro Social fui a buscar cómo entrar a la Marina pero me dijeron que no podía por no tener residencia, que DACA era sólo un permiso para trabajar. Tampoco me aprobaron la beca porque había llenado la aplicación sin esos nueve dígitos del Seguro Social: eso me entristeció, pero decidí involucrarme más. Ya casi teníamos la reforma migratoria; pasó por el Senado, pero después nos topamos con pared porque no pasó en el Congreso. A mucha gente de la comunidad se le fue el ánimo, ya no querían pelear porque sentían que no iba a pasar nada. En esos momentos difíciles es cuando uno le tiene que dar esperanza a los demás, porque uno no la puede encontrar en sí mismo.

Tomé la decisión de ayunar como una forma de lucha y me dije: *Hasta donde me permita mi cuerpo*. El movimiento fue creciendo con el ayuno en Tucson. Fueron el presidente Obama y la primera dama a vernos a la carpa: no lo podía creer. Lo que más me impactó de esa reunión es que sentía que estaban ahí como una madre y un padre. El presidente y la primera dama estuvieron ahí con nosotros casi una hora, escuchando nuestra historia; yo pensé que nada más iban a venir a decirnos algo como hacen los políticos, pero querían escuchar por qué estábamos haciendo lo que estábamos haciendo. Obama, preocupado por mi salud, me dijo: "Ya, deja de ayunar". Nunca pensé que al presidente iba a preocuparle lo que yo hacía. Le conté mi historia, lo que había pasado con mi mamá, que yo quería ser *marine* y que mis padres tuvieran su permiso para trabajar; él dijo que la reforma migratoria no era algo que se hiciera de inmediato, que iba a tardar, pero se iba a hacer.

Duramos 22 días sin comer, perdimos 26 libras; aunque extrañaba mucho mis frijolitos, estaba contento. Después de dos semanas, los doctores nos empezaron a sacar sangre para checarnos, y los últimos tres días nos tomaron muestras de orina. Dijeron que teníamos que parar, "su cuerpo está muy cansado, se está comiendo su propio tejido". Hicimos una ceremonia para quebrar el ayuno y me sentí muy culpable de tomar el pedacito de pan, sentía que estaba defraudando a mi comunidad: era un empujoncito que estábamos dando, pero si se mira en toda la nación, éramos más de 10 000 personas ayunando. Recibimos cartas de México, de Europa, de África; mucha gente estaba mirando y estaban con nosotros. Después de eso, tuve la oportunidad de ser invitado de la primera dama: tuve la bendición de llevar a mi hermana conmigo a Washington, a la Casa Blanca. Hubo una ceremonia y después fuimos al Capitolio; siempre había querido saber cómo era por dentro. El que una persona indocumentada tuviera la oportunidad de sentarse al lado de la primera dama habla mucho del trabajo que se ha hecho, no nada más de mi familia.

Estar en la Casa Blanca no fue una victoria personal, vino del esfuerzo y del trabajo que se han hecho durante años no nada más en Arizona —aunque es uno de los estados en que más se resiente el tema— sino en varias entidades; yo lo sentí como una victoria para el movimiento de los derechos de los inmigrantes. No tuvimos mucho tiempo con Michelle Obama, sólo nos tomamos una foto con ella y no recuerdo bien qué le dije. Enseguida fuimos al Capitolio y escuchamos el discurso del presidente; después nos escoltaron para tomarnos una foto con él. Me miró y me dijo: "Oh, ya te llegaron otra vez tus cachetes". Le respondí: "Pues estoy esperando mucho de usted, muchas familias están contando con su liderazgo para tener la libertad que merecemos". Hasta ahora seguimos luchando, hemos tenido varias juntas y he tenido oportunidad de ir a la Casa Blanca a hablar con el vicepresidente de lo que están sintiendo nuestras familias. Fui parte de una gira que empezamos en Los Ángeles y terminamos en Washington, D. C.: fueron seis semanas en diferentes comunidades y eventos, platicando con la gente para seguir empujando. Creo que gracias al empujón que hicimos con el ayuno se ha creado la atención que hay ahorita.

Yo quiero seguir estudiando, tengo 24 años y ya tengo una cita con una consejera. Ahora mi sueño es estudiar administración de empresas, también quiero poner un negocio para mi papá y mi mamá, para que mi papá deje de hacer trabajos duros y le sirva como un apoyo. Ahorita no tienen una pensión para cuando estén viejitos, creo que eso será la manera de contribuir a su futuro, ya que ellos contribuyeron bastante en el mío; ahora me toca sacrificar un poquito de mí para darles a ellos.

DACA nos ha ayudado mucho, es una bendición, una oportunidad que se tiene que tomar; nos abre puertas, nos da libertad y la paz de saber que no vamos a ser deportados, que vamos a poder llegar a la casa todos los días. Sin embargo, todavía tenemos la preocupación por nuestros padres, para ellos siguen bastantes puertas cerradas. No sé para los demás, pero para mí la familia es lo más importante, y saber que pueden agarrar a mis papás y separar a la familia es algo que no debe estar pasando. Ya no estamos en los años sesenta, este país ya está en una etapa mucho más avanzada.

En nuestras manos está el sueño de 11 millones de personas, niños que quieren ver a sus padres, padres que quieren conocer a sus hijos o ir a conocer las tumbas de sus padres. Todos tenemos una voz muy fuerte: tenemos que seguir luchando, involucrándonos, seguir adelante y crear otra atmósfera para las generaciones que siguen. Todavía tenemos que pelear por nosotros; aunque nos caractericen como *dreamers*, también somos seres humanos.

Más que *dreamers*, somos *doers* porque estamos haciendo, no nos quedamos soñando con un mejor futuro, estamos luchando para llegar más arriba y estamos creciendo no sólo en número, también en espíritu. Vamos a seguir hasta que tengamos el futuro que queremos.

Ya no tengo miedo
Adriana García Maximiliano

Yo estaba viviendo con mis abuelos en un pueblito que se llama Ozumba, abajo del volcán, y nací en Amecameca, Estado de México; mi papá tenía dos años de haberse ido a Estados Unidos y mi mamá uno. Tenía ocho años cuando migré para seguirlos. Me acuerdo que cuando llegué todo era muy diferente: tuve que aprender inglés viendo caricaturas del canal abierto. La escuela no se me hizo difícil, en México destaqué desde chiquita e iba un año avanzada, pero al llegar a Phoenix me pusieron de acuerdo a mi edad; eso estuvo muy bien, porque ese año lo tomé para aprender inglés. Lo difícil vino en la *high school*, cuando todos mis amigos empezaron a obtener su licencia de conducir.

Desde chiquita mi mamá me dijo que por nuestra situación migratoria tenía que trabajar más que los demás. Se puso todo más difícil en 2006, cuando aprobaron la Propuesta 300 en Arizona y las personas sin documentos teníamos que pagar la matrícula escolar como si fuéramos foráneas, es decir, lo triple. En 2010 la gobernadora del estado de Arizona, Jan Brewer, firmó la ley SB 1070, conocida como "la ley del odio": ahí en verdad me sentí atacada por el único lugar que hasta entonces había sido mi casa. A los políticos de Arizona no les importaba qué le estaba pasando a la gente, sólo por su ganancia política estaban firmando leyes horribles. En 2010 empecé a hablar acerca de mi estatus migratorio, y me deprimí un tiempo porque no pude entrar al colegio. La ley se firmó en abril y yo me iba a graduar en mayo de la *high school*; mis papás tenían tanto miedo que pensaron en mudarnos a Washington, pero decidieron quedarse porque ya habían comprado casa e hicieron vida aquí. Terminé la *high school* y fue muy difícil cuando vi que mis amigos —que eran de clases avanzadas, de bachillerato internacional— estaban emocionados porque en otoño iban a entrar a diferentes universidades, algunos se iban a otros estados para estudiar, y yo pensaba: *Ni siquiera sé dónde va a estar mi familia en un mes o en dos, ¿para dónde va mi vida?*

Entré al colegio comunitario y en 2011 empecé a reaccionar más. Encontré un equipo con el cual se inició la búsqueda de lo que queríamos hacer: desde entonces nuestra misión ha sido cambiar la política local, no estatal. Empezamos por Phoenix y ganamos cinco aliados allí; nuestro equipo ayudó a elegir cuatro concejales y al alcalde, que se supone son más abiertos a la comunidad porque tres de ellos son latinos.

Ahora estamos trabajando en la ley SB 1070 para frenar las detenciones y deportaciones sin ninguna razón, como cuando te detienen sólo para saber si tienes licencia. Es un temor constante pensar que todos nuestros papás corren el riesgo de salir y que se los lleve Migración sólo por parecer latinos o hispanos. Trabajo mucho con el Departamento de Policía para que dejen de tener esas prácticas tan horribles en nuestra comunidad. El trabajo nos ha permitido ver cambios; igual que yo, muchos jóvenes decidieron actuar después de la ley SB 1070, dijeron: "Ya no más". Hemos podido hacer cambios en la ciudad y empezamos a ver qué podemos hacer para evitar a personas racistas. Aunque haya quien quiera hacernos la vida difícil, gracias a Dios hemos ganado algunas cosas.

Voy a terminar de estudiar en Grand Canyon University, en Phoenix; muchos del equipo de *dreamers* van ahí. Cuando estaba en el segundo semestre del colegio comunitario, nos aumentaron la colegiatura 300% y pagué 1 200 dólares por una sola clase de matemáticas. En Grand Canyon University me ofrecieron beca, y como son privadas, no fueron afectadas por la Proposición 300: en esa propuesta, si un residente pagaba 90 dólares por crédito, a nosotros nos costaba 300. Una clase de matemáticas vale cuatro créditos sin contar los libros. Luego tuve que comprarme una bicicleta para ir y venir de mi casa, porque uno no puede tener licencia para manejar.

Con DACA la vida me cambió completamente. Pude obtener mi primer trabajo con el Instituto de Congresistas Hispanos y colaborar para el congresista Raúl Grijalva; ya puedo manejar con licencia y traigo carro, tengo un trabajo donde sigo ayudando y hablando con la comunidad, pero más con la comunidad indocumentada que tiene miedo de reportar cuando les pasan cosas malas por miedo de ser deportados. He podido aportar a mi familia y ayudar más. Ya no temo salir del estado, ya no tengo miedo.

Tengo muchas cosas por hacer. Primero, cambiar el ambiente político de Arizona: va a tomar mucho esfuerzo pero sé que podemos hacerlo, para que mis papás puedan estar aquí tranquilos. Los papás son los verdaderos *dreamers*, ellos dejaron familias y todo lo que sabían y se pusieron en riesgo para tener una mejor vida para nosotros, sus hijos. Quiero que nuestros papás estén bien y tengan la vida con la que han soñado. Segundo, quiero graduarme, tener una carrera, sentarme en la mesa directiva de grandes fundaciones; necesitamos estar ahí para decidir a qué programas se va a destinar el dinero.

Yo les diría a los jóvenes que están en mi misma situación que tenemos que seguir luchando y no darnos por vencidos. Hay apoyo entre nosotros, no se rindan. Con cada granito de arena vamos a hacer este cambio.

Escuchar a otros me dio fuerza
Karina Itzel Rocha Ramos

Soy de la ciudad de Durango y llegué a los tres años a Estados Unidos; mi papá fue el primero que se vino para juntar dinero, traernos con él y poder sostenernos. Mi mamá y yo viajamos en autobús con permiso: fui afortunada por no tener que pasar por ningún peligro cuando cruzamos. No me acuerdo de cuando estaba en México, nada más veo fotos y mis papás me dicen: "Aquí es donde vivías, éste era tu cuarto, éstos son tus tíos". Mi mamá era enfermera y tenía otras dos hermanas que ya se habían venido a Estados Unidos. Eso nos ayudó cuando llegamos; nos quedamos con una tía en un apartamento chiquito de un cuarto, un baño y la cocina y ahí estábamos viviendo dos familias, en total éramos siete personas. Mi papá trabaja en construcción, como muchos que vienen.

Yo me sentía como si fuera de Phoenix, porque ahí crecí y no sabía que me habían traído de México. Cuando empecé la *high school* me di cuenta de que era mucha la diferencia entre ser de México y de Estados Unidos: a muchos alumnos nos empezaron a etiquetar de ilegales y yo sentía que era incorrecto. Cuando decía que era de México me llamaban ilegal y me dolía, era como si no fuera persona, la gente me volteaba a ver y era muy incómodo porque muchos piensan que no pagamos impuestos y que venimos a quitarle las cosas a los demás; todo se me hizo más duro, más difícil. Yo quería estudiar en la universidad porque iba a ser una de las primeras de mi familia en poder ir al colegio y poner el ejemplo a mis hermanos. Me preguntaba qué iba a hacer para ir al colegio porque desde *high school* me decían que iba a ser más difícil para mí. "Tienes que trabajar el doble o el triple, ponerte lista y sacar buenas calificaciones." Empecé a preguntarles a los consejeros de mi escuela qué hacer, dónde podía obtener becas; hasta mi propio consejero, que debía ayudarme, dijo que no había becas para mí: luego me dio una hoja con muchas para que buscara en internet. *A lo mejor voy a ser como mis papás*, pensé, *voy a empezar a trabajar y no voy a tener educación*. Mi mamá me dijo: "No te hagas ilusiones, probablemente no vas a ir al colegio porque no hay ayuda para ti". Eso me rompió el corazón y pensé: *Si mi mamá lo dice, es porque en realidad no voy a poder*.

Un día encontré a unas personas que ofrecían un programa en la misma *high school* que consistía en aplicar desde la preparatoria para tomar clases en la universidad. Yo les conté mi situación: "No soy de Phoenix, ya se me vencieron mis papeles, mi mamá y yo entramos con permiso pero ella no lo renovó porque no pensó que íbamos a quedarnos tanto tiempo". Me dijeron que aplicara, que si aceptaban mi aplicación iban a entrevistarme, y si pasaba la entrevista podía entrar. Gracias a Dios, entré al programa acabando mi segundo año de *high school*.

Le conté a mi mamá, y a muchos de mis amigos los convencí para que aplicaran, porque prácticamente te pagaban el primer año de colegio; sacrifiqué mis sábados, porque estaba haciendo mucho deporte y estaba involucrada en muchos clubes. En mi último año de *high school* entré a unas clases con nivel de colegio: para sacar los créditos había que pagar como 90 dólares, y como indocumentado costaba el triple. No podía pagarlo, no tenía número de Seguro Social. Empecé a vender pasteles y a mirar escuelas: vi la Arizona State University, pero no me alcanzaba. Luego fui a Grand Canyon University, empecé a platicar con una persona que ayudaba a los estudiantes y le conté mi historia; en ese entonces todavía se usaba la palabra *indocumentado*, ahorita ya es *dreamer*. Le dije: "Soy indocumentada, mis papás no tienen con qué ayudarme, no puedo trabajar, no tengo dinero, no puedo sacar mi número de Seguro Social, no califico para la ayuda que da el gobierno pero quiero estudiar, tengo las ganas y ya completé un año de colegio, ¿qué puedo hacer?" "Somos una escuela privada —me dijeron— tienes buenas notas y calificas para una beca grande; aunque vas a tener que pagar algo de tu bolsa, va a ser menos que en Arizona State University." Apliqué y me dieron 11500 dólares en becas; me habían dado más, pero no me otorgaron el dinero completo porque no me estaba quedando en los dormitorios. Con mucho esfuerzo, mis papás me ayudaron a pagar el resto.

En el verano antes de entrar al colegio empecé a trabajar sin decirle a nadie; apenas comenzaba el movimiento de los *dreamers*. Tomé un trabajo en un restaurante que estaba cerca de mi casa porque no tenía carro ni licencia, me iba a pie y me pagaban en efectivo. Empecé a ganar dinero para ayudar a mis papás y pagar mi colegiatura; al inicio de año, mis papás me ayudaron a pagar y usé para comprar libros lo que había juntado.

Había estado en escuelas públicas con mucha gente americana; eso me incomodaba. En la nueva escuela, en cambio, había muchos estudiantes refugiados; como había violencia en sus países, los traían a Estados Unidos y los ayudaban. Conocí a varios latinos en la escuela, otros compañeros que no sabían ni quién era Jan Brewer, la gobernadora, y no tenían ese sentimiento de racismo: eso me hizo sentir muy bien. Luego supe que había un club que se llamaba Latino Union y me involucré el primer año: todos eran muy buena gente y me dijeron que a través de ese club se podía aplicar para una beca, ahí mismo había un puesto para reclutar a más estudiantes que pudieran ser parte del programa, y la tomé. También había que contactarlos para que fueran a los eventos de recaudación de fondos. La primera meta de ese año era dar a conocer qué era ser un *dreamer* e invitar a otros estudiantes en la misma situación a que vinieran a compartir su historia. Para muchos era difícil pararse a hablar ante un micrófono, pero conocer las batallas que los demás habían pasado nos daba fuerza; al menos a mí me dio fuerza para seguir y hacer mucho más. Acabo de cumplir 20 años y voy a graduarme de una carrera de cuatro años antes de cumplir los 21: me siento muy orgullosa porque pude lograrlo a pesar de que muchas personas me dijeron que no podía. Ahora quiero hacer mi maestría.

Una de las cosas más difíciles que viví fue la aplicación de la ley SB 1070: la policía te podía detener solamente por cómo te veías, por tener la piel oscura y no por cometer una falta. Eso para mí era racismo, me dolía, era preocupante no sólo por mis papás sino por mucha gente. Hubo muchas deportaciones. A mis papás, afortunadamente, no los pararon, pero era triste mirar las noticias. A cada rato paraban a las personas, los deportaban y sus hijos chiquitos se quedaban viendo cómo se llevaban a sus papás. Era frustrante.

DACA me cambió la vida, gracias a eso estoy donde estoy. Si no hubiera tomado un empleo temporal, no hubiera podido obtener mi primer trabajo formal, con el que ahora pago mi escuela; ahora puedo ayudar a mis papás. Mi papá tiene dos trabajos, uno "por debajo de la mesa" y el otro en una compañía. Se levanta como a las cuatro de la mañana para ir a trabajar; llega, come y se va, regresa como a las once de la noche. Es como si estuviera en dos trabajos de ocho horas cada uno, trabaja seis días a la semana y el único que descansa es el domingo. Mi mamá antes trabajaba, pero la corrieron porque era indocumentada y mi papá tomó dos trabajos.

DACA fue un alivio para mis papás, no sólo económicamente, también fue un alivio mental por todo el esfuerzo que hemos hecho. Es una gran oportunidad: ya tenemos papeles y podemos ir al trabajo, pero muchos se sienten amenazados porque hay mucho talento. En Arizona hay muchos obstáculos aunque uno tenga el DACA, pero es la única posibilidad de demostrar que sí podemos.

CALIFORNIA

Hay que correr el riesgo
Christian Álvarez

Nací en Jalisco. A los cinco años, mis padres me mandaron a Estados Unidos con mi hermano de un año. Cruzamos la línea en un carro; íbamos con un muchacho y dos muchachas, una al frente y una atrás, yo traía a mi hermano cargando y con biberón. Al cruzar la línea me dijeron que me hiciera el dormido: medio cerré los ojos, vi que una luz flasheó y luego pasamos del otro lado. Mi abuelita, que ya estaba Estados Unidos, vino con un vecino a recogernos. Mi mamá logró cruzar a los seis meses, no había pasado tanto tiempo, pero como que no me acordaba de ella. Seis meses después llegó mi papá. Como ya no cabíamos con mi abuelita, nos mudamos a una casa.

Empecé la escuela y en tercer grado me quisieron cambiar pero yo no quise, por mis amigos. Me gradué con honores en quinto grado; en secundaria también me gradué con honores, luego fui a la preparatoria, hice los cuatro años y en décimo me di cuenta de que no iba a poder ir al colegio porque no tenía papeles.

En 2009 empezó lo de la DREAM Act, luego entró en vigor la AB 540, apliqué al DACA y me enteré de que podía pagar lo mismo que pagan los residentes de California por estudiar. Ese año empecé a vender dulces, papitas y sodas en la escuela aunque no se podía, pero como nunca me dijeron nada, continué vendiendo los siguientes tres años. En vez de pedirles dinero a mis papás, con lo que ganaba pagué lo que necesitaba para la *high school*, para mí y para mi novia de entonces; el baile de fin de año, *tickets* para ir a Disneyland y todo. En 2012 me dieron mi carta para graduarme y me llegaron notificaciones de cuatro universidades del estado de California: UCLA, Berkeley, Santa Cruz y Santa Bárbara. En las cuatro me aceptaron, pero yo quería ir a Santa Bárbara. Pagué lo de la inscripción y fueron como 200 dólares. Sentía raro pedirle dinero a mi papá, pero él me dijo: "Si es para tu escuela, pídeme lo que quieras, yo como sea le hago y te lo consigo". Luego me notificaron que ya tenía que hacer mi primer pago: 35 000 dólares al año, y si quería vivir en la escuela tenía que pagar 20 000 más. Mi papá no ganaba eso en un año. Me desesperé, terminé la *high school* y luego de graduarme, una tía vino y convenció a mi papá para que me regresara a estudiar a México, porque tenía más ventajas por ser bilingüe.

Me fui para Hermosillo, Sonora, y en tres meses no salí de la casa. Mi tía estaba trabajando, mi tío es militar en la Fuerza Aérea, mis primitos iban a la escuela; ya tenían su vida hecha y no sabía qué hacer. Un día llegó un periódico y vi un anuncio: "Si hablas inglés, marca". Era un *call center* para DirectTV, fui y me contrataron de inmediato. A los tres meses me subieron de posición, ya era analista de calidad y estaba a cargo de tres supervisores, que a su vez se hacían cargo de 20 agentes; siendo tan joven me sentía con mucho poder. Empecé a hablar con mis papás por teléfono y me dijeron: "¿Qué paso con la escuela? A eso te fuiste a México". Encontré lugar en la Universidad Tecnológica de Hermosillo; no tenía carro y la única forma de moverme era en camión pero se llenan a las cinco de la mañana, va gente colgada de las puertas, y si no cabes cierran y te dejan. Era una hora de camión a la escuela. Duré tres cuatrimestres, pero me cansé de las idas y vueltas y lo dejé. Al mes y medio metí una aplicación a la Universidad de Sonora y me aceptaron en Enseñanza del Inglés. Sólo estuve dos años por lo mismo del transporte, pero también porque la maestra de inglés me corrió de su clase por corregirla, era su única regla y la rompí.

Regresé a trabajar a un *call center* hasta que empezaron a descansar gente y yo fui de los que descansaron; fui a otro ese mismo día, pero había que empezar desde abajo y eso llevaba tiempo. Empecé de agente, a veces me hablaban para que fuera supervisor una semana y me pagaban un poco más. Después llegó al trabajo un muchacho de Oakland que dejé vivir en mi casa; no pagaba renta ni comida, nadie sabía quién era. Lo "googleamos" y resultó que lo andaba buscando la policía. Mi abuelita estaba de visita en mi casa: por protegerla le dije que nos íbamos ese mismo día, renuncié, me dieron mi finiquito y nos fuimos a Mexicali. Ahí decidí regresarme a Estados Unidos. Hablé con mi papá, me mandó dinero y pude cruzar con visa gracias a que ya había trabajado y estudiado.

Entré a la *community college* de Los Ángeles y empezamos un club de estudiantes inmigrantes que se llama Students Without Barriers, Estudiantes sin Barreras, es lo mismo que hace la otra organización en la que soy líder, el San Fernando Valley Dream Team. Ya hemos hecho varios foros en pro de la comunidad, hemos podido ayudar a más de 500 estudiantes a que obtengan el DACA; yo no pude calificar porque me fui a México y no tuve el periodo continuo, pero mi hermano sí calificó y está trabajando en un McDonald's, hasta ha conseguido más trabajos que yo. Antes de venirme pensaba poner una compañía de playeras estampadas, pero se metieron a mi casa en Hermosillo y me robaron la computadora, todas mis ideas se fueron ahí. Empecé a trabajar en la computadora de mi hermano, retomé las ideas y a ver qué sale. Además de estudiar diseño gráfico, quiero emprender un negocio.

Mis padres me apoyan en todo; mi papá es el único que trabaja para mantenernos, a mí de vez en cuando me llega un trabajo para recoger mercancías en Anaheim y manejo sin licencia, pero son riesgos que se tienen que tomar. A mi mamá la metí a estudiar inglés en el *college* para que después nos pueda ayudar; se sorprende cuando me ve en las manifestaciones en la tele y luego nos acompaña. Como yo, hay muchos que no son elegibles para DACA, pero hemos luchado por obtenerlo; es un premio para los que pueden sacarlo, por eso les digo que no se abstengan. Si uno lucha solo, no se va a hacer nada: hay que unirnos para hacer algo grande.

Que nos vean como un recurso
ANA GÓMEZ

Mi nombre es Ana Gómez y nací en Guadalajara, pero mi familia es de Tepatitlán de Morelos, en los Altos de Jalisco. Mis papás y mis cuatro hermanos vinimos a este país hace 21 años, dejamos México en 1993 por razones financieras. Mi papá ya había trabajado en Estados Unidos en los años setenta, cuando estaba joven, vino solamente con sus hermanos: en ese tiempo la situación era muy distinta, se podía obtener un Seguro Social fácilmente, la gente podía trabajar y hasta viajar. Mientras estuvo aquí, siempre pudo ir y regresar a México, luego empezó a guardar dinero y se casó. Pero en 1993, básicamente quebró.

Acá en México, él era... —hay cosas que no sé cómo decirlas en español—... es de un lugar donde hay muchos ranchos, era como ganadero, pero quebró. Decidió que tenía que venir a Estados Unidos, ya que tenía relación con gente y la mitad de su familia ya estaba acá; vinimos a Los Ángeles, viví en LA Axe, en Westchester, hasta los 14 años, y después compramos una casa en Inglewood. Desde entonces hasta ahora sigo sido indocumentada. Mi papá aplicó para obtener la residencia en 1996 y legalizó su situación por medio de un hermano, pero el proceso es tan largo que cuando recibió su residencia, yo y mis dos hermanos nacidos en México quisimos aplicar, pero ya éramos mayores de 21 años.

Cuando estaba en el último año de preparatoria, mi mamá falleció y mi papá enfermó de cáncer, pero sobrevivió. Algo que han dicho otros *dreamers* es que los problemas de salud de nuestros padres se ven mucho antes que en otras personas que viven en Estados Unidos; yo creo que es por toda la presión de lo que han vivido y por la responsabilidad que tenían de mandar dinero a nuestras familias en nuestros países.

Cuando mi hermana estaba por acabar su maestría en UCLA, yo terminé de estudiar en la misma universidad relaciones internacionales con especialización en ciencias políticas: escogí UCLA por la ventaja de que está en Los Ángeles, y como crecí en Inglewood, no tenía que pagar para vivir en la universidad. Todo ese tiempo viví en casa, como a una hora y media en autobús. La colegiatura era más o menos de 8 000 dólares, que en ese tiempo era más que razonable. El primer año lo pagué con becas chicas que te daban entre 250 y 500 dólares; la más grande que agarré fue de 2 500 dólares. Todas esas becas para las que nadie postulaba, yo las agarré desde la preparatoria, tanto así que el primer año de preparatoria ya lo tenía completamente pagado. El segundo año comencé a trabajar como secretaria en un estudio de baile y seguí con ese trabajo los siguientes tres años de la universidad; mi papá estaba muy orgulloso.

Después entré a trabajar a organizaciones sin fines de lucro, pero ése no era mi sueño. Yo quería estar en el gobierno, en el State Department, que es como la Secretaría de Relaciones Exteriores en México. Después de dos años de trabajar en organizaciones sin fines de lucro, hace dos años obtuvimos el DACA y ahora tengo un año y un mes trabajando para el concejal Gilberto Cedillo como representante de área; básicamente trabajamos para la ciudad. Cada distrito está dividido en diferentes áreas, yo cubro la parte sur, que incluye el área alrededor del consulado. Todo lo que está abajo del *Freeway* 101 es mi responsabilidad. Hay diferentes departamentos dentro de la ciudad: salubridad, transporte, etc. Si hay un problema con alguno de los departamentos, se considera un caso. Pedro Ramírez, con quien trabajo, lleva los casos, y si vemos varios dentro de una misma área, los analizamos para identificar los problemas que hay. Un ejemplo rápido: en cierta área vemos que los jóvenes no tienen dónde estudiar y hacen falta más actividades después de la escuela. Entonces hacemos un proyecto: si se necesita un centro comunitario o un centro para jóvenes, yo empiezo a trabajar para que se abra en alguna propiedad que sea de la ciudad.

Acabamos de regresar de Washington, D. C., ahí nos reunimos con una delegación de Los Ángeles que convocó el alcalde de la ciudad. Todas las conversaciones que tuvimos fueron sobre lo que podíamos hacer para ayudar a las comunidades de migrantes. Nosotros trabajamos en un área que se llama Democratic Park, aquí hay una gran comunidad maya, indígena, que casi no habla español ni inglés; en ella hay gente que ha sufrido muchos problemas de violencia doméstica y tuvieron una experiencia horrible cuando vinieron para Estados Unidos. Tienen el trauma de venir a este país y luego, ya que están acá, no saber a quién creerle o a quién tenerle confianza. Considerando que DACA ayuda a personas más jóvenes, que todavía están en preparatoria, es una oportunidad muy grande para ellos. Hay que hacer algo para guiar a sus padres en el proceso de aplicación, asegurarse de que sientan confianza, pero hay que tomar en cuenta la diferencia de idioma y de dialecto, porque hay comunidades que son más vulnerables que otras. Básicamente, hay que dejarles claro que la información que nos den no se va a compartir con la policía de migración, porque ése es el miedo que tienen.

Yo creo que DACA ha sido muy importante en muchos aspectos. Por ejemplo, ahora puedo tener una licencia de manejo del estado de California, aunque antes supimos encontrar nuestras mañas para obtener una licencia en otro estado y poder manejar; sin embargo, yo trabajé muchas veces con un contrato externo y ya pagaba impuestos antes de DACA. Los que llevamos muchos años aquí queremos algo más permanente. Es cierto que hemos aprendido muchísimo en el proceso, hemos encontrado a otras personas, otras minorías de este país que han abierto nuestra mente, porque también nosotros traemos los prejuicios de los que crecimos en pueblos chiquitos. Sin embargo, imagino que mi vida habría sido mucho más sencilla si hubiera tenido los privilegios de un estadounidense.

Somos una comunidad muy liberal, personas que hemos vivido cosas muy difíciles. Ahora somos adultos y es muy bueno poder decir que hay otros países donde podemos tener una buena vida sin tener que pasar por lo que hemos vivido aquí. Estamos en el movimiento de *dreamers* y queremos que la gente se quede y siga luchando, pero también pienso en mi futuro: estudié relaciones internacionales y quiero viajar, quiero hacer la carrera que he querido desde el principio. Muchos hemos dado parte de nuestra vida a este movimiento.

Por último, me encantaría que nos vieran como un recurso. Queremos aportar algo a México porque todavía nos sentimos mexicanos y hay todo un ejército de personas que estamos capacitadas en ciertas áreas, por ejemplo, hay científicos e ingenieros que todavía no pueden agarrar trabajos. Si hubiera una posibilidad, aquí estamos.

La cultura es un derecho
CITLALLI GÓMEZ

Cuando tenía siete u ocho años escuchaba hablar de un gobernador racista acá en California, era la época de la Ley 187; esa situación trajo muchas preguntas a nuestro hogar y sentí, por primera vez, que había algo diferente en nuestra familia. Fue hasta que intenté sacar mi licencia de manejo cuando me enteré de que era indocumentada. En la preparatoria, mis consejeras no hablaban de la situación y yo no se lo contaba a nadie porque no quería que lo supieran. Solamente hablaba de esto en mi casa.

Llegué a este país en 1992, a la edad de cinco años; emigré con mi padre, mi madre y mi hermana menor. Llegamos a la ciudad de Anaheim, como a 45 minutos de Los Ángeles. Mi mamá es de Jalisco, mi papá es de Nayarit y yo nací en Ocotlán (Jalisco). Llegamos con visa de turista, que se venció a los 10 años. Mis papás trabajaron en fábricas y luego pusieron una tienda de abarrotes. Llegaron acá por problemas monetarios, esa experiencia los llevó a ahorrar dinero y eso fue lo que nos ayudó a estudiar.

Mis papás cubrieron el dinero del primer semestre de universidad, 5 000 dólares, pero al segundo semestre ya no teníamos para volver a pagar. Pedí un préstamo al banco de la universidad y me dijeron que no había préstamos para personas en mi situación. Otra consejera me habló de una ley que había sido implementada en California para los inmigrantes, la AB 540, que permitía pagar sólo la cuota estatal. En 2007 conocí a otros estudiantes en la misma situación y me enteré de que había un movimiento fuerte; me uní a la organización y eso cambió mi vida. Empecé a participar en acciones, protestas y visitas a legisladores; me enteré de cómo seguir estudiando a base de becas, con trabajos adicionales y la ayuda de mis papás. Logré terminar la licenciatura en ciencias políticas y me mudé a Los Ángeles para cursar la maestría en estudios latinoamericanos. Las cuotas son más caras y fue muy difícil porque tenía que pagar un departamento.

Recuerdo que no podía hablar de este tema con otras personas, me sentía avergonzada. Sin embargo, en el Centro Cultural de México empecé a leer más sobre mi cultura, mi lenguaje, la música tradicional de México: eso fue un cambio que me conectó y me inspiró a estudiar la maestría. Quería tomar más clases de literatura en español, estudiar más horas de historia latinoamericana; mientras tanto, seguí luchando. Hace cuatro años hicimos una huelga de hambre muy importante, y después de eso empecé a trabajar en un sindicato: a pesar de no tener documentos me aceptaron para que ayudara a organizar a los trabajadores de limpieza, muchos de ellos son inmigrantes de Centroamérica, de Guatemala, de El Salvador. Estuve ayudando en una campaña laboral en 2011 y después, ahí mismo en el sindicato, me cambié al departamento político. Ahí también apoyamos al alcalde de Los Ángeles que ganó la elección y ayudé a coordinar a los trabajadores de Nevada cuando estuvo la campaña del presidente Obama.

Después de DACA, las opciones de trabajo son inmensas. Ahora estoy en una organización que intenta preservar la cultura tradicional a nivel California, trabajo con las comunidades en el este de Los Ángeles y en el valle de Coachella. Quisiera empezar a aumentar mi conocimiento en comunicación y periodismo, en cómo podemos usar los medios y las redes sociales para causas como la migración y la preservación de los derechos culturales.

He ayudado en clínicas de DACA y hemos logrado hacer una conexión importante con los jóvenes; muchos de ellos están desconectados, tienen miedo, hay falta de recursos, falta de información. Hay padres que les inculcan miedo a sus hijos, no saben que ahora se puede estudiar bajo el programa DACA, pero podemos cambiar eso. Creo mucho en la organización de las mujeres; trabajar con las madres de los hogares es clave, creo que tenemos mucha fuerza y mucho poder como mujeres, involucrando a las madres de familia podemos tener más éxito. Tenemos que mejorar el proceso, usar los medios de comunicación y asegurarnos de que todos tengan información y recursos para aplicarlos. Hay que mantener la energía ahora que viene el proceso para renovar los permisos de trabajo.

Me siento muy afortunada de vivir en Los Ángeles pero tengo muchísimas ganas de ir a México, siento un vacío por no poder ir a ver dónde nací. Tengo muchas tías, tíos que sí han podido arreglar su visa, incluso tengo una tía que cuando éramos chicas venía en los veranos y nos daba clases de español; eran unas experiencias muy bonitas.

Quisiera que mis papás pudieran viajar. Él está por cumplir 64 años, mi mamá acaba de cumplir 60 y veo que para ellos, y también para mí, es importante volver. Hay familiares que han fallecido en México y nuestra humanidad se pierde cuando no podemos estar al lado de nuestra familia; no poder viajar en momentos difíciles, tener que escuchar por teléfono los llantos de nuestros familiares es algo serio, yo diría que es una crisis. Ver que mis papás ya se van a retirar y tienen necesidades de salud; ése es otro problema al que se van a enfrentar los migrantes, no tener acceso al cuidado médico es algo grave. La diabetes, la alta presión son epidémicas y creo que no hemos hablado de esos temas lo suficiente aquí en Estados Unidos.

Siento que Los Ángeles es como otro México, acá me puedo aproximar de alguna manera porque tenemos una concentración grande de poblaciones mexicanas. Estoy muy conectada con la música mexicana, practico son jarocho con ciertos colectivos aquí en Los Ángeles, en Santa Ana y en Pacoima; siento que al explorar los versos y la música de esas canciones me aproximo a México. Sueño con ir a Veracruz, a Jalisco, a Oaxaca, a varias ciudades de las que he aprendido aquí en Los Ángeles. Yo me siento 110% mexicana y quisiera poder amanecer allá mañana aunque sea de visita, estudiar unos meses; sería muy bonito para mí porque en 22 años no he podido ir.

Ayudar al que no sabe
ISRAEL LÓPEZ CAÑEDO

Cruzamos el río y el desierto; todo lo que recuerdo es que mis papás me traían cargado en sus hombros. Mi papá es cortador de costura y mi mamá trabaja en un restaurante como mesera, toda su vida han estado en eso. A mi hermano y a mí nos inscribieron a la escuela, ellos trabajaban y casi no los veíamos. Somos del Estado de México.

Yo disfrutaba mucho la escuela; no era el más inteligente, pero le echaba ganas. Fue en la *high school* que me di cuenta de que no tenía papeles. Como no podía ir a la universidad, estudié un año en el colegio comunitario, pero era muy caro: mis padres ganaban el salario mínimo y no me alcanzaba. Dejé el colegio y me puse a trabajar, pero usé un seguro que no era mío. Un día me paró la policía, checaron mi cartera y me preguntaron por qué lo traía; dije que estaba buscando trabajo, pero me llevaron a la corte. Afortunadamente me bajaron los cargos, antes era un delito federal. Después de eso estuve tres años sin trabajar ni ir a la escuela.

Cuando salió la oportunidad de aplicar para DACA, yo no tenía dinero; acudí al consulado mexicano, evaluaron mis recursos y gracias a Dios me dieron un cheque de 1 000 dólares que cubrió el costo. Tras un año de trámites, Migración me mandó mi permiso para trabajar. Ya me hablaron para un trabajo como guardia de seguridad, por ahí voy a empezar y me voy a inscribir a la escuela de nuevo.

Antes yo pensaba: *La escuela, ¿para qué? Allá de donde soy no se escuchan historias, puros balazos.* Ahora me gustaría involucrarme en organizaciones y ayudar a la gente que no sabe. En el este de California hay muchos jóvenes que no cuentan con información y es necesario que busquen, que se involucren, que hablen con personas que ya saben qué hacer.

Yo me siento conectado a México porque ahí viven mis abuelitos, estuvieron aquí y luego se fueron, pero no pudieron regresar; siempre he estado muy apegado a ellos, mi abuelo era como mi padre. Siempre les hablo y les mando un dinerito, 50 dólares para que coman su carne.

Dreamer por accidente
ALFONSO PALACIOS

Nací con una discapacidad en la espina dorsal; los médicos me daban tres meses de vida y el tratamiento requería atención especializada. Con una visa humanitaria, mi madre cruzó a San Diego y decidió quedarse allá para que me trataran. Ella tenía un negocio propio en Ensenada, Baja California, todo iba muy bien aunque tuvo que dejarlo para atenderme, y en San Diego consiguió un trabajo que no era muy bueno, pero necesitaba el dinero. Mi primera operación fue a los seis meses. Al mismo tiempo, mi abuela estaba agonizando en México: la perdimos en el mismo momento en que yo salía de la sala de recuperación.

Tengo todos mis años de estudio, desde kínder hasta secundaria. Por falta de dinero y de papeles no pude avanzar más allá del primer año de colegio; también estudié artes marciales y defensa personal gracias a un instructor que me dio la oportunidad, creyó en mí y empecé a dar clases. Así me las ingenié para ganar dinero.

Soy el único hombre de mi familia, un caso muy raro, un *dreamer* por accidente. Mi madre es artista, es muralista en diferentes iglesias y tiene bastantes proyectos de arte en Los Ángeles. Hace más de 15 años que estamos en Estados Unidos y puedo decir con orgullo que he sostenido mi casa, mi familia, a mi mamá; ahora trabajo de recepcionista, soy la cara, el primer encuentro con la oficina de un senador donde se trabaja en pro de las causas de los migrantes.

No estoy en contra de los grupos que se oponen a los migrantes, no les guardo resentimiento, al contrario, es por ellos que muchos de nosotros hacemos nuestro mejor esfuerzo para demostrar que no somos una amenaza. Cualquiera, por naturaleza humana, tiene miedo de enfrentar lo desconocido pero no somos un peligro, estamos para ayudarnos a buscar oportunidades de avanzar, de hacer cosas grandes y mejores.

Desde que tengo DACA mi vida ha dado una vuelta completa. Empecé contando lo bonito, pero los *dreamers* también tenemos una historia triste. Cuando me gradué de la secundaria quería ser abogado, fui con el dinero que junté con mis clases y me negaron la admisión, me dijeron que no iba a poder ejercer; tenía muchas aspiraciones y me las quebraron, pero con DACA hay una nueva oportunidad, un segundo aire. Como estoy trabajando me siento en una posición más tranquila, sé que estoy haciendo un bien para la comunidad, aportando mi granito de arena a este país. Al final lo más importante es mi mamá, su estilo de vida ha cambiado tremendamente y por eso estoy infinitamente agradecido con DACA.

Hay muchos dreamers en el olvido
PEDRO RAMÍREZ

Nací en Capilla de Milpillas, en Tepatitlán de Morelos, Jalisco, pero lo que sé de allá es muy poco; nomás me acuerdo que mi abuela vendía pozole en la calle y que también les daba a los pobres. Todo lo que sé de la Capilla es por las fotos que me traen mis primos, los videos de las fiestas en Navidad, más las pequeñas memorias que tengo de mi abuela y de mis perros que tiene allá. Al igual que Ana Gómez, tengo problemas con mi español; llegué a Estados Unidos cuando tenía tres años, era un niño chiquito, fue entre 1991 y 1992, no lo tengo claro. Mi papá ya estaba aquí, había vivido en Santa Ana con mis otros tíos, pero quiso traernos a mí y a mi mamá. Llegamos con unos familiares, luego estuvimos dos o tres años en Los Ángeles y después nos mudamos al área central de California, a una zona que se llama Tulare. Es un área grande de migrantes porque es la capital de la agricultura; mi papá trabajaba ordeñando vacas y mi mamá en la pizca de uva. Después entraron a trabajar en restaurantes y mi mamá ahora está en hoteles. Ya tienen casi 20 o 30 años trabajando en el mismo lugar.

Yo entré a la escuela en Tulare, ahí terminé la secundaria y después fui al colegio estatal de Fresno; me gradué con un título en ciencias políticas en 2011 y en agosto de ese año me vine a Los Ángeles porque me aceptaron en la Universidad Estatal de Long Beach para hacer la maestría en administración pública, con una especialización en Urban Studies. Ya voy a acabar mi maestría este año, nomás tengo que cumplir con ciertos requisitos y papeles grandes. En estos años he trabajado como pasante con un senador que también fue asambleísta en el estado de California: con él pasamos la DREAM Act del estado de California para ayudar a los estudiantes indocumentados a ir al colegio con ayuda financiera. Después estuve trabajando en la coordinación de campañas políticas, hacía *consulting*, ayudaba a inscribir votantes, muchos de ellos latinos, pero siempre trabajé con contrato independiente porque no tenía papeles. Con ese empleo pagué mi primera escuela, aunque también gané muchas becas en secundaria porque tenía buenas calificaciones y estaba bien involucrado en la comunidad. También trabajé con abogados limpiando las oficinas y sacando copias de documentos; en los veranos ayudaba a mi papá cortando el pasto y haciendo la limpieza de los bares cuando la gente acababa de tomar a las tres o cuatro de la mañana. Trabajé en lo que pude para ganar dinero y pagar mis estudios en Fresno; hacía de todo, nunca me rajaba. Cuando llegué a Los Ángeles estuve dos años de voluntario con un concejal, después él me dio el trabajo donde conocí a Ana Gómez; ahí duré un año y medio trabajando como representante de distrito y ayudando a la gente.

Mis papás siempre me impulsaron a ir a la escuela. Yo tenía ganas de estudiar y jamás hubiera pensado que tenía que sacar permisos para estar aquí porque todos mis tíos ya eran residentes, menos nosotros; como ellos se ganaron su *green card*, pensaba que nosotros también éramos eso. No tenía dinero para pagar la escuela, y al igual que mis amigos de la *high school*, yo quería entrar en los *marines* o en el *Army* porque decían que si ibas ahí unos años te pagaban todo el colegio. Quise inscribirme y me dijeron: "Ocupo tus documentos"; cuando les dije a mis papás, me enteré de que no tenía papeles. En ese momento no lo pensé mucho, no fue un gran problema, ya estaba trabajando y andaba manejando sin licencia, todos hacíamos eso. Pero cuando terminé la escuela, me entró en la cabeza que necesitaba un documento o algo para que me dejaran estar aquí y trabajar. Empecé a preguntarles a mis maestros y a los *counselors* qué podía hacer para entrar al colegio, y me dijeron: "Tú no calificas para ayuda financiera, sí puedes ir al colegio, nomás tienes que pagar dos o tres veces más porque te van a clasificar como extranjero". Ahí me enteré de la ley AB 540, que ayuda a los estudiantes indocumentados a entrar al colegio pagando las mismas cuotas que los que nacieron aquí; apliqué y me aceptaron, pero no me dieron ayuda financiera. Tuve que trabajar tres o cuatro veces más que mis amigos, porque a ellos el gobierno les había dado préstamos y ayuda gratis: todo el colegio lo pagué con trabajo, con ayuda de mi familia y de mi comunidad. Muchos de mis amigos recibieron ayuda del gobierno y de los bancos, pero todavía andan pagando y van a seguir pagando por varios años más. Yo ya puedo comprar un carro, una casa yo solo; a veces bromeo con ellos y les digo que les debo a mi familia y a mi comunidad más de lo que ellos le deben al banco.

Hay mucha gente que pinta a los estudiantes *dreamers* como esos que han salido adelante, que quieren ir al colegio, quieren ser abogados o han agarrado sus maestrías y sus doctorados. Sin embargo, hay una mayoría que no ha tenido esa experiencia, hay otros *dreamers* de los que la gente se ha olvidado: ellos no califican para entrar al colegio y tampoco para la ley AB 540 porque nomás tienen aquí dos años y la ley pide tres. Están los que no quieren ir al colegio porque tienen que trabajar para ayudar a su familia. Todos ellos han vivido experiencias diferentes a nosotros. Acá en Estados Unidos pintan a todos los estudiantes inmigrantes como si fueran *dreamers*, pero eso no es verdad: a los que no pueden agarrar la ayuda de la Acción Diferida tenemos que apoyarlos para que tengan un trabajo y servicios para su familia. Hay muchos que, como dijo Ana Gómez, son gente indígena que no puede hablar español o inglés y le es muy difícil ir a trabajar. Cuando yo estaba en Fresno vi un caso así, en una zona de construcciones donde trabajan muchos indígenas de Oaxaca: a una mamá se le murió su niño al momento de nacer, y cuando llegó la policía pensaron que ella lo había matado y la iban a meter a la cárcel, pero el niño había fallecido cuando estaba en labor de parto. Gracias a que un grupo de San Francisco la ayudó, no la deportaron, pero si la hubieran metido a la cárcel no hablaba inglés ni español, no tenía defensa.

El caso de los migrantes que ya son grandes es distinto. Por ejemplo, mi papá y mi mamá quieren arreglar sus papeles, pero ellos ya no ven un futuro acá; en pocos años quieren regresarse a su ranchito a descansar en paz. Ellos ya me dijeron: "Si pasan la reforma migratoria en cinco o seis años, muy bien, pero en 20 años yo ya me voy". Yo no sé si el gobierno mexicano ya tiene un programa para ayudar a la gente que se quiere regresar, a que agarren un terreno o abran una tiendita con sus ahorros.

Tenemos que ayudar a nuestra gente, pero a toda. La ayuda financiera es importante, pero cuando la gente quiere aplicar a la

Acción Diferida, no pueden porque no tienen dinero o porque tienen miedo: muchos piensan que si dicen dónde viven, va a llegar la Migración y los van a matar. Les decimos que eso no va a pasar, que nadie le va a mandar sus datos a Migración. Hay que darles información a través de gente a la que le tengan confianza, porque si viene el gobierno y hace una presentación, ¿quién va a ir? Pero si es una persona del consulado, un líder comunitario, entonces sí le van a creer. Si ven a los estudiantes o a sus familiares que andan aplicando y les dicen que todo está bien, entonces van a aplicar más. Ahora tenemos que ayudarles a obtener el dinero.

Lady Liberty

Esperanza

Cadena humana

Futuros profesionistas

Paraguas

Dreamers & Doers

Redes de ayuda

Encuentro de culturas

Familia unida

Mamás tejiendo

Vencer la apatía y el NO

Dreamers' Moms

Equilibrista en la frontera

Reforma migratoria

El precio del College

Convenciendo al Congreso

Soñando con educación

Oportunidades de educación

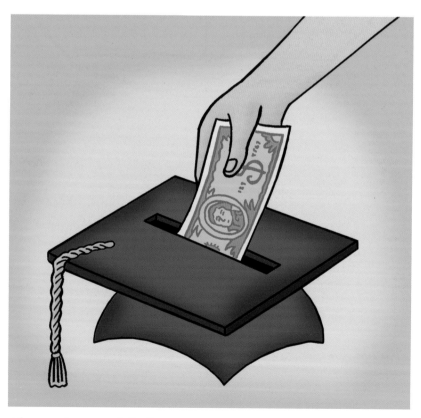

Ahorrando para el College

Social Security: saliendo de las sombras

Educación al rescate

El "homeless" de Harvard

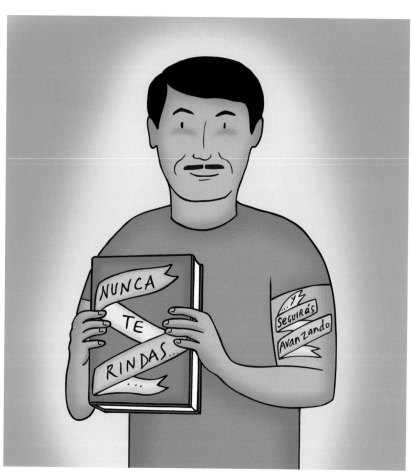

Nunca te rindas

La llave de la Social Security

Daca: Puente al empleo y a las oportunidades

Alas

Celebración de culturas

Nueva doble identidad

Border Patrol

Cruzando el río de la frontera

Padres

Nostalgia

Bandera amistosa

Educación: sentido de comunidad

Licencia de manejo

Diploma salvavidas

Emigrando en familia

CAROLINA DEL NORTE

Un buen trabajador
Daniel García

Nací en la Ciudad de México, me trajeron a Estados Unidos cuando tenía un año, junto con mis tres hermanos varones; yo soy el más pequeño. Cruzamos la frontera por California, ahí estuvimos tres años y luego nos cambiamos a Carolina del Norte, donde crecí y he pasado toda mi vida. A los 15 años me enteré de que no tenía los mismos beneficios que mis compañeros; intenté obtener mi licencia de conducir y me pidieron el Seguro Social. Ahí supe que no tenía el estatus legal.

En 2007 me gradué de *high school*, obtuve tres becas por servicio comunitario y una más gracias a la consejera que me ayudó a inscribirme en el colegio comunitario. Cuando fui a registrarme para las clases, me pidieron el Seguro Social; iba a pagar lo mismo que cualquier otra persona, por cuatro clases eran 5 000 dólares al semestre, pero sin seguro tenía que pagar como alumno foráneo, casi el doble, y se me hizo demasiado caro.

Nos mudamos a la ciudad de Stanford y empecé a trabajar los viernes con un abogado que me pagaba en efectivo. En diciembre de 2008 me preguntó si tenía Seguro Social para contratarme y pagarme más; le inventé que estaba en la escuela con ayuda financiera y que no podía darle el Seguro Social, pero sin seguro no podía seguir en el trabajo. Busqué otros empleos pero no encontré nada. Ayudaba a mi mamá a limpiar casas, porque para eso no piden requisitos. En 2010 tuve que usar un seguro que no era mío para poder trabajar con otro abogado: estuve con él dos años hasta que llegó una carta del Seguro Social diciendo que el número no era mío. Yo debía algunos impuestos de años anteriores, el abogado me pidió mi número y ahí se me cayó todo. Al siguiente día fui directamente con él y le dije cuál era la situación; me agradeció que se lo dijera, y como yo era un buen trabajador, siguió pagándome en efectivo. En 2012 entró DACA, apliqué, y cuando me llegó el seguro me volvió a meter al sistema. En 2013 volví a entrar a la escuela y no sé cómo pasó, pero gracias a Dios no me cobraron como foráneo, no me preguntaron nada.

Estudio en Central Carolina; sólo hice el examen para entrar, pagué la matrícula y empecé en agosto de 2013. Ahora tengo dos trabajos para poder pagar la escuela, ayudar en la casa y pagar los gastos. Estoy estudiando para ser abogado. En el trabajo, ayudo en cualquier caso que llega de un cliente hispano, me relaciono con ellos porque sé lo que les puede pasar y no me gustaría estar en esa situación.

Siempre he sido ambiciosa
CYNTHIA MARTÍNEZ

Mis papás pudieron conseguir una visa de turista para venir a Estados Unidos. Tenía tres años cuando llegué de Nuevo León a Carolina del Norte, uno de los estados sureños más antiinmigrantes. Yo no sé lo que es cruzar la frontera, he hablado con mucha gente que lo ha tenido que hacer y se me rompe el corazón; gracias a Dios no tuve que pasar por eso.

Siempre supe que no tenía papeles y crecí con el miedo a la policía, sobre todo de chiquita porque podían deportar a mis papás. Sabía mi rol como indocumentada. Cuando obtuve DACA, me di cuenta de que ya tenía más posibilidades que mis papás.

Me gradué con honores, pero en las escuelas comunitarias me dijeron que no podía entrar por ser indocumentada. Me aceptaron en universidades privadas pero hay que pagar como 64 000 dólares al año y no le iba pedir eso a mis papás, es mucho dinero.

En 2011, un año antes de la National Democratic Convention, hicimos una acción de desobediencia civil en Charlotte y fui arrestada; fue para conseguir que nos dejaran estudiar en escuelas comunitarias en Carolina del Norte. Después lo volví a hacer aquí en Raleigh, en la Asamblea General, cuando estaban tratando de traer las mismas leyes de Arizona.

Aunque no he regresado a la escuela, he conocido a muchas personas que me han ayudado. Siempre he sido muy ambiciosa, me gusta estudiar, me gusta aprender, eso no se me va a quitar. He buscado apoyo y he aprendido mucho sobre leyes, sobre criminales y acerca del Estado. Eso me gusta.

Ahora ya se puede estudiar aquí en Carolina del Norte, pero se tiene que pagar como estudiante foráneo y cuesta cuatro veces más. Podría ir a otro estado a estudiar pero aquí está mi familia, no es tan fácil irse.

Queremos ver a nuestros hijos realizados
María de Martínez

No me puedo quedar callada: mucho tiempo nos hemos quedado callados, por miedo. Como dijeron mis hijas, teníamos miedo a salir, decíamos: "Soy indocumentado, no puedo estar por las calles, no puedo trabajar". Pero ya no más, porque no venimos a hacerle daño a nadie, simplemente vinimos con las ganas de darles una mejor vida a nuestros hijos. Desafortunadamente, en nuestro país no lo pudimos lograr; vinimos a Estados Unidos con ganas de salir adelante. Tenemos derechos, somos humanos, no somos criminales. Mucha gente piensa que por el hecho de ser indocumentados venimos a quitarles el trabajo pero somos como cualquier persona americana con ganas de trabajar, a veces hasta más. Ellos tienen un concepto muy diferente del mexicano o del latino, piensan que somos incultos, malas personas; no sé qué se les figura pero nosotros tenemos deseos de progresar, de que a mis hijas les den la oportunidad de salir adelante sin ponerles ninguna barrera.

Como padres, ha sido muy difícil ver que nuestras hijas se han esforzado tanto para nada, que hayan sido las mejores alumnas y al final les hayan cerrado las puertas, que en cierto momento hayan sido víctimas de *bullying* por parte de sus compañeros. A veces hasta nosotros en el trabajo hemos sido víctimas, no podemos decir: "Quiero un mejor trabajo, una mejor vida para mis hijos", despertar en la mañana sin miedo de salir a la calle y manejar, sentirnos como cualquier persona que tiene un papelito, una licencia; no tener miedo de que la policía te pare solamente por tu aspecto latino y te diga: "Enséñame tu licencia de manejar". Mi esposo ya fue detenido por el mismo policía tres veces seguidas, lo paró hasta que mi esposo le dijo: "¿Por qué me estás parando, cuál fue mi falta, cuál fue mi infracción? El carro adelante de mí iba a alta velocidad y no lo paraste, yo vengo a baja velocidad y me estás parando sólo porque ya sabes que no tengo papeles, porque no es la primera vez que me paras". Mi esposo ejerció sus derechos y lo metieron a la cárcel. Gracias a Dios salió rápido, pero así como nosotros muchos padres, muchas personas salen con miedo hasta de ir a la tienda a comprar porque dicen que hay redadas en Walmart, o que va a haber a tales horas. A veces la gente ya no quiere ni salir a trabajar, pero si no trabajamos no comemos.

Desde el fondo de mi corazón les agradezco que si ustedes pueden hacer algo por nuestros *dreamers*, lo hagan, porque al igual que yo, ustedes también son padres y tienen hijos; quisieran ser felices, ver felices a sus hijos y que ellos se sientan realizados. Me siento frustrada como madre, igual que mi esposo, por no haber podido darles educación a mis hijas. Es exageradamente caro pagar el estudio para un hijo, y yo tenía dos. Si ustedes pueden ayudar a estos muchachos a que hagan su sueño realidad…

Al principio no entendí cuando mi hija me dijo que iba a hacer activismo. Hasta que lo entendí; de alguna manera está tratando de ayudar a la gente por algo que ella no pudo hacer, por esa frustración que interiormente tiene. Siente que si no pudo continuar la escuela, puede ayudar a otra gente para que salga adelante. Estoy muy orgullosa de ella porque se ha expuesto a muchas cosas.

Sueño con México
MONTSERRAT MATA

Nací en San Luis Potosí, a través de un *coyote* llegué a los siete años con un nombre falso para alcanzar a mi mamá, que ya estaba en Estados Unidos; vine con la tía, tuve que estar algunos días en Texas y luego me reuní con mi mamá. Nunca pensé que me iba a quedar a vivir en Estados Unidos, pensé que iba a ser poco tiempo, pero ya tengo casi 15 años viviendo aquí. Ha sido duro, ahorita tengo 22 años.

Yo sabía que no tenía papeles, pero no lo asimilaba; en segundo año de la preparatoria, a los 16 años, ya lo empezaba a entender. Me acuerdo que veía los sacrificios que hacían mis papás, entonces escuchaba mucho que había redadas en los centros comerciales y supermercados: ahí me empezó a entrar el miedo, pero a la vez quería enfrentar esa realidad. Cuando me decían: "No vayas a Walmart porque está la *migra*", yo quería ir, no me daba miedo por mí sino por mi raza; mi mamá decía que estaba loca. Después, cuando fui asimilando que yo era inmigrante y que no tenía los mismos derechos que mis hermanitos, me empecé a poner rebelde. Me decían: "Tienes que tomar el examen, si sacas el grado puedes ir al colegio, te puedes ganar una beca". Me negué a todo eso porque decía: "De qué sirve, si todo mundo puede ir al colegio". Hasta ahorita, la verdad, es que me siento mal de no tener esas oportunidades. Nunca pensé que hubiera algo para ayudarnos a ir al colegio, por eso no tomé exámenes, no le eché ganas a la escuela. En el último año no le eché ganas en serio, ya sabía que por mi estatus legal no iba a poder ir al colegio. No iba a poder hacer nada.

Mis hermanos sí tienen estatus legal: mi hermana tiene 16 años y nació aquí; mi hermano tiene 12 años y también nació aquí. Mi mamá ha sido *manager* de un restaurante de comida rápida, siempre ha trabajado ahí. He sufrido mucho en Estados Unidos, la verdad es que de los 15 años que llevo aquí, creo que 10 he querido regresar a México. Yo quería estar con mi abuelo, con mis tíos; no pude decirle adiós a nadie, ni a mi abuela, que ya falleció. No pude estar con ella. Mi mamá es una madre soltera. No conozco a los papás de mi papá, sólo sé que mi abuelo nació en Texas pero se cambió de nombre cuando migró a México; cambió toda su información. No sé nada de ellos, lo que sé es que murió mi abuelo paterno; no conozco a mi abuela paterna, no tengo comunicación con ella. Es algo que he querido hacer, ir a México para saber más sobre la familia de mi papá, porque lo sueño. Siempre sueño que estoy en México y en mi sueño digo: *No estoy soñando, estoy aquí*. Pero cuando me despierto, veo la realidad. Despierto en Estados Unidos, es bien difícil.

Por lo mismo de que no tenía Seguro Social, no tenía trabajo. Tuve un seguro falso y estuve trabajando en el mismo restaurante que mi mamá, pero se dieron cuenta de que no era mi seguro, que estaba a nombre de otra persona, y me tuve que salir. Ahora con mi DACA tengo dos trabajos y apenas voy a regresar al colegio el semestre que viene.

Yo le doy gracias a mi mamá porque ella es la que siempre me ha estado empujando, igual que mi padrastro, que es mi papá. Aunque la verdad sí quiero ir a México, no para vivir allá, pero sí para ver a mi abuelo y visitar las tumbas de mi abuela materna y mi abuelo.

Actualmente trabajo para la estación de radio hispana y en el mismo restaurante donde trabaja mi mamá. Quiero ser maestra de kínder, siempre ha sido mi sueño; desde que estaba en kínder recuerdo que le dije a mi maestra allá en México: "Yo quiero ser como usted".

FLORIDA

Hay que cambiar el marco legal
José Manuel Godínez Samperio

El 7 de diciembre de 1995 mis padres, mi hermana y yo llegamos al aeropuerto de Orlando con una visa de turista que expiró a los seis meses; veníamos de Hidalgo y nos instalamos en un pueblito que se llama Dover, un satélite de otro pueblito que se llama Plant City, cerca de Tampa. Tenía nueve años y no sabía hablar inglés. Me inscribieron a cuarto año y me metieron a una clase bilingüe, en un grupo donde también había estudiantes de tercero; luego me cambiaron a una clase regular donde nadie hablaba español, pero así aprendí inglés más rápido. Ya para séptimo me colocaron en clases avanzadas. Fueron años difíciles porque era el único mexicano y tenía diferencias con los compañeros.

Vivimos en Dover hasta que nos cambiamos a la parte más urbana de Florida; ahí empecé a comprender que era indocumentado. Había un programa para estudiantes que permitía ir a tomar un curso en Europa, subsidiado por una fundación: a los que veníamos de una familia de escasos recursos, la escuela nos iba a apoyar con los gastos para poder ir. Se lo platiqué a mis padres y ahí me explicaron que no podía ir porque no tenía visa para volver a Estados Unidos: tenía como 12 o 13 años, pero no entendí la magnitud del asunto hasta que cumplí 15. Era 2001 y acababa de ocurrir lo del 11 de septiembre; antes de eso,

169

en Florida se podía sacar una licencia para conducir aunque no tuvieras papeles. Ahí mis padres me dijeron que no podría sacar una licencia porque era indocumentado.

Me gradué de la preparatoria con el primer lugar en una generación de 360 estudiantes. Entonces me ofrecieron una beca que venía de fondos privados: era una beca importante porque me permitía pagar los dos primeros años de la universidad y se podía renovar por otros dos años. Una de las condiciones para recibirla era ser residente de Florida. Cuando fui a reclamarla, me pidieron comprobar la residencia con una identificación y yo no tenía ninguna; fue algo que me lastimó mucho porque mi padre trabajaba en una lechería y mi madre en una fábrica, era imposible conseguir otras becas, no calificaba para las ayudas federales ni estatales, ni siquiera para un préstamo de una institución privada o un banco. Mis amigos me preguntaban dónde iba a estudiar, pensaban que les iba a decir algo así como Harvard o Yale pero no sabía qué contestarles, ni siquiera sabía si iba poder estudiar. En ese tiempo estaba en los Scouts, que aquí es una institución bastante respetada; con mi rango de águila scout y mis calificaciones, postulé al mayor número de universidades que pude. Me aceptaron en cuatro y me daban beca en tres: Saint Leo University me ofrecía 7 000 dólares, pero eso no cubría los 12 000 de colegiatura más el pago de libros; Young Harris College me ofrecía apoyo por dos años, pero estaba en Georgia y yo iba a tener que pagar la vivienda; University of Florida seguía enviándome cartas pidiéndome que comprobara mi residencia, lo cual no pude hacer. Hasta que me llamaron del New College of Florida y me preguntaron si era verdad que no tenía documentos, ni visa ni nada, que querían estar seguros porque era la primera vez que les tocaba un caso así; dos o tres meses después, no sabía nada de ellos y les llamé. Ahí me dijeron que me habían otorgado una beca que cubría toda la colegiatura. Fue una gran noticia para mí.

Entré al New College of Florida y cursé antropología con una especialización en estudios mesoamericanos. Me interesaba mucho la historia prehispánica de México; también me inscribí a un curso de cinco semanas para estudiar leyes en Florida State University. Ahí se despertó más mi interés por el derecho. En 2007, a punto de graduarme, tenía dos opciones: estudiar el doctorado en antropología o en leyes. La razón por la que elegí leyes fue muy práctica: no tenía papeles para estudiar el doctorado e iba a necesitar salir del país porque mi especialidad eran los estudios mesoamericanos. En muchos programas, además, requerían que fueras empleado de la universidad: eran cuatro años mínimo, y yo no tenía dinero. Si podía estudiar derecho, sólo eran tres años; además, podía hacer cualquier cosa con un doctorado en derecho y no exigían que saliera del país. Incluso solicité hacer un doctorado en la UNAM pero me rechazaron, todavía no sé por qué. Al final me aceptaron en la Facultad de Leyes de New College of Florida, en Miami, y en la Universidad Estatal de Florida. Pensé que en Miami iban a entender muy bien lo que era estar sin papeles, pero cuando les dije que era indocumentado ni siquiera entendieron el término. Cuando le expliqué a la persona, varias veces y de varias formas, que no tenía nada, ni licencia ni número de Seguro Social, me dijo que no podía inscribirme. Regresé a la Facultad de Leyes de la Estatal de Florida. Un tío de México me apoyó el primer semestre; después, entre el abogado Dalenberg y el director del Centro para el Avance de los Derechos Humanos se encargaron de encontrar las becas para que pudiera estudiar. Con donaciones privadas y sin papeles, obtuve mi doctorado en 2011.

Durante todo el tiempo que estudié siempre me sentí frustrado, me la pasaba inventando pretextos porque no tenía papeles, no podía manejar, me ofrecían pasantías pagadas en la universidad y no podía tomarlas porque no podía decir que era indocumentado; mi sueño era estudiar en la Universidad de Chicago, pero no calificaba para las becas. Incluso, mientras estudiaba, quería ir a las cárceles con los profesores que llevaban los casos de los indocumentados, pero no podía porque si iba me iban a arrestar también a mí: lo mismo en los aeropuertos, siempre tenía temor porque en mi pasaporte mexicano estaba muy claro que no había visa. Me vestía muy formal para no atraer sospechas, no había de otra.

Cuando estudiaba leyes, una de las cosas más difíciles era conseguir los libros porque eran muy caros: me iba caminando a la biblioteca porque no podía manejar, y ahí leía todos porque era la única forma en que podía estudiar. Nadie sospechaba que era indocumentado, sólo algunos profesores que me habían ayudado. El que la Facultad de Leyes me hubiera dado una identificación fue un gran apoyo, siempre me trataron con mucho respeto. En el último semestre de la carrera, el estado de Florida quiso pasar una ley al estilo de Arizona; si ocurría, no iba a poder validar mis estudios, incluso iba a ser considerado como criminal. Mientras se estaba debatiendo en el Congreso, me inscribí en una de las comisiones para ir a dar mi testimonio, y ahí fue la primera vez que dije abiertamente que era indocumentado; después de eso, muchas personas llamaron muy enojadas a la universidad para reclamarles que tuvieran a un estudiante sin papeles. Afortunadamente no pasó la ley y logré graduarme en septiembre de 2011. La universidad me apoyó al grado de pagar el examen, que costaba más de 1 000 dólares. Mientras esperaba que me dieran mi cédula, me llegó una carta diciéndome que por mi estado migratorio no tenían la menor idea de qué hacer conmigo, por lo tanto iban a llevar mi caso a la Corte Suprema de Florida. Siete meses después de esa noticia, Obama dio la orden de Acción Diferida el 15 de junio de 2012: eso significaba que me iban a dar un permiso de trabajo y yo podría abrir mi bufete. El 24 de diciembre de 2012 llegó mi permiso; pude sacar por primera vez mi número de seguridad social, ocho años después de haber salido de la preparatoria por fin pude sacar mi licencia. Fue un momento muy emotivo para mí, por fin tenía una identificación de Florida.

Cuando me dieron el permiso de trabajo, la Corte no entendía exactamente cuál había sido el proceso, por lo que le hicieron una serie de preguntas al Departamento de Justicia Federal. En mayo de 2013, aun cuando ya había pasado la Acción Diferida, la Corte resolvió que para fines de cédula profesional yo seguía indocumentado, por lo tanto, no podía ejercer como abogado; en otras palabras, que si yo quería trabajar en una construcción o recogiendo basura, eso estaba muy bien, pero no podía ejercer como abogado. A raíz de eso apelamos a la Corte: no estábamos de acuerdo con la resolución porque había una separación de poderes. Mi abogado hizo lo que pudo, pero a final de cuentas la Corte dijo que el Departamento de Justicia Federal tenía razón, que yo seguía indocumentado para propósitos de la cédula profesional, y como la Corte era una agencia del Estado, la ley federal impedía que me extendiera la cédula profesional.

El mismo juez Jorge Labarga dijo que era un resultado injusto, que era una vergüenza que el Congreso del estado de Florida no hubiera modificado el estatuto; quiso acentuar ese punto porque el Congreso no sólo podía, sino que debía modificarlo. Además, dijo: "El caso de este hombre es idéntico al mío, él vino de México como refugiado de la pobreza, yo vine de Cuba como refugiado del comunismo".

Días después, fui al Congreso estatal de Florida a ver mi situación y me encontré con una sorpresa muy agradable. La Barra Cubana de Abogados y otras instituciones estaban trabajando en la modificación del estatuto, cabildearon diputados y senadores en el Congreso estatal: hicieron un proyecto de ley que decía, propiamente, que si uno tenía domicilio en Estados Unidos en los últimos 10 años, que si había entrado como menor de edad, si era hombre, aunque no se hubiera inscrito en el Ser vicio Selectivo, mientras cumpliera con los demás requisitos que establece la Junta Examinadora de la Barra de Abogados, la Corte Suprema de Florida tenía la autoridad de permitir a esa persona ser abogada o abogado. El gobernador firmó esa ley el 2 de mayo de 2014; tres meses después, la Junta Examinadora de la Barra de Abogados dio la recomendación a la Corte Suprema de Florida para que me permitieran ser abogado, y celebré mi juramento el 20 de noviembre de 2014.

Es difícil pedirle a Estados Unidos que abra su frontera cuando nosotros no lo hacemos en México con los centroamericanos; por eso me gustaría ver a México apoyando a los demás migrantes de Centroamérica que pasan por el país, abriendo las fronteras, promoviendo la reforma migratoria de manera más explícita.

Mi intención es defender los derechos humanos de la gente que más lo necesita, pero más allá del marco legal existente. Yo creo que si nos unimos y constituimos un movimiento, podremos cambiar el marco legal de este país e intervenir libremente en esta sociedad.

GEORGIA

El mayor problema es la ignorancia
Briana Cabrera Medrano

Después de que mi papá falleció en México, mi mamá se vino para Estados Unidos y empezó a trabajar limpiando cuartos de hotel. Dijo que venía por un tiempo y que luego iba a regresar, típico, pero ya no quería volver. En 2001 nos trajo a todos con ella; somos dos mujeres y dos hombres.

Vengo de Veracruz y soy la mayor de mis hermanos. Para mí fue más difícil al inicio: recuerdo que mis hermanos aprendieron inglés y yo era la que se tardaba más en todo, no sabía pronunciar las palabras. En México había llegado a cuarto en la escuela y aquí me dijeron que por mi edad tenía que entrar a sexto. En 2005 mi mamá fue atropellada en un accidente y falleció; entonces nos fuimos a vivir con una tía, ella tenía cuatro hijos y nosotros éramos cuatro. En un apartamento, ocho niños de la misma edad: era un caos. Dos años después, yo tenía 17 años y ya trabajaba de tiempo completo en restaurante; en la mañana estudiaba y luego me iba a trabajar. En mi último año de preparatoria decidí mudarme con mis hermanos para empezar de nuevo. En 2008 me gradué de la prepa, ya había aplicado para universidades y tenía una maestra que era como la que se encargaba de la graduación de los hispanos: ella me nominó para una beca y me la dieron, con eso pagué mi primer semestre en un colegio comunitario.

Después, de una en una, llegaron otras becas. Terminé mis primeros dos años, me transferí a otra universidad y me gradué en mayo de este año.

Mi familia no estaba de acuerdo en que yo fuera a la universidad, siempre me dijeron que era una pérdida de tiempo y de dinero; a veces ellos no entienden porque no tuvieron esa educación y no saben las puertas que te abre una carrera. A mí me ayudó mucho la Asociación Latinoamericana, están enfocados en la educación, te orientan sobre los pasos a seguir y las oportunidades, que son muy escasas. Siempre me han dado apoyo e información.

Mi hermano, el que está después de mí, se regresó a México, nunca pudo acostumbrarse y ahora vive en Cancún, pero los dos más pequeños siguen aquí conmigo; la niña tiene 16 y el niño 18 años. Él termina sus estudios en mayo de 2015 y la niña en mayo de 2016. Gracias a Dios y a mucha ayuda, consiguieron la residencia y no me tengo que preocupar por sus costos universitarios. Aquí hay un programa para menores, niños abandonados por sus papás, que quedaron huérfanos o no se pueden reunir con ellos: si hay alguien que se pueda hacer cargo de ti hasta que cumplas la mayoría de edad, te otorgan la ciudadanía. El proceso fue sencillo: fui a la corte, me dieron la custodia, después presentamos la solicitud y se tardó como tres meses.

Ya con DACA puedo manejar, tengo número de Seguro Social y superé mi miedo a no poder terminar ni ejercer mi carrera. Ahora quiero obtener mi licencia en contabilidad; antes no lo podía hacer, pero ya no necesito tener la residencia mientras tenga un Seguro Social.

Crecimos aquí como americanos y queremos ir a la universidad, tener educación y no hacer el mismo trabajo que hicieron nuestros papás tan arduamente por tan poco dinero. La gente de aquí nos ve como competencia y nos discriminan, pero si queremos algo mejor es no sólo para nosotros, es para la comunidad en general.

No sé si mi situación se vaya a arreglar después de estos dos años con DACA; la verdad, lo veo incierto. Si me viera forzada, me regresaría a México para ejercer. Ya les había dicho a mis hermanos cuando todavía no tenían sus documentos: "No importa lo que tengamos que hacer para que estudien la universidad, si tenemos que regresarnos, nos regresamos". Dejar todo no es fácil cuando tienes una vida y estás acostumbrado a un lugar; uno se acopla, vas a la escuela, conoces gente. Para nosotros, Estados Unidos es nuestra casa, pero los padres siempre se quedan con la esperanza de ir a México. Se necesita valor para llegar a un país donde no hablas el idioma y trabajar para sacar a tu familia adelante.

Aunque las cosas que se escuchan de México son bastante negativas —la violencia, las drogas—, siento que también hay mucha esperanza. Tengo amigos y conocidos que se frustraron, se dieron por vencidos antes de que pasara lo de DACA, se fueron a estudiar a México y están bien, están haciendo su carrera, están haciendo algo que les hace felices. A veces veo sus fotos y creo que no es tan mala idea; yo me puedo ir el día de mañana. Muchas personas se enfocan en lo negativo, pero México también tiene cosas buenas y al final también somos mexicanos, tenemos ese privilegio y es un país que tiene potencial.

Con DACA se ha hecho más fácil y estamos perdiendo el miedo. Hay mucha gente que está saliendo adelante, sólo que ahora tienes que planear tu vida cada dos años y después renovar. En Georgia hay mucho racismo en la educación, en los hospitales, en los trabajos, siempre ves a los hispanos en las cocinas. Hay mucho trabajo que hacer para ayudar a los jóvenes *dreamers* a aplicar a la universidad, porque la educación es la llave para seguir adelante. Con el permiso de trabajo puedes sacar tu número de Seguro Social, con el número de Seguro Social puedes sacar tu licencia de manejar y obtener ayuda financiera para estudiar donde quieras; se siente una libertad increíble.

Hay historias de exclusión, porque cuando llega gente nueva, los que son de aquí sienten que les queremos quitar, que los estamos invadiendo. Creo que la ignorancia es el problema más grande; no saben lo que nosotros vivimos o por qué venimos. "Están rompiendo nuestras leyes, son criminales, nos quieren quitar nuestros trabajos", dicen. Pero creo que a la gente que tiene esa mentalidad le falta educación, es falta de conocimiento, porque nosotros no venimos aquí a romper las leyes, venimos a sobrevivir.

Quiero sacar a mi familia adelante, me gustaría ser profesora de artes plásticas en una universidad; veo mi futuro en Atlanta o en otra ciudad pero no me imagino regresando a México, porque lo veo como un país con mucha violencia.

Los jóvenes merecen educación
Jeimy Adriana Camacho Álvarez

Nací en Morelia, Michoacán. Mi papá venía a trabajar a Estados Unidos, regresaba y se venía otra vez; casi crecimos sin él, hasta que mi mamá le dijo: "Nos quedamos aquí todos pobres o nos vamos todos juntos". Llegué con mi familia a Estados Unidos cuando tenía ocho años; mis hermanos tenían cinco y tres. He vivido en Atlanta desde entonces. Mi papá trabaja en la cocina de un restaurante chino preparando comida, mi mamá limpiaba casas, pero ahorita ya no está trabajando porque tuvo un accidente y estamos vendiendo comida en la casa.

Cuando llega uno de pequeño es fácil adaptarse en comparación con lo que tienen que vivir los adultos: ellos dejan su vida, dejan todo para venirse a un país que ni siquiera conocen y sin hablar inglés. Yo aprendí inglés en un año, fue difícil, sentía que todos hablaban de mí por no saber inglés; luego me pusieron en una clase avanzada. Había llegado en tercer grado y cuando terminé quinto fui la primera en la clase de literatura. De niño es fácil, hasta que quieres seguir avanzando.

Sabía que no teníamos papeles, pero no entendía qué quería decir hasta que todos mis amigos empezaron a sacar su licencia para manejar y yo no pude. Tenía muchas ganas de estudiar y nunca me di por vencida; mi mamá nunca me dijo que en vez de estudiar me pusiera a trabajar, ella siempre me apoyó para que fuera a la universidad.

Dos años antes de graduarme de *high school* entré a una competencia de arte que se trataba del Holocausto, gané el tercer lugar y me iban a premiar en el Capitolio de Georgia, en Atlanta. Fui con mi maestra y mi mamá; eran puros americanos, creo que yo era la única hispana que estaba ahí. Además del reconocimiento me iban a dar 50 dólares, pero cuando fuimos a recoger el premio me pidieron mi número de Seguro Social, y como no lo tenía no me lo dieron.

Mis maestros me ayudaron mucho a superarme. Cuando llegué al último año de *high school* me ayudaron a aplicar becas para tres universidades: Bard College en Nueva York, la universidad pública Georgia State, y la universidad privada para mujeres Agnes Scott College, donde se da una beca con apoyo de la empresa Coca-Cola. Me la dieron y así pude estudiar, sólo tuve que pagar mis libros y pude vivir en la universidad. En Agnes Scott College tuve una educación muy buena, pero siempre me he sentido culpable porque yo estaba viviendo el sueño americano y otros no; vivía en la universidad, y había gente que hacía la limpieza y lavaba nuestros platos. Yo los veía y me recordaban a mi mamá. Fue difícil estar ahí sabiendo que tantos jóvenes se merecen una educación y no hay fondos para que todos vayan. Me gradué en mayo con un bachillerato en artes plásticas y vuelvo a empezar en unos días.

ILLINOIS

No podemos conformarnos
Mayra López Zúñiga

La primera vez que llegué a Estados Unidos tenía 30 días de nacida. Mis papás son de la Ciudad de México y radicaban en California, en La Misión San Gabriel; me llevaron y ahí crecí los primeros dos años de mi vida. De eso realmente no recuerdo nada, sólo hay muchas fotos de mi tiempo en California con Mickey Mouse. Por múltiples razones, mi mamá decidió regresar al Estado de México; ahí nací y de ahí son mis recuerdos de infancia. Yo tenía nueve años cuando mi papá regresó a México: trató de vivir con nosotros, tenía negocios, un expendio de pan, una tienda de abarrotes, pero después de que Carlos Salinas salió de la presidencia, la economía bajó mucho y afectó a muchas personas, principalmente a los pequeños empresarios.

Mi papá decidió regresar a Estados Unidos; tenemos familia lejana de Jalisco radicando en Mundelein, Illinois, y mi papá quiso probar suerte de ese lado. Creo que mi mamá vio que eso no era un matrimonio normal y le reclamó a mi papá, que iba y regresaba de sus viajes; para entonces mi hermana tenía meses de nacida. Como necesitábamos ser una familia realmente integrada, nos vinimos en avión a Illinois con una visa de turista. Yo no recordaba cuándo había vivido con mi papá de niña, y sí quería tener esa familia. Me acuerdo que fue un momento muy

181

interesante en mi vida; cuando me subí a ese avión, sabía que mi vida iba a cambiar totalmente. La familia que tenía eran mis abuelos y mis tíos, pero no los iba a volver a ver: se me hace un poco raro que a los nueve años tuviera conciencia de eso. No quería venirme, creo que me la pasé llorando todo el trayecto a Chicago diciendo: "No, regresemos, esto no es lo que yo quiero".

Llegar a Estados Unidos fue una cosa totalmente distinta a lo que estaba acostumbrada. Antes vivíamos en Villa de las Flores, Coacalco, y todo era muy diferente, las casas, las calles, la gente, el sentido de comunidad que existe en México es distinto al que existe aquí. Para entonces mi papá se había cambiado al barrio de las empacadoras en Chicago que no es muy bonito, no era el tipo de vida al que estaba acostumbrada. Como muchos niños, iba a escuela de paga en México, pero en Estados Unidos entré en escuela pública; el tipo de conversaciones que se dan en esas aulas y el sistema educativo son muy diferentes. Yo venía muy avanzada en matemáticas, en lectura y gramática, pero eso no importaba porque en la escuela no hablaban español. Venía con mi inglés de México; las limitaciones no las notamos en México porque realmente no hablamos con nativos. Me tomó un año aprender bien el inglés, tuve muy buena suerte porque llegué a un salón bilingüe y el maestro era boliviano, también inmigrante, y se dio cuenta de que yo era muy aplicada y tenía muy buen nivel académico: él sabía que si me dejaba en un salón bilingüe me iba atrasar, por eso me daba lecciones individuales de matemáticas a mi nivel, y en el tiempo de lectura me mandaba a un salón de tercer grado en inglés. Eso me ayudó a sobresalir. Al siguiente año me pasaron a un salón monolingüe y ahí mejoré. En sexto grado ingresé a un programa para niños que van adelantados. Ahora ya está cambiando pero antes era muy famoso ese sistema, realmente ayuda en las escuelas públicas porque los niños que tendrán más oportunidades son a los que les dan más atención y más confianza.

La historia de todos los inmigrantes es que no sabemos qué va pasar en unos años, si nos vamos a regresar o no. Mis papás no sabían nada acerca del sistema educativo en Estados Unidos, y cuando llegó el momento de aplicar para ir a la *high school* no tenían idea de a dónde ir, tampoco tenían solvencia económica para pagar. Las opciones eran demasiado caras; estamos hablando de unos 10 000 dólares en 2002. No sabíamos que existían becas, y menos en la situación ilegal en que estábamos: cuando expirara la visa íbamos a estar sin permiso y eso me estresaba mucho porque sabía que aquí la escuela era cara. Sí había mucha ayuda, pero era para la gente nacida en Estados Unidos. Siempre estuve consciente de eso y me enfoqué en mis estudios. En la prepa apliqué a varias escuelas: aquí hay escuelas magnas y selectivas, apliqué a las selectivas y me aceptaron en todas. Pero no conocía Chicago, no sabía cómo usar el transporte público, mi papá sí sabía pero se la vivía trabajando y mi mamá no salía de donde nosotros vivíamos. Pedí ayuda a la consejera de la prepa y me dijo: "Te quedan muy lejos las universidades, no te recomiendo que vayas a esas escuelas; si quieres tener una beca, no sólo es sacar buenas notas sino también una variedad de otras destrezas, tienes que ser buena para los deportes, ser artista y tener educación cívica o ser un líder en la comunidad". Ella me quería desanimar.

Tenía que quedarme en la escuela mucho más tiempo, no podía ir a un lugar que estuviera muy lejos porque iba a ser difícil regresar en la noche a donde vivíamos. Cuando le dije a la consejera que no sabía usar transporte público, ella respondió: "No te recomiendo que vayas porque por ahí está muy feo, ahí vive mucha gente morena". Su comentario era súper racista, pero en ese momento yo no sabía qué era eso. Descarté algunas opciones que me gustaban mucho y me fui a una escuela que está más cerca de donde vivo; no era una de las selectivas, pero era una escuela especial que tiene el programa de bachillerato internacional.

Como estaba cerca, me pude involucrar en más cosas después de la escuela, jugué futbol los cuatro años que estuve en la *high school*, hice un buen currículum y también saqué buenas notas. Por suerte, la Universidad de Chicago estaba buscando el talento de las escuelas públicas.

Aunque la Universidad de Chicago es un lugar prestigiado, los estudiantes de escuelas públicas no aplican por el precio. Una de las cosas que le critican a la institución es que no recluta a estudiantes de escuelas públicas: estamos hablando del sistema de educación pública en Chicago, donde 33% es afroamericano y 32% es latino; la mayoría es gente de color y es gente pobre. Pero estaban tratando de cambiar la discriminación buscando a los estudiantes que tuvieran las mejores notas e invitándolos al campus de la universidad a ir de noveno a doceavo año —casi toda la prepa— a que tomaran clases en los veranos: dan clases que son muy similares y con los mismos profesores de la universidad. Yo apliqué al programa, me aceptaron y empecé a ir en los veranos. No me dieron créditos por esas clases, pero fue un cambio de perspectiva. Vivo a 15 minutos de la Universidad de Chicago, pero no sabía que existía; hasta ahora, la gente que vive en las empacadoras no tiene idea de lo que es esta institución, lo que significa, el prestigio que tiene y que están tan cerca. Mi perspectiva cambió al ver que sí había oportunidad de ir a una buena universidad. En ese tiempo no tenía claro qué iba a estudiar, yo sólo conocía el sistema en México, que es muy diferente. Al asistir a la Universidad de Chicago vi que sí había oportunidades, pero no sabía cómo le iba a hacer por mi situación migratoria, no sabía si calificaba para la asistencia financiera o si me iban a aceptar. Nunca dije nada, pero quería que me dieran la ayuda. Cuando eres inmigrante, hablas bien el idioma y vienes tan joven, la gente te ve y nunca se imaginan que eres indocumentado.

En el último año de la *high school* tenían una clase donde nos estaban preparando para entrar a la universidad y hacer toda la investigación de opciones a las que quieres ir; el enfoque de este programa es ubicar a estudiantes buenos de las escuelas públicas que no aplican a universidades prestigiosas porque nunca se les motiva o por el miedo de cómo van a pagar. Nos estaban alentando a aplicar, yo estaba muy reacia a esas universidades prestigiosas y lejanas porque decía: "Cómo le voy hacer para pagar y para viajar, cómo voy a subirme a un avión, qué tal si me detiene Migración". Las personas del programa hablaron conmigo y les dije: "No tengo papeles para poder aplicar, no califico para los financiamientos porque no tengo Seguro Social, ya que no nací en este país". Todo el *staff* eran americanos y no entendían, pero la directora del programa investigó qué teníamos que hacer. Era 2005 o 2006, había universidades que estaban aceptando estudiantes indocumentados pero estudiaban caso por caso; entonces el concepto de los *dreamers* apenas empezaba. Vimos que convenía más aplicar a una institución privada, porque en la pública no me iban a dar financiamiento y en la privada sí. Apliqué a las privadas, pero tal vez no me aceptaron porque en mis ensayos dije que era indocumentada. También apliqué en las escuelas estatales, que eran mi segunda opción. Me aceptaron en Princeton University y en la Universidad de Chicago. En la segunda me dieron una beca completa: no tenía que pagar, pero no quería estar fuera de mi casa. Si iba a Princeton, no iba a regresar porque no teníamos dinero para estar pagando el avión. *¿Cómo va a ir mi familia para allá?* —pensé— *Mi papá tiene pánico a toparse con Migración*. Elegí la Universidad de Chicago y estudié antropología y estudios latinoamericanos para graduarme con un diploma que me permitiera trabajar en la comunidad. Había mucha gente buena que me supo guiar, pero también quienes no daban buenas opiniones.

Yo siempre supe que debía ir a la universidad y estudiar porque tenía la capacidad de cambiar las cosas. Siempre me ha fascinado la justicia social: mi mamá trabajaba con gente de la tercera edad en México y me contaba cómo trataban a los ancianos y cómo tenía que darles servicios y recursos porque sus familias no los cuidaban. Desde los cuatro o cinco años sabía que había injusticias en el mundo y que nosotros tenemos el poder de cambiarlo. Cuando vine aquí, me di cuenta de lo que pasaba con los inmigrantes. Al principio no me sentí conectada con eso porque ser inmigrante es como ser malo, y más si eres indocumentado, quieres distanciarte de eso; pero después me di cuenta de que hay cosas en el sistema que tenemos que cambiar para crear oportunidades para todos, porque todos tenemos el potencial de hacer cosas grandes, de cambiar la vida de nuestras familias y nuestros barrios.

Siempre digo que perdí mi infancia al venirme a Estados Unidos. Al llegar aquí, mi mamá se enfocó a estar con mi hermana, que tenía nueve meses; yo tenía nueve años, pero me sentía como de 15 porque tuve que navegar sola, aprender el proceso de ir a la *high school* y a la universidad por mí misma. Sin embargo, en mi historia como inmigrante tengo muchos privilegios, como que mi familia de México nos visite porque tienen visa. Ahora trabajo en la comunidad donde crecí, aquí en el barrio de las empacadoras, en un programa de las escuelas primarias para entrenar a los padres que tienen liderazgo nato a que sean coordinadores en escuelas; ellos buscan a más padres, los entrenan y participan como asistentes en el salón con maestros desde kínder a tercer grado, a veces hasta quinto, dos horas al día, cuatro días a la semana. Tratamos de que los padres se integren más en las escuelas públicas y en la comunidad para que empiecen a cambiar esa dependencia.

DACA te da una identificación del estado y una licencia de conducir, puedes empezar a trabajar legalmente y sacar un crédito. Sin embargo, yo he visto cómo le ha cambiado la vida a las personas que no tenían eso, especialmente a las que no tienen un título, que están trabajando donde les pagan en efectivo. Con Acción Diferida ya pueden buscar un trabajo formal, obtener más ingreso y mejorar; muchas universidades ya están aceptando la Acción Diferida y el seguro que te dan para calificar a las becas. Es algo muy bueno, pero es temporal: lo tenemos ahorita y mañana no. No podemos conformarnos con ese alivio cuando está en debate. Hay que empujar a Obama para que siga con la reforma migratoria, para que DACA sea para todos, no nada más para los *dreamers*. Tengo miedo de que nuestra comunidad se conforme, que digan: "Ya está bien, por lo menos tenemos esto". Y no, necesitamos luchar por más derechos, porque nosotros aportamos mucho a esta sociedad, necesitamos saber que tenemos el poder de integrarnos realmente, y ya estamos aquí.

Tengo recuerdos muy gratos de México, siempre va a ser mi país, pero ya no vivo ahí; mi familia, mis hermanas, mi manera de vivir, mis destrezas están en Estados Unidos. No me siento de Estados Unidos, me siento de Chicago. Ésta es mi ciudad, ésta es mi casa, pero Estados Unidos no es mi país. Todavía hay muchas cosas que no me parecen, pero me he dado cuenta de que cuando viene mi familia de México, su realidad y su modo de pensar son otros. Su vida en México no es la que yo tengo, no es una vida que necesariamente quiera vivir. Si hubiese una reforma migratoria y pudiera arreglar mis papeles, no descartaría regresar a México y vivir allá algún tiempo; al final de cuentas me regresaría a Estados Unidos, aunque sí me gustaría trabajar internacionalmente.

Nosotros somos una organización muy especial. Tenemos un *staff* de casi 60 personas, operamos en las diferentes comunidades, en las empacadoras y en La Villita. Para una organización que está tan enfocada localmente, tener 60 personas de *staff* es algo muy grande. Fuimos una de las organizaciones líderes en

Illinois para lo de las licencias de conducir; ahora nos enfocamos en la vivienda, construimos vivienda accesible, pero también vamos a parroquias y a las escuelas a hacer cursos de liderazgo para involucrar a la gente, vemos qué está pasando en la comunidad y cómo podemos cambiarlo. Aquí hay una necesidad muy grande de cambiar la situación de los migrantes, en el barrio de las empacadoras hay muchos mexicanos y personas indocumentadas. Muchas veces hay que emprender un proceso de educación con los representantes del área de las empacadoras, que son afroamericanos, explicarles qué significa ser indocumentado y cómo pueden apoyar a esta comunidad: se trata de hacer relaciones con ellos y educarlos acerca de esta situación. Necesitamos mover una pieza para mover a los demás —ése es el trabajo que hicimos con las licencias— y también involucrar a más gente en la comunidad, que se den cuenta de que no es que alguien luche por ti sino que tú tienes que luchar. Eso fue algo súper bonito para mí: ver a personas que nunca habían estado involucradas en el sistema político de Estados Unidos —a lo mejor por la aberración a la política, que traen de México—, de repente se integran y empiezan a luchar.

Cuando uno quiere hacer las cosas, siempre va a encontrar una manera; tal vez no sea como te lo imaginas, pero si quieres, se puede. La vida te va a poner obstáculos, pero hay que vencerlos. Mis padres estaban viviendo solos en California sin conocer a nadie, sin saber el idioma, sin tener papeles. En comparación con lo que ellos hicieron yo estoy bien, me siento privilegiada; por eso ayudo a la comunidad, para que no se conformen con poco. Ése es un síntoma que traemos: cuando tenemos un poquito más de lo que teníamos en nuestro país, sentimos que ya la hicimos y creo que no se vale, por nuestros padres. Lo que siempre me ha dado fuerza y seguridad es mi mamá y el cariño que tengo en casa. Ella siempre me ha dicho que voy a hacer cosas grandes, y eso tiene que suceder más en las familias latinas o mexicanas, es un valor que existe en México, pero las familias llegan a Estados Unidos y se les olvida la importancia de la familia. Nos dedicamos a trabajar y a hacer dinero porque ése es el valor que existe en este país, pero en México es la familia. Hay muchos papás que se enfocan en trabajar y los hijos se crían solos, y más al existir tantas estructuras, porque hay más opciones. En otros países es necesario hablar otro idioma, pero aquí no. Ésa es la manera en que el americano ve a Estados Unidos.

Los *dreamers* nos hemos beneficiado con DACA, pero los que realmente necesitan apoyo son nuestros padres. Comoquiera que sea, los jóvenes se han integrado a la sociedad estadounidense, pero tienen la responsabilidad de seguir apoyando a su familia. Mi motivación más grande son mis padres.

MASSACHUSETTS

El niño de la calle que llegó a Harvard
PEDRO MORALES

No creo que mi historia sea una historia de éxito. Vengo de Ciudad Juárez, de la Chaveña, el barrio clásico del centro, una de las partes más duras de la ciudad. Mi madre trabajaba y yo no tenía padre; vivíamos en una vecindad, éramos tres hermanos. En ese entonces, miles y miles de niños fueron prácticamente abandonados porque los padres estaban trabajando en las maquiladoras. Siempre fui muy aguerrido, desde los cinco años me encontré peleando en la calle; además, un tío, hermano menor de mi madre, abusaba sexualmente de mi hermana de seis años, y como yo la quería defender me golpeaba constantemente. Nadie me creía, no me hacían caso y él amenazaba con matarme. En esa época murió mi abuelo, él me protegía.

Mi mamá nunca estaba, era mucha la necesidad, los golpes, la violencia, una cosa espantosa. Vivíamos frente al antiguo mercado Juárez, cerca de la calle Mariscal, llena de lugares de vicio. Como otros niños, desde muy chico me gané la vida ayudando con el mandado a las señoras, cantando con maracas en las cantinas, hasta que cumplí 10 años. Para no dormir en la calle, algunos nos metíamos al mercado y vivíamos debajo de las frutas y las verduras para cuidarnos en las noches: por eso no me quejo de nada. Unos sacerdotes misioneros andaban por ahí sacando a los niños de la calle y los enviaban a la Ciudad del Niño, que estaba muy lejos, por el aeropuerto. Me la pasaba entre el albergue, la calle y la iglesia católica. No había dinero, no había estudios, pero los jesuitas nos daban algunos libros y con el tiempo descubrí que me gustaba la música que tocaban los padres.

En esa época se lanzó un programa del Instituto del Fondo Nacional de la Vivienda para los Trabajadores (Infonavit). Mi madre, que trabajaba en RCA, la empresa maquiladora, metió una solicitud para un programa de vivienda, decidió comprar una casa con pagos semanales y nos cambiamos al Infonavit Casas Grandes. Ahí cerca había una iglesia que se llamaba Jesús el Salvador, muy modesta, muy pequeña, pero con un movimiento religioso muy fuerte, con misiones para jóvenes y niños entre 10 y 12 años de edad; ahí encontré una oportunidad, porque en la calle eran pleitos diarios y pandillas y navajazos. Yo le daba la vuelta y pasaba el mayor tiempo posible en la iglesia, por lo menos le daban a uno de comer.

Además de trabajar en la RCA, mi mamá se iba a la pizca los fines de semana. Íbamos a El Paso, Texas, con el pasaporte local y de ahí nos llevaban en camiones a Nuevo México. Yo también empecé a buscarme la vida por ahí: era menor de edad, pero antes de los 15 años saqué papeles falsos y trabajé en tres maquiladoras. Los patrones se hacían de la vista gorda porque la gente necesitaba trabajar, había una migración masiva y contrataban hasta niños.

En un mismo departamento de dos recámaras vivíamos hasta 15 personas. Lo del abuso hacia mi hermana y otras primas no se supo hasta muchos años después, cuando ya éramos adultos; por suerte nos separamos del resto de la familia y eso ayudó a traer estabilidad a la casa, pero mi hermano mayor siempre andaba en pleitos y tomando. Yo no sabía qué iba a hacer con mi vida, no veía ningún futuro, sólo sabía que no iba a hacer lo mismo que mi hermano. Mi gusto por la música, a través de la iglesia, me orientó hacia lo religioso: la iglesia ofrecía estabilidad, el padre ponía orden, en la calle había un programa de vecindad. Hubo un momento en que quise ser sacerdote, estuve examinando la posibilidad de entrar al seminario y eso enfocó mi energía en los años difíciles. Hice muchos amigos en el coro que se convirtieron en una familia extendida; después de la experiencia de vivir en un albergue, me orienté a lo sagrado desde una edad muy temprana.

En los años ochenta hubo una ley de amnistía que se llamaba Simpson-Rodino; gracias a ella mi madre, que trabajaba en la pizca, pudo obtener una residencia legal y nos jaló a Estados Unidos de un día para otro sin aviso. Teníamos familia en El Paso, entre el lado de Juárez y el lado americano, y nos dejaron vivir en su casa, que era un tráiler: en total éramos 14 o 15 personas en un trailercito chiquito. Yo tenía como 15 años, empecé a trabajar y fui a la escuela americana, a la *high school*. Me esforcé en aprender bien rápido el inglés, le ayudaba a mi mamá como conserje en un banco, vendía comida y me iba a limpiar carros; luego trabajé de *bartender*, hice limpieza, sacudía la pizca, cosas así. Si mi madre trabajaba 40 horas a la semana en la fábrica de Levi's haciendo pantalones, entonces yo, que era más joven, tenía mayor responsabilidad. Me puse a estudiar, no menos de 40 horas a la semana; me metí a concursos estatales, desde música hasta debate. Vi que la academia se me daba con cierta facilidad, pero no podía ir a la universidad porque no tenía papeles.

Me fui a trabajar a Chihuahua como ayudante de peón, hasta que terminé haciendo traducciones. En esos años se estaba firmando el Tratado de Libre Comercio (NAFTA) y me volví un experto en leer el libro, que eran más de 1 000 páginas; por un contacto en una iglesia me dieron una plaza en la agencia Custom Broker y me mandaron a la frontera como representante para pasar mercancía. Después, gracias a un programa fronterizo de la Universidad de Texas, me fui a El Paso. El programa planteaba que con los impuestos que no reclamaban los mexicanos en Estados Unidos, sumado a la diferencia que pagaban los estudiantes estatales o internacionales, se formaba un fondo para la colegiatura de personas como yo, que veníamos de Juárez. Fue así como a los 20 años entré a la Universidad de Texas; iba tarde, pero con un deseo de estudiar enorme. En ese tiempo conocí a un jesuita que me recomendó postular a otras escuelas a través del grupo de consejería de la universidad: lo hice y me ofrecieron entrar a colegios como Loyola Boston College, pero ya era momento de trascender la burbuja católica. En Harvard me ofrecían un buen paquete para estudiar, y así llegué a Massachusetts.

Empecé estudiando economía y gobierno, estuve en la clase de Jeffrey Sachs y Felipe Larraín, de Chile. Al poco tiempo me di cuenta de algo: Harvard tenía mentes brillantes haciendo cosas tontas en los casos de estudio. Ya los quería ver resolviendo problemas reales, pero nos ponían casos sólo para saber si sabíamos usar matemáticas. El nivel académico que traían los jóvenes de la clase daba para más, pero los profesores no lo aprovechaban; no ponían ningún reto, me aburrí y me salí de la escuela.

En ese tiempo me ofrecieron un empleo en Higher Ground for Humanity, una fundación internacional. Trabajé con ellos ayudando a resolver diferentes casos, desde soldados hasta tráfico de mujeres y abuso sexual; en Mississippi trabajé con grupos de afroamericanos peleando por causas que van desde educación hasta pleitos con los policías, también estuve con los hispanos indocumentados que habían padecido el efecto de pasar la frontera, y con trabajadores en Virginia. Yo no era activista, pero estaba preparado para revisar los casos, ver los programas y recomendar el nivel de financiamiento y las herramientas que la fundación podía ofrecer a cada persona; se trataba de integrar un macrosistema intuitivo que unificara los esfuerzos de organizaciones locales e internacionales.

Después de tres años yendo y viniendo por todo el país con esa fundación quise volver a estudiar, pero no tenía cómo pagar la escuela. Empecé pequeños negocios con la idea de que fueran sustentables, algo que había aprendido con Jeffrey Sachs; quería dar valor agregado al producto, un pago equitativo para la gente que lo producía y un buen producto para el consumidor. Abrí un café que se llamaba Mama Gaia, fue muy exitoso, aunque los dueños terminamos separándonos. Me quedé con una concesión que vende productos en el teatro principal de la Universidad de Harvard, con eso me sostuve y pude pagar la escuela clase por clase, porque había perdido la beca. Interrumpí en 1996 y desde entonces también he trabajado en la construcción, reparando la pintura y el piso de las casas. Regresé en 2006 a terminar el año, me seguí con la maestría en teología, religión y política pública, y ahora estoy preparándome para entrar al doctorado. Madeleine, mi esposa, y yo no tenemos fondos para pagar la escuela; ella es una persona muy respetada y querida en Massachusetts, se dedica al trabajo comunitario. Tampoco tengo propiedades porque no califico para préstamos, así que no me queda de otra más que buscar una beca.

Hace varios años me invitaron a trabajar por primera vez en una campaña política: fue con un senador de Illinois, un afroamericano al que no se le daba ninguna oportunidad de ganar, pero me gustaba su forma de pensar y cómo se expresaba. Unos amigos voluntarios me hablaron: "Oye, Pedro, necesitamos gente que nos ayude en Massachusetts para la campaña de Obama". Era el único latino que estaba ayudando en Massachusetts. También estuve en el grupo que dirigió la campaña de Nueva Inglaterra y eso me llevó a trabajar con todo tipo de líderes electos y celebridades; hice recaudación de fondos, trabajo de campo y ampliación de redes; acabé dirigiendo, junto con otra persona, los esfuerzos hispanos. Después me invitaron a trabajar para la Casa Blanca, pero cuando estaba en el proceso de contratación

—porque acá lo verifican todo en el Servicio Secreto— me enteré de que mi madre había mentido sobre quién era mi padre. Desde entonces no tengo contacto con ella, fue una oportunidad perdida. Sin embargo, empecé a ayudar en campañas para gobernadores. Después de varias experiencias, me di cuenta de que los supuestos expertos en campañas en realidad eran puro rollo, así que me puse a diseñar campañas que conectaran con el pueblo. En 2013 dirigí una en contra de los casinos acá en Boston; había pocos opositores, no teníamos dinero, ni siquiera cuenta bancaria, pero me dieron las riendas de la estrategia y ganamos por 12 puntos. Ahora estamos armando una estrategia estatal desde cero, trabajamos con iglesias y grupos comunitarios, creamos redes muy poderosas en las ciudades principales para incrementar el voto del 40 al 70% entre las minorías. Tenemos redes de cientos de activistas bien entrenados que dejan un impacto tremendo. La clave está en hablarle derecho a la gente, a calzón quitado, porque la gente huele cuando algo está maquillado. En cambio, si sienten la honestidad en lo que alguien dice, si el que habla explica las razones de por qué toma una postura y lo hace con convicción, la gente lo va a escuchar. Cuando uno acomoda sus intereses a los intereses del pueblo, recibe apoyo; así es como funciona para mí. Yo no ando tras ningún puesto político. De hecho, creo que los *dreamers* son una pelota política de la derecha republicana, todo el mundo lo sabemos. Eso les va a seguir costando por décadas mientras no cambien su actitud porque tienen un racismo de fondo, no sólo lo han tenido con los latinos, con los judíos, con los afroamericanos que ellos mismos trajeron como esclavos. En las clases nos decían: "The republicans have a latino problem", y yo les decía: "No, tienen un problema republicano". Nosotros no somos su problema; ustedes, republicanos, son su problema. Desgraciadamente, no hay de otra más que resistir. Yo no soy un *dreamer*, conozco a muchos de los que dirigen *dreamers* y respeto mucho su esfuerzo, pero no creo que mi historia sea una fórmula para llegar al éxito, ha sido puro batallar. No me siento especial, aunque nunca se ha sabido de un niño de la calle que llegue a Harvard.

La labor que estoy haciendo ahora en contra de los casinos me pone en riesgo de venganzas, pero no vine de tan lejos para sacarle la vuelta a la gente corrupta. Ahora tengo un hijo y quiero que crezca sabiendo que su padre es una persona íntegra, que no se va vender ni se anda con cosas raras, que anda con claridad. Voy a disfrutar a mi hijo el tiempo que lo tenga, quiero que él sepa que al único al que le tiene que dar cuentas, después de sí mismo, es a su creador.

Yo no escogí estar en este planeta, aunque algunas religiones digan que sí. Esta lucha por salir adelante en la vida no es mía, me ha sido dada por algo más grande, por una divinidad. Yo no veo qué pueda ser más importante que hacer la voluntad de Dios: sin ello no me explico cómo llegué aquí, no fui a las mejores escuelas, no tuve tutores ni mentores. Fue por gracia de Dios, no tengo otra explicación. No soy mejor que nadie y sé que muchos se quedaron allá atrás, en Juárez. Si Dios me ha dejado llegar hasta acá, es porque Él me ha ido guiando y yo voy interpretando. Lo que me motiva es mi fe y no trato de convencer a nadie de lo que creo. Cuando me muera, quiero legar mi esfuerzo, lo que hice de manera honesta, lo que entendí sin reserva espiritual ni mental. Quiero dejarles eso a mi hijo y a los demás.

Si estudio religión, no es porque quiera ser sacerdote o ministro, sino porque siento que todo el mundo, en especial el pueblo mexicano, tiene una orientación espiritual más allá de las religiones. Lo que nos une a otras razas y a otras creencias es un río de devoción a lo sagrado; eso me inspira, es mi fuerza y es así como llegué al activismo. Hago ese trabajo no porque yo sea grande, sino porque Dios es grande; sea cual sea su plan, yo ahorita estoy feliz estudiando.

Yo llegué hasta aquí no por méritos académicos, sino por el amor de mucha gente buena que me apoyó y me ayudó a seguir en mi orientación. Esas intervenciones, esos pequeños gestos de apoyo se acumulan hasta convertirse en una decisión personal. Sin embargo, hay dos personas clave en mi vida. La primera es el profesor David Carrasco: él me forzó a enfrentar el pasado del que venimos los mexicanos, el pasado de la Colonia, el pasado de vivir sistemáticamente en la opresión por cientos de años. Actuamos como si no viniéramos de ahí, creemos que la educación nos va a sacar de eso y hacemos cosas buenas, pero no enfrentamos el pasado. El profesor Carrasco me alentó a compartir mi historia, que venía cargada con una rabia de fondo muy intensa. Él detectó en mí esa garra, esa pasión, y me enseñó a usarla para algo más positivo, quizá por eso la gente me sigue. La segunda persona es el profesor Marshall Ganz, quien me ayudó a articular mi historia y dar sanación a las heridas del pasado a través de la narrativa personal: al compartirla, uno encuentra la fuerza y la forma de relacionarse con otros sin que esa historia resulte tan abrumadora.

Esa combinación —enfrentar el pasado y compartir— tiene su lado espiritual, su lado psicológico y activista. Creo que sin los libros que me dio el padre Sergio Gutiérrez allá en Juárez, no hubiera sobrevivido: en ellos descubrí ideas como la dignidad del pobre, la de encontrar una interpretación teológica, la de estar con el desamparado. Gracias a esas enseñanzas he podido hacer más digerible mi historia y la he aplicado con más precisión a la vida. Con toda la humildad del mundo y sabiendo que mucha gente no salió de Juárez, que se quedó atrás o que no llegó viva, puedo decir que me siento muy bendecido.

NEVADA

Sé que puedo ayudar a otros
Alan Alemán

Tengo 21 años, soy estudiante de medicina en el Colegio del Sur de Nevada y acabo de renovar mi DACA. Tengo el honor de servir en tres consejos de organizaciones: la Cruz Roja Americana, la Cámara de Comercio y el Latino Leadership Council. También trabajo para la Hermandad Mexicana y mi sueño es ser doctor algún día.

En la Hermandad Mexicana vemos a mucha gente y todos reciben el mismo trato. Hay personas con un nivel de educación muy bajo, pero nosotros tenemos la paciencia de explicarles. Tratamos de recuperar la confianza de la comunidad, porque las decepciones que tuvieron en el consulado están afectando el presente y posiblemente el futuro. Muchas personas piensan que en la Hermandad estamos conectados con el consulado, pero prefieren venir con nosotros porque sienten que los trabajadores del consulado, que están graduados, ven a la gente que no tiene mucha educación como personas de segunda clase, y si les falta un documento o una copia les dicen: "Váyase, no tenemos tiempo ahorita". Es cierto que en el último año ha habido cambios positivos y es algo que tenemos que agradecer como *dreamers*, como comunidad, como trabajadores y como organización.

No estoy muy metido en la política, mi trabajo es con la comunidad. Ahora soy el único hispano en el consejo de la Cruz Roja, y luchando poco a poco, estando de necio, han visto que en verdad la comunidad hispana tiene una voz. Después de mi segundo año con ellos han empezado a poner más enfoque en nosotros.

Hay veces que los padres tienen la mentalidad de que no es necesario ir al colegio y les dicen a sus hijos: "Es muy caro, vente a trabajar conmigo porque no hay dinero". Si los padres quieren que uno trabaje de algo que no sea la jardinería, es muy respetable, nos han ayudado a pagar la universidad gracias a su trabajo, pero nosotros queremos superarnos como estudiantes y es lo que tratamos de decirles en la Hermandad, que estamos para apoyarnos; hay que ayudar a otras personas así como alguien nos ayudó. Si nos apoyamos entre todos, como estudiantes, como *dreamers*, como hispanos vamos a tener un mejor resultado en todos sentidos, en lo social, en lo educativo, en la prevención. Si me ayudaron a mí, sé que puedo ayudar a otros jóvenes.

Yo fui uno de ellos

URIEL GARCÍA

Trabajo en una de las organizaciones de Hermandad Mexicana, soy el instructor de ciudadanía; también colaboro en el Distrito Escolar como especialista en comportamiento infantil y con niños de autismo. Recibí mi DACA en 2012, ya hice mi renovación y voy al Colegio del Sur de Nevada.

Vine a Estados Unidos por la inseguridad: mi papá fue asesinado en México, en Ciudad Juárez, Chihuahua. Mi mamá y yo tuvimos que huir. Mi historia no es la de alguien que busca superarse, esto fue una necesidad, mi vida y la de mi madre corrían peligro. Ya estamos saliendo adelante, pero hay barreras que a lo mejor ustedes no tienen el poder para cambiar, porque una persona que no ha estado en el pueblo no sabe lo que el pueblo necesita.

Tengo los suficientes requerimientos para ser maestro, amo trabajar con niños, pero me negaron mi licencia porque no soy ciudadano americano o residente. Nadie mejor que yo sabe las necesidades de los estudiantes latinos, nadie mejor que yo, porque fui uno de ellos. Necesitamos que los doctores, los maestros y los abogados puedan tener sus licencias. Sentimos que a los *dacas* nos quieren en trabajos que pagan menos de 15 dólares, que son totalmente honrados, pero ¿dónde está nuestra superación?

Está bien que quieran hacer nuevos programas para ayudarnos desde México, pero no nos den más trabajo si van a marcharse: uno se pregunta dónde está el que empezó la idea. Para trabajar con organizaciones como Dream Big Vegas, como PLAN o como Hermandad Mexicana, es necesario que estén desde que empieza hasta que termina el programa. No hay nada más hermoso que ver a un niño graduarse, lo digo de corazón.

No sé si conocen la canción de Los Tigres del Norte: "... *aunque la jaula sea de oro, no deja de ser prisión*". No sabemos quiénes somos hasta que no conocemos de dónde venimos; necesitamos identificarnos como personas, es una cuestión moral, una cuestión de humanidad.

Nuestra identidad está incompleta
Norma Ramírez

Soy mexicana, pero mis pies están acá. Yo llegué a Estados Unidos a los cinco años y perdí mi identidad. Mi hermano nació aquí y sí pudo viajar a México; cuando se iba, sentí que nos llevaba a todos. Lo poco que trajo fue muy importante para nosotros.

Nuestra identidad está incompleta y tenemos que darnos cuenta, hablar de eso.

Me acabo de graduar de la Universidad de Nevada con la licenciatura en psicología y estoy por inscribirme al doctorado. A los *dreamers* nos han apoyado nuestros padres pero ésa no es la realidad de muchos latinos, por eso hay que hablar con ellos. Mi contacto con la juventud es a través de la Hermandad Mexicana y de una conferencia para estudiantes de *junior* y *senior high school*, ahí hablamos con ellos, les decimos que sí pueden ir a la escuela y trabajar.

¿Dónde están los demás dreamers?
ASTRID SILVA

Trabajo en una organización que se llama Progressive Leadership Alliance of Nevada (PLAN) y soy parte de los fundadores de Dream Big Vegas, dirigida a estudiantes indocumentados y a otros aliados que nos ayudan. En 2013 algunos compañeros y yo fuimos a dos ciudades muy pequeñas al norte de Nevada, ahí nos encontramos con que muchas personas no saben qué es DACA; además, allá no hay consulados ni oficinas, por lo que es muy difícil conseguir documentos mexicanos para aplicar a DACA.

Algo que podemos hacer para ayudar a las comunidades pequeñas, en su mayoría rurales, es hablar con la gente, tocar puertas, hacer llamadas. Conocemos a muchas personas que podrían hacerse ciudadanos hasta sin tomar la prueba de inglés; no la necesitan porque tienen 35 años de residentes, pero temen hacerlo porque piensan que ya no van a ser mexicanos. Hay que hacer una campaña para decirles que pueden ser ciudadanos de Estados Unidos sin perder la nacionalidad mexicana.

Muchos no quieren votar porque dicen: "Soy mexicano nada más", y está bien, pero no nada más hay que ser ciudadanos

mexicanos, hay que ser ciudadanos americanos. Luego les expli-
camos que nosotros no podemos votar y les pedimos que voten
por nosotros. Ellos dicen: "Sí, muchacha, *okay*, voy a registrarme". A los dos o tres meses regresamos y nos dicen: "Es que tengo que hablar en inglés para registrarme como residente", y no:
si tiene como 30 años de residente, por su edad ya puede regis-
trarse. La doble nacionalidad data desde 1995, es algo que debemos comentarle a la gente.

Estoy involucrada en la política más que en otros aspectos,
y he enfrentado las pedradas de la comunidad, porque me dicen
"creída". En 2000 me sacaron en las noticias como estudiante
indocumentada, me llevaron a entrevistas y me pusieron una luz
encima. Casi siempre, los indocumentados salimos en periódicos como delincuentes, manejando borrachos o por robar algo;
por eso, cuando les pido a otros que compartan su historia en
los medios, no quieren porque dicen que los van a llamar indocumentados, les da miedo y pena. Entonces los medios regresan
a mí y la comunidad me echa la pedrada: "Tú te crees la única".
Hay organizaciones que nos han querido dar ayuda para estudiar, pero me dicen que si nomás soy yo, si nomás es Rafael no
basta, que necesitan otras caras. Hay personas con ciudadanía
que nos están ayudando, las mamás nos andan ayudando más que
los propios *dreamers*.

Sacrificamos todo. ¿Saben cuántas veces nos han dicho ilegales en el periódico, que nuestros padres son "transas", que los
inmigrantes les estamos quitando todo? Mi papá tiene 25 años
trabajando aquí y nunca va a recibir Seguro Social, nunca va a
recibir ese dinero. Mi frustración es que en 2010 se hizo un cálculo estimado: había 23 000 *dreamers* en Nevada, y sin embargo,
en cualquier evento no veo más de 10 o 15. Cuando les pido que
por favor vengan, me dicen: "Ya tengo mi licencia, ya no necesito ir". Les llamo para que pidamos licencias para nuestros papás
porque por eso los deportan, por ir circulando sin licencia. Si les

llamo para que vayan a testificar en el Congreso, llegan cuatro personas.

¿Dónde están los 9 700 *dreamers* que han recibido DACA? No les pido todo su tiempo; entiendo que yo tengo el privilegio de que me paguen por organizar y hacer lo que amo, pero ¿dónde están los demás? Algunas personas dicen que sus papás no los dejan involucrarse en política. Yo entiendo, pero entonces que vayan a la Cruz Roja, a Hermandad Mexicana. Que nos ayuden a traducir.

La apatía de los estudiantes es lo que más tristeza da. Por mucho que tratemos de hacer algo, en unos años vamos a ser las mismas personas que les cierran la puerta a los que vienen, porque vamos a sentir que ya tenemos todo y que somos americanos. Temo que llegue ese momento en que nosotros mismos vamos a decir: "Ya no queremos más mexicanos". Miren a los niños en la frontera; muchos hispanos están diciendo que por culpa de ellos no hay una reforma migratoria. Nosotros mismos tenemos el estigma de empujarnos abajo. Qué más quisiéramos que por lo menos 1 000 de esos *dreamers* salieran, ojalá con su beca, y dijeran: "¡Aquí estamos!" No podemos seguir así, tenemos que perder ese miedo.

La escuela sigue siendo un sueño
ARIAM VILLASEÑOR

Vine aquí a los tres años, ahora tengo 21. Mis papás han trabajado muy duro para sacarnos adelante a mí y a mis tres hermanos; fuimos afortunados porque pudieron empezar una compañía de construcción y les fue muy bien, sin embargo, con la recesión se puso muy difícil.

En mi primer año de universidad saqué una beca para ir a estudiar ingeniería en la Universidad de Washington, pero en enero de 2014 pusieron a mi papá en proceso de deportación: mi mamá me llamó y regresé para estar con ellos. Afortunadamente pude agarrar un trabajo como mesera, no es algo que aspiraba a hacer, pero gano muy bien para mi edad y puedo ayudar a mis papás.

A mi papá le quitaron la licencia y es muy difícil para él conseguir empleo; además, el año pasado se destruyó nuestra casa por una inundación. Mi papá, como tenía una compañía de construcción, la estaba remodelando toda hermosa, pero tenemos como un año sin cocina porque no hemos podido terminarla. Yo, como puedo y cuando puedo, le doy todo mi dinero a mis padres, aunque la ayuda para mi escuela sigue siendo un sueño.

NUEVA YORK

Nunca te rindas
YOHAN GARCÍA

Voy a empezar mi historia como la describió una reportera de Mundo Fox: la vida de Yohan García ha estado marcada por un drama debido a su estatus inmigratorio, pero también ha saboreado el éxito.

Yo vengo de Puebla, del distrito de Acatlán de Osorio, que está en un municipio bastante humilde que se llama Tehuitzingo. Recuerdo que tenía cinco años cuando acompañé a mi mamá a una tienda y vi un avión de juguete; era bastante caro pero me puse berrinchudo, hice que me lo compraran y ese día empecé a soñar con ser piloto. Ahí mis papás se dieron cuenta de que siempre que quisiera algo iba a insistir hasta conseguirlo. Fui creciendo y vi otro sueño que más tarde se manifestaría. Desde que me acuerdo, mi papá estuvo involucrado en la política de la comunidad: crecí observando que todo el mundo lo respetaba y me decían que era un privilegio que fuera hijo de don Hilario García.

Soy el menor de 10 hermanos: siete hombres y tres mujeres. Uno tras otro, todos fueron migrando con mi papá a Estados Unidos hasta que quedé como el último de entre 10 hermanos en Puebla. Terminé la secundaria y en una competencia de evaluación de aprendizaje gané el segundo lugar, mi papá se dio cuenta de que me gustaba estudiar y empezó a inculcarme los estudios. Me inscribieron al bachillerato del Centro de Estudios Científicos y Tecnológicos en el estado de Puebla (CECyTE), pero comencé las clases tarde porque no conseguíamos dinero para pagar la escuela. Los primeros meses, como iba atrasado, saqué notas bajas; después le eché todas las ganas del mundo y por tres puntos me quitaron el tercer lugar. Fue un momento de decepción, me desanimé y comencé a salirme de las clases. Un día, mi papá me cachó afuera de la preparatoria y me dijo: "Éste es el último día que estudias, desde mañana vas a comenzar a conocer lo que es ganarse el pan de cada día". Me inscribió para trabajar en la construcción, arreglando carreteras y haciendo bardas; cuatro o cinco meses después, me di cuenta de que la paga era buena. Apenas tenía 15 años y me preguntaba si realmente quería hacer eso toda mi vida sabiendo que había otras oportunidades: tenía el sueño de ser piloto, pero sabía que no lo iba a conseguir en México porque en nuestro pueblo solamente un muchacho había ingresado a la universidad y nunca la terminó.

El sueño de la universidad era nulo para nosotros, entonces mis hermanos me preguntaron si me quería venir para Estados Unidos y sin pensarlo dije que sí. La primera vez me vine con unos familiares; nos pasaron en carro, no duramos mucho en Arizona y luego me mudaron para Nueva York. La vi demasiado fácil porque no sufrí casi nada. Una de las primeras cosas que hice fue conocer y compartir con la familia, después comencé a trabajar en un *deli* (una cafetería) que queda como a una hora de aquí: trabajaba los siete días de la semana, y aunque mi horario era de ocho de la mañana a seis de la tarde, llegaba una hora antes y me salía una hora después porque me gustaba ayudar a los demás. La patrona notó mi interés y me dijo que tenía que pensar en mi futuro; le contesté que en ese momento sólo pensaba en mi horario, que más tarde tendría una vida y me casaría como el resto de mis hermanos. Ella me dijo que no, que así no debía ser la vida, que ése no era el sueño americano. La patrona era americana de papás irlandeses, el patrón era hijo de italianos. Cuando ella me preguntó por qué no estudiaba inglés, le dije que era muy difícil: me propuso pasarme al *counter*, al mostrador, donde había menos horas de trabajo y más paga. Rechacé su oferta porque tenía miedo de no entender inglés, pero un viernes me dijo: "El lunes te pasas al *counter* o mañana es tu último día", y acepté porque no quería perder el trabajo. Ella comenzó a llevarme libros y sus hijas me ayudaban con las tareas; me aumentaron la paga casi al doble y me dieron el horario de siete de la mañana a tres de la tarde para que pudiera tomar clases de inglés.

Yo había llegado en 2003: para 2005 ya había ahorrado bastante dinero y pensé en regresar a México a visitar a mi familia. Todavía no sabía lo que quería hacer en el futuro y tampoco sabía si tenía una identidad; pensé que me haría bien ver a los amigos, a la gente conocida, la cultura, tomar unas vacaciones después de dos años de matarme trabajando, aprovechar el dinero que tenía. Creí que el viaje a México me podía cambiar la vida, y así fue.

No renuncié al trabajo, me dijeron podía volver a mi puesto cuando regresara. Me fui a México a fines de 2005 y como que no me hallaba ni con la comida, todo era diferente al principio; luego me empezó a gustar, pero a los dos meses y medio ya se me estaba terminando el dinero que llevaba. Decidí regresarme a Estados Unidos. En 2004 mi hermano mayor ya había metido una petición para mis papeles, por eso me dijeron que tenía que tener mucho cuidado: "Donde Migración te agarre, tu caso se pierde".

Uno de mis hermanos me había conseguido el *coyote*, me iban a esperar en el aeropuerto de México: cuando iba de salida, me dijeron que mejor nos viéramos en Sonora. Viajé en avión y ahí me enteré de que me iban a esperar como a media hora en taxi; cuando llegué al lugar, me dijeron que tenía que caminar como media hora hasta llegar a un hotel. Comencé a caminar, pero iba desorientado por la situación; le hablé a mi hermano por teléfono, pero nunca me imaginé que mi llamada había sido interceptada por otros *coyotes*. Luego me habló mi hermano para avisarme que no, que los *coyotes* me iban a recoger en Altar, como a cuatro horas en autobús. Cuando iba bajando del camión, escuché mi nombre: "Yohan García, te estábamos esperando". Me trataron bastante bien, sentía que estaba donde tenía que estar, sin embargo, fui a dar con las personas equivocadas.

Primero, los *coyotes* nos dijeron que teníamos que caminar unas tres o cuatro horas y yo dije que no, que a mí me habían dicho que nos iban a cruzar en carros. El segundo día nos mandaron con un grupo diferente, hombres, un par de mujeres y creo que unos niños; comenzamos a cruzar y cuando llegamos a un alambrado nos asaltaron, a varios los golpearon, no tuvieron piedad. Los que nos robaron eran mexicanos, y yo pensaba: *¿Cómo pueden hacerle esto a sus propios paisanos, si lo único que queremos es buscar una mejor vida?* El que parecía el jefe de la banda me ordenó que le diera todo lo que traía, incluso un reloj que me había dado mi papá: se lo di pero de mal modo, entonces me puso la pistola en la cabeza y me dijo: "¿No crees que este puede ser tu último día?" Yo pensé: *No creo que sea mi último día, pero que sea lo que Dios quiera.* No sé cómo, pero no me pasó nada y el jefe me dejó ir así nomás.

Los primeros días caminamos por el desierto, las noches se pusieron bastante frías y yo me acordaba de una canción que decía: "*...se le pegaron las manos de tanto frío*". No hallaba con quién arrinconarme ni con quién abrazarme. Luego nos metimos a un túnel profundo y no veíamos la salida, había personas que se estaban ahogando; yo era de los que se iban librando de todo. Luego, cuando cruzábamos las carreteras corriendo, no veíamos los alambres y entonces retachábamos porque las púas se nos enterraban. Después de siete días nos recogieron en Tucson, Arizona, y nos metieron a una camioneta chiquita acomodados como cebollitas, apretados, incómodos, sólo teníamos dos centímetros entre las piernas. Ya en el camino me puse a meditar:

Qué andaba yo pensando cuando decidí regresarme a México, mis papás me decían que no fuera, que ya nos íbamos a ver en Nueva York, que ellos ya estaban tramitando su residencia; esto me pasa por no definir mi idea, no vuelvo a regresar a México hasta que no tenga papeles. Pero algo bueno tiene que salir, uno no puede arriesgar la vida nomás por cruzar la frontera.

En el camino de Arizona a Nueva York sólo nos repartían un sándwich pequeño de McDonald's y nos daban agua una vez al día porque no querían que bajáramos al baño. Dejamos personas en Kentucky, Kansas, Miami y Georgia. Me acuerdo que al último ya me daba risa: hacía un día y medio que no nos daban de comer, me dormía y lo único que soñaba era comida. Gracias a Dios llegamos a Nueva York después de siete días, un sábado en la noche: los muchachos que nos traían se portaron demasiado buenas personas y me vinieron a dejar aquí a la casa. Por esa experiencia, que se me quedó muy grabada, me acuerdo de lo que mi papá me decía: "Cuando uno no escucha consejos, la vida te los presenta de una manera muy dura". Y tenía razón.

Volví al trabajo que tenía y a las clases de inglés. Comencé a sobresalir en el New York Language Center, cursé todos los niveles y después me ofrecieron ayuda para ingresar a la universidad. Tenía 19 años, hice el examen en Lehman College y me aceptaron: mi intención no era sacar el diploma sino mejorar mi inglés. Iba atrasado y me dijeron que me iba a tardar dos años en terminar, las matemáticas me costaban y no se me daba la escritura; era el último en el *ranking*, así que dupliqué mi esfuerzo y en vez de ir tres días a clases iba cuatro, porque ocupaba uno para las tutorías. Al tercer mes en Lehman hicimos la práctica para el examen: el supervisor vio los resultados, se impresionó y me dijo que ya estaba listo para hacerlo, que si lo reprobaba no pasaba nada. Lo hice y lo pasé de un jalón; salí muy bien en matemáticas y escritura, las dos materias que más me asustaban.

Todavía estaba trabajando con los patrones de la primera vez, una familia extraordinaria: un amigo del patrón, piloto de United Airlines, se dio cuenta de mi interés en la aviación y comenzó a ayudarme. Entonces pensé que ya era tiempo de aplicar a las fuerzas armadas; le dije a mi supervisor que quería ser piloto y él empezó a recomendarme. Fui a un centro del *Army* y el que me entrevistó me dijo que mis oportunidades de ser piloto eran más que cero y menos que cero, me recomendó que empezara por la Armada porque era más fácil entrar ahí que en la Fuerza Aérea. Pero yo insistí: mandé un correo a la academia de la Fuerza Aérea de Colorado y me dijeron que para entrar tenía que conseguir el permiso del ministro de Defensa de México. Eso estaba más difícil; estaba por cumplir los 21 años y la academia era para jóvenes nacidos en Estados Unidos, realmente gringos. Entonces los *Marines* me ofreció estudiar aviación, me invitaron a hacer el examen y lo pasé pero al momento de la entrevista, ya que me habían dado la categoría, me dijeron que sin papeles no podía ingresar.

La Fuerza Aérea me había dicho que no, los *marines* me dijeron que no y el *Army* me había dado una muy buena oferta, pero todavía no sabía si quería ir. Entonces decidí aplicar para una universidad. *Estudiar negocios no es lo mismo pero a ver qué sale*, me dije. En enero entré a una escuela comunitaria en el bajo Manhattan, todo desganado, y a finales de ese mes falleció mi papá: pensé que no me iba a afectar pero sí, perdí mi trabajo y ahí comencé a batallar. Me di cuenta de que ser un indocumentado era más difícil de lo que pensaba.

El primer semestre saqué notas muy bajas, tomé una clase de verano y salí todavía más bajo. Me pusieron a prueba y para mí fue el mejor momento porque empecé a recibir ayuda: me asignaron una consejera y después me pusieron un mentor. Como estaba trabajando muchas horas no ponía mucha atención en la escuela, mis notas seguían bajas y ya me iban a expulsar, pero el supervisor que me había ayudado a postular a la universidad les escribió y les dijo: "No lo saquen del programa, para conocer a Yohan tienen que observarlo bien, puede que se esté cayendo pero sabe levantarse, y cuando se levanta se alza muy alto". Cuando me contaron lo que mi supervisor había dicho de mí, me dio mucha motivación. Al final del semestre me llamó para decirme que Lehman College me había nominado para una beca: eso significaba que mis esfuerzos eran valorados. Cuando me la otorgaron tuve que dar un discurso y hacerlo me motivó más.

Un día, mi consejera me preguntó qué quería hacer en la vida: "Si no puedes ser piloto —dijo— tienes que hacer alguna otra cosa". Lloré y le dije que no sabía. Luego me empezó a preguntar por mi papá y me dijo: "Puede que me equivoque, pero por lo que me cuentas, lo tuyo es la política". De plano me molesté y le dije: "Por si no lo sabes, detesto la política desde niño porque mi padre era político; no hizo nada malo, pero estaba tan envuelto en los asuntos de la comunidad, trabajando para mantener a una familia muy grande, que nunca tuvo tiempo para jugar con nosotros". Ella insistió: "Dirás lo que quieras, pero lo tuyo es la política, no te niegues esa oportunidad, el liderazgo lo tienes dentro". Y sí, eso era.

Al siguiente semestre me eligieron para ser tesorero del club de viajes y turismo, al siguiente me nominaron para la presidencia y salí elegido. Recuerdo que un día fui a la reunión del gobierno estudiantil, estaba mirando a los senadores que discutían temas de la escuela y me senté a un lado de ellos. Mi vicepresidente del club de viajes de turismo me dijo: "Te apuesto lo que quieras a que el siguiente semestre estás aquí en el gobierno estudiantil". Yo le dije que no tenía ninguna intención de meterme en la política, pero al siguiente semestre ya era uno de los senadores del gobierno estudiantil. Mi mentor y mi consejera se dieron cuenta de que estaba destacando muy rápido, entonces me prepararon y me nominaron para hacer una pasantía con el concejal Ydanis Rodríguez; aunque él dice que somos amigos, yo digo que es como mi papá porque me dio muchas oportunidades y me las sigue dando. Él es mi mentor, con él aprendí sobre liderazgo y justicia social.

Ydanis Rodríguez conoció mi historia en mi primer día de la pasantía y enseguida me dijo: "Ven, habla con los de Univisión, cuéntales tu historia". Yo estaba temblando de miedo, pero les hablé de la DREAM Act.

Recuerdo que el 18 de diciembre de 2010 se debatía la DREAM Act en el Senado; yo estaba ahí cuando comenzaron a contar los votos y faltaban cinco para hacer realidad la ley de nuestros sueños. Mientras caminaba por los túneles del Senado, le dije a una de las estudiantes que me habían invitado que la DREAM Act no me beneficiaba tanto a mí porque ya había sido aprobado. Ella me respondió: "Tal vez no te beneficie a ti, pero a través de tu liderazgo puedes ayudar a otros estudiantes". Yo aún no sabía qué iba a hacer con mi vida, pero cuando escuché hablar a la senadora Kirsten Gillibrand, que dio un discurso de 90 segundos sobre la DREAM Act, me inspiró tanto que dije: "Creo que ya sé lo que quiero hacer". Después, cuando el Senado falló en contra y miré a más de 200 estudiantes llorando, recordé a mi papá, que me decía: "Tienes talento y no puedes desperdiciarlo". Entonces le dije a la muchacha que me había invitado: "Te prometo que no vamos a descansar hasta que pasemos la DREAM Act, mi papá se sentiría muy orgulloso de que usara mi talento para esto, voy a convertirme en senador de Estados Unidos". Sabía que era un objetivo muy alto, pero no imposible.

Después de la pasantía con el concejal Rodríguez me involucré mucho con la prensa, comencé a sobresalir y representé a la escuela en varios proyectos. Luego me recomendaron para una pasantía con la senadora Gillibrand y me la otorgaron: fui su interno de Nueva York, andaba mucho en Albany, Washington y aquí en Nueva York; iba a conferencias de prensa, preparaba los discursos de la senadora, lo mismo que hacía antes para el concejal. Eso me llevó a profundizar en la política y a abogar por los asuntos de la comunidad. A veces, sin que la senadora lo supiera, me quedaba en la oficina con los que trabajaban en la DREAM Act y les decía: "¿Qué les parece esto, qué tal si hacemos una nota sobre esto otro, qué opinan si le decimos a la senadora que apoye esto?", y siempre me lo tomaban en consideración. Desarrollé un grupo grande de contactos no sólo con legisladores, empecé a conocer senadores y miembros de la Asamblea.

En 2011 comenzamos a trabajar basándonos en la versión de la DREAM Act federal y creamos la New York DREAM Act. Entonces también pertenecía al Consejo de Liderazgo Juvenil; mi tarea consistía en hacer investigación y ver lo que no le hacía bien a la campaña. Yo era el más conservador y cuando veía que algo no estaba bien, lo bajaba y no pasaba la votación, que tenía que ser unánime. Desarrollamos grandes iniciativas de campaña, hicimos una caminata de 150 millas para promover la New York DREAM Act, fuimos al radio, hicimos protestas, conferencias de prensa, acciones de arte, conferencias donde los *dreamers* compartían sus historias; yo también empecé a hacerlo y me di cuenta de que al contar tu historia motivas no sólo a los jóvenes a seguir adelante, también llegas al corazón de las personas que menos te imaginas. Comencé a relacionarme mucho con la prensa, cuando emitían un punto de vista sobre migración me llamaban; se volvió una experiencia agradable, sin embargo, las dificultades no cesaron.

Una vez me dieron la oportunidad de trabajar para el sindicato de los trabajadores que se encargan de limpiar oficinas: éramos como 40 postulantes, pasé las entrevistas y me seleccionaron para coordinar un programa, pero después me dieron de baja porque no tenía los papeles. Ésa fue la última vez que me hirió profundamente ser indocumentado, y me dije: *Está claro*

*que vamos a tener dificultades, lo único que me queda es echarle
ganas a los estudios y sobresalir.*

Actualmente tengo un trabajo muy humilde, consiste en preparar cafés, con eso me mantengo; a veces me toca hornear galletas o pan, atender a los clientes en el *counter*, estar en la registradora de vez en cuando, preparar *bagels*, postres, cafés y desayunos. Desde 2010 he estado trabajando de diez de la noche a siete de la mañana; al principio trabajaba seis noches, ahora sólo cuatro. Por eso me tomó más tiempo terminar la universidad, he batallado para pagar las clases. Aunque es una escuela comunitaria y el costo es más bajo, tienes que decidir cuántas horas vas a trabajar, cuántas vas a estudiar y para qué te alcanza. Con ésta es la tercera beca que me dan, también he conseguido préstamos con amigos y familiares. Hay *dreamers* que cuentan con el apoyo de sus familiares, yo no: pago 500 dólares de renta además de los gastos de celular, transporte y libros, como los de ciencia política, que a veces cuestan hasta 200 dólares. No es que uno no quiera graduarse, es que la situación está apretada. Muchos estudiantes se desaniman, renuncian y dicen: "Le sigo cuando tenga dinero". Yo siempre he luchado. Mi lema en la vida es "No te rindas y seguirás avanzando". De hecho, tengo intenciones de escribir un libro y el título será *Nunca te rindas*.

Ahora la gente me halaga, me dicen que me han visto en la tele y para mí eso ya es normal, pues colaboro mucho con Univisión: un día di como siete entrevistas, me habían llevado a NY1 y en la mañana había estado en *The Morning Show*, terminaba mi discurso y se acercaban a mí los reporteros; me sentía en la gloria, como todo un analista en migración, y pensaba: "¡Wow, esto sí es éxito!" Pero después llegué a casa, estaba cansado y hasta cierto punto desilusionado. Es buena la popularidad, pero no hay como la humildad; de eso me acuerdo cuando estoy lavando los trastes en mi trabajo con una playera vieja y gastada.

El día que comencé a mirar la vida de otra manera fue cuando terminé de dar un discurso y contar mi historia. Mi supervisor me abrazó y dijo: "Me da gusto que pases por esta situación". Eso me impactó: si él sabía por lo que tengo que pasar a diario, ¡cómo podía decirme eso! Y luego dijo: "No sólo me da gusto, me regocijo en tu situación —yo pensaba: *¡pero qué tipo de mentor es usted!*—, yo también pasé por eso, y si me da gusto que lo vivas es porque tienes un futuro brillante, así no se te va a olvidar que ese lavaplatos o ese cocinero no son menos que tú, que la admiración de los demás no te hace más o mejor que otros". Y tiene razón, él me inculcó la humildad.

Una vez, una persona en el tren que me había visto en las noticias me dijo: "Es un gusto conocerte". Yo le dije a la señora: "Aquí me ve con traje y corbata, pero no se le olvide saludarme mañana si me ve con un pantalón sencillo, unos tenis sucios o una gorra porque así ando en el trabajo, me veo diferente mientras lavo, trapeo, barro y limpio, pero soy la misma persona". Hace poco hasta viajé a Chicago en primera clase, nos hospedaron en un hotel de primera con vista a la ciudad, todo pagado por CUNY (City University of New York) y por *Hunter College*. Fuimos a presentar una investigación para saber si los términos límite ayudaban a la mujer a conseguir un puesto público en Estados Unidos: la especulación era positiva porque estaban saliendo muchos políticos que ya habían durado muchos años en el cargo, pero después del análisis descubrimos que no, que esa medida había perjudicado a la mujer, porque al llegar al límite de edad tenían que salir y no había otras mujeres que las remplazaran. Ganamos una nominación y la investigación va a publicarse el próximo año; un maestro que tiene un PhD y es muy popular se ofreció a ser coautor.

Los jóvenes traemos nuevas ideas a la mesa gracias a los estudios; por ejemplo, ahora estoy haciendo una investigación sobre la comida mexicana. Un artículo publicado en *The NYC Latina*

Population Report dice que la comida mexicana será la número uno en Nueva York en 2025. Por otra parte, hay un análisis que dice que los mexicanos no tenemos mucha representación política en el estado —ahora nada más tenemos a Carlos Menchaca—, pero si realmente queremos ser la mayoría y dar oportunidades a nuestra comunidad, vamos a tener que incrementar el porcentaje de naturalización y participación en la política. Estaba viendo las cifras de los mexicanos aquí en Estados Unidos: 57% está concentrado en California, 13% en Illinois y Nueva York sólo tiene un 3%, aunque los estudios indican que la comunidad sigue creciendo. Si vamos a aprovechar el crecimiento de la comunidad mexicana, en la política también debemos tomar medidas para aumentar la representación de los mexicanos en Nueva York, para abrir oportunidades o al menos ser modelo para los estudiantes. También estoy analizando por qué los mexicanos no se naturalizan: al principio tenía pocos factores en consideración, como educación, costo de la aplicación (680 dólares) y edad (cuando la gente es más adulta ya no quiere naturalizarse). En un segundo repaso encontré como 10 factores, y en el tercero más de 20. Finalmente, hay un estudio que dice que tres millones de mexicanos son elegibles para sacar la ciudadanía, pero no lo saben; 18% tampoco sabe que México acepta la doble nacionalidad. Son temas que se tendrían que trabajar con campañas de información.

Lo que hago no sólo ha cambiado a mi familia, a mis sobrinos, a mi mamá: antier me escribió una muchacha de mi pueblo para decirme que me había visto en la televisión, que estaba inspirada por mi ejemplo. Eso me motiva porque ya derrumbamos la barrera que nos hacía pensar que alguien de pueblo no llegaría a hacer algo grande. Con los *dreamers* me di cuenta de que podía motivarlos y ellos me motivan a mí; yo pude haberme dejado vencer, pero cuando oía una historia impactante me daba cuenta de que la mía no era tan grave.

Cuando empecé en la política, me di cuenta de lo mucho que hubiese significado tener cerca a mi papá por el conocimiento que tenía: él nunca terminó la primaria, pero sabía muy bien cómo ayudar a la comunidad, por eso se ganó el respeto de la gente. Pienso en él y sé que no puedo desperdiciar el talento que tengo. Lo que me da vida es ayudar a alguien con un problema, recomendarlo para que crezca, apoyarlo para una beca o simplemente escucharlo.

No estamos condenados
Edgar Morales

Mi hermano tenía dos o tres años cuando le dio asma; yo iba en secundaria y vivíamos en Santa María Coapan, en Tehuacán. Sólo había una clínica, quedaba a 15 minutos caminando, ahí llevábamos a mi hermano y se quedaba internado dos noches; su tratamiento era muy caro, y por mala suerte a mi papá lo despidieron de la maquiladora donde trabajaba. Estuvo buscando empleo, pero le ofrecían menos de lo que estaba ganando. Mis primos, que ya estaban en Estados Unidos, le llamaron para contarle sus experiencias, le metieron la idea de irse y él aceptó.

Seguí estudiando, era julio de 2009 y estaba por cumplir 15 años. Un día, mi papá nos llamó: "Acabando la secundaria se pueden venir para acá, hay preparatorias públicas y de paga"; yo ya no alcanzaba a inscribirme en la pública, pero nos convenció y aceptamos. Mi mamá y yo íbamos todos preocupados porque a mi hermano todavía le daban ataques de asma, así que nos llevamos nuestra bolsita de medicinas por cualquier cosa. Primero fuimos a Morelos y de ahí a Nogales, donde los *coyotes* nos dijeron cómo íbamos a cruzar. Esa tarde nos llevaron a la garita o la línea, como le dicen: "Van a esperar aquí, nosotros les damos el pitazo y hagan todo lo que les digamos". Dos horas después, cuando ya se hacía de noche, nos dejaron en la carretera junto a un cerro chiquito; lo rodeamos y nos quedamos esperando la señal. Para esquivar las cámaras y la vigilancia de la garita, tuvimos que cruzar gateando: a los 10 minutos a mi hermano ya le iban sangrando las rodillas, igual que a nosotros; le dijimos que estábamos en un juego de espías, que no podíamos dejar que nos descubrieran. Encontramos una bajada y al final estaban todas las patrullas con las luces prendidas. Mi hermano, creyendo que era un juego, me decía: "Agáchate, que no nos vean"; no tenía claro lo que realmente estábamos viviendo. En eso, los *coyotes* gritaron: "¡Corran!", nos levantamos y salimos corriendo, yo iba abrazando a mi hermano. Llegamos a una estación donde había puros tráilers, ahí nos dejaron en la cabina de un conductor toda la noche, éramos como ocho y nos advirtieron: "No se duerman, en la mañana viene una persona a recogerlos". Mi hermano estaba muy cansado y lo dejamos dormir, pero el resto nos quedamos vigilando porque la patrulla pasaba al lado y teníamos que escondernos.

En la mañana llegó un muchacho y nos llevó en un coche a una casa de seguridad en el lado de Arizona. Tres días después nos mandaron a Tucson en transporte público, pero nos dijeron que no podíamos ir más que de dos en dos; por ser familia pedimos que nos dejaran ir juntos, pero los *coyotes* no aceptaron. Le dije a mi mamá que se fuera con mi hermano porque yo no sabría qué hacer si él se asustaba. Ella se fue en el primer transporte y a los 15 minutos me subieron en una combi con un muchacho. Ya en la carretera, vimos el letrero que decía: "Tucson a 5 minutos". El chavo con el que iba me miró: "Ya la libramos", dijo, pero justo en ese momento apareció atrás de nosotros la patrulla fronteriza, prendió las luces y la sirena. La combi se detuvo, el oficial abrió la puerta y empezó a pedirles a todos sus documentos. Entonces llegó hasta nosotros. "Sus papeles…" "Es que no tenemos." "Pues bájense."

Nos llevó en patrulla hasta el centro de detención. Al otro chavo lo pusieron en el grupo de hombres y a mí en el de niños, me tomaron las huellas y todo. Yo quería saber qué había pasado con mi mamá, tenía cerca una ventana que daba al cuarto de las mujeres pero no alcanzaba a ver y nunca supe si mi mamá estaba ahí. Me llevaron al DIF, yo no tenía dinero ni papeles, le llamé a mi papá y él contactó de nuevo al *coyote*. Traté de cruzar otra vez, pero me volvieron a agarrar porque el *coyote* nos abandonó. La siguiente vez crucé con un *coyote* diferente, ya habíamos pasado la línea cuando nos descubrió la *migra*; corrí sin detenerme y me dispararon balas de gas hasta que me caí, no podía respirar. Me detuvieron pensando que yo era el *coyote*, pero yo les demostré que no y me dejaron ir. Intenté cruzar otras 10 veces. La gente del DIF ya me conocía y me decían: "Ya son muchas, ya sabemos que si sales de aquí lo vas a volver a intentar". El guardia que estaba en la entrada ya me saludaba por mi nombre y hasta me preguntaba si quería algo de la tiendita. Él me contó que al décimo tercer intento por cruzar, si me detenían, me dejaban ahí y les quitaban la patria potestad a mis papás; los del DIF le avisaron a mi papá y me dijo que mejor regresara a la casa. Luego me comunicaron con mi mamá y al fin supe que estaba en Phoenix. "Hay que regresarnos —me dijo por teléfono— intentemos cruzar juntos". "No —le respondí— con mucho esfuerzo y sufrimiento lograste cruzar, si te vienes conmigo no tenemos la seguridad de volver a pasar". Ella tiene mejor condición física, pero yo sabía que no iba a poder con tanta locura. Me despedí de todos, también del guardia de la entrada, que hasta me llevó una soda para la despedida, y me fui a México.

Viví solo casi ocho meses en una casa que estaba en un callejón, donde también vivía toda la familia. Estudié un semestre de preparatoria y en las vacaciones mis papás me avisaron que un tío mío de Puebla iba a cruzar la frontera: me preguntaron si me quería ir con él. Estando con un familiar no iba a ser tan duro;

sabía que contaba con mi familia si algo me pasaba. Atravesamos por Nogales, los *coyotes* nos dieron unas mochilas con agua y comida y nos dijeron que íbamos a caminar tres días por las montañas, pero al final fueron más de siete. El clima en la noche era muy frío; como había llovido, despertabas temblando. Se nos terminó la comida, sólo tomábamos agua y muchos ya vomitábamos. Al bajar de la montaña encontramos a los agentes fronterizos, nos regresamos al cerro y ahí nos agarraron. Ahí nos enteramos de que habíamos estado tomando agua contaminada por las minas, afortunadamente no nos enfermamos. La última vez cruzamos por Altar, Sonora, atravesamos el desierto; nos tardamos tres días, pero fue menos peligroso. Ahí nos recogieron unos *coyotes* y nos llevaron a Tucson, luego nos metieron como a 50 personas en una van, todos apretados, y nos dejaron en Phoenix.

En cuanto llegué a Nueva York con mi familia entré a la *high school*, ahí me mandaron a primer año por mi nivel de inglés: los maestros trataban de comunicarse conmigo pero yo no entendía, luego buscaba las palabras en el diccionario y las señalaba. Con ayuda de los libros y la música fui avanzando. Había un pequeño grupo de mexicanos que me recibieron y se juntaban conmigo, pero uno de ellos quería andar en la calle y otro andaba de flojo; con las mujeres no podía convivir mucho, ellas andaban en sus cosas y yo me aburría. Una de las chavas, que me tenía en calidad de *nerd*, me dijo: "Para qué estudias, no sirve de nada; ¿de qué vas a trabajar cuando termines la *high school*, en una construcción, en una pizzería, de *delivery boy*? No tenemos futuro, estamos condenados". Sus palabras se me quedaron grabadas y quise demostrarle lo contrario. Si no podía acabar la universidad, por lo menos iba a terminar bien la preparatoria.

Puse lo mejor de mí y fui el estudiante con la mejor nota de la escuela. Mi papá se sentía orgulloso porque cada mes me pasaban al frente y me entregaban un reconocimiento; mi hermano, al verme, también empezó a ganar reconocimientos. A mí me daba alegría saber que estaba haciendo algo bueno por él. A algunos compañeros no les caía bien porque decían que me sentía "el muy muy", pero es que no me juntaba con ellos porque se saltaban las clases; uno hasta me dijo que me odiaba, pero yo había escuchado una frase: "Si nadie te odia, es que no estás haciendo las cosas bien". *Entonces voy por buen camino*, pensé.

En el último año de preparatoria todos mis compañeros andaban alocados para irse a la universidad o salirse de su casa, y yo pensaba: *Hasta aquí llegué*. Pero mi consejera, que es mexicana nacida acá, tenía conocimiento de la City University of New York (CUNY) y me dijo que ahí sí podía aplicar; ella me motivó y me guio para entrar a la universidad. Mi papá, que siempre leía el periódico, vio un artículo sobre becas para mexicanos: apliqué para la IME Becas, la obtuve en 2013 y ya logré renovarla. Ahora estoy en mi segundo año de universidad, estudio Computer Science, que es como diseño de programas para computadoras, y mi sueño es graduarme y poder trabajar en Google. Al final le demostré a mi compañera de la *high school* que sí se podía.

Las mamás son nuestra fuerza
César Vargas

Mi mamá y yo estábamos pasando por una situación muy difícil en Puebla: vivíamos en una casa muy pequeña sin ventanas y con techo de lámina. Yo tenía cinco años, mi papá había fallecido un año antes y mis hermanos más grandes ya se habían venido a Estados Unidos. Mi madre, como cualquier otra, tenía que tomar la decisión: *Me quedo aquí sin saber de mis hijos o tomo el riesgo de unir a la familia y darle una oportunidad que no veo en México*. Trató de migrar legalmente pero el proceso era anticuado, no entendíamos el sistema legal de México, tampoco el de

Estados Unidos. Comparado con el precio de un abogado, era más fácil pagarle a un *coyote*.

Llegué a Nueva York con mi mamá a los cinco años. Ella nunca le pidió nada al gobierno de Estados Unidos; trabajó vendiendo comida, cuidando niños, reciclando botellas para venderlas. Yo empecé a trabajar a los 13 años: así como mis hermanos se estaban esforzando por nosotros, sentí que debía hacer mi parte para ayudar a la familia. Mi mamá nunca nos negó la oportunidad de estudiar, siempre decía: "Quiero que trabajen para que aprendan, pero nunca dejen la escuela". Eso fue una lección muy grande para mí. Me gradué de la *high school* y hace tres años de la universidad, de la escuela de Derecho: voy a ser el primer abogado indocumentado *dreamer* en Nueva York pero eso es crédito de mi madre, de su esfuerzo.

Me acuerdo cuando terminé la *high school*, yo quería ir a la universidad y hablé con un consejero para ver cómo era el proceso. Me dijo: "No tienes papeles, eres ilegal y tienes que trabajar, no vas a poder ir a la escuela". A los 17 años eso me rompió el alma, las esperanzas. Fui a la casa, mi mamá me abrazó y me dijo: "César, cuando una puerta se cierra otra puerta se abre". Desde ese momento, gracias a las palabras de mi mamá, nadie me ha podido parar. Ahora tiene casi 72 años y es una de las personas más fuertes que conozco. De sus hijos, yo soy el segundo más chico; tengo 31 años y el siguiente tiene 28. Mi hermano chico, una de mis hermanas grandes y yo somos los únicos que tenemos la Acción Diferida, mis otros hermanos ya tienen papeles, son ciudadanos o residentes; empezaron negocios, abrieron restaurantes chicos, mi hermana ha tenido *beauty salons*, mis otras hermanas trabajan en restaurantes y tienen hijos. Hemos sido una familia unida y todos vivimos juntos. Ya casi no tenemos familiares en México y me gustaría ir alguna vez a Puebla: me acuerdo de la comida, de las sensaciones, de los olores, me acuerdo del café con pan mexicano, me acuerdo cuando llovía.

Desde que llegué a Nueva York hice amigos, llegamos a una comunidad donde todos teníamos estatus de migrantes. Eso no me importaba a los siete años, yo jugaba con mis amigos en la vecindad; sin embargo, lo resentí cuando quise entrar a la universidad y sacar la licencia para manejar. Mi hermano se había casado con una mujer de la milicia, cuando fuimos a la graduación de mi cuñada pensé servir en el *Army*, pero eran los mismos requisitos que para ir a la universidad y sacar una licencia: Seguro Social, *green card*, una ciudadanía. Ahí me pegó la realidad, me di cuenta de que no era igual a mis amigos, ellos ya empezaban a hablar de la universidad a la que iban a ir, de su licencia y su permiso de trabajo. A los 16 años empecé a trabajar en un restaurante como lavaplatos y sentí que el mundo se me cerró, yo quería algo más para mí y mi familia, que mi madre se sintiera orgullosa de su hijo.

Seguí con la idea de estudiar y empecé a ir a las universidades para ver qué se necesitaba para inscribirse: fui aprendiendo a leer las aplicaciones, hablé con los profesores, exploré el proceso por mí mismo. Apliqué a una universidad y me aceptaron para estudiar comercio aunque después me gradué en filosofía, que no es algo muy práctico, pero me enseñó a ver un mundo más grande. Vi cómo era el sistema legal de Estados Unidos y el de muchos países, incluido México; son sistemas que a veces no sirven a la gente y no logran que la comunidad progrese hacia una vida mejor. Quise estudiar una carrera de abogado para entender el gobierno, el comercio y la política. Apliqué para la escuela de Derecho en una universidad privada porque no sabía que podía entrar a otras escuelas y tenía miedo de que me pidieran mis papeles; después revisaron mis documentos y se dieron cuenta de que había un error en mi nombre y que no coincidía con mi número de seguridad social. Yo no tenía pero en la secundaria, por equivocación, habían puesto mi número de estudiante donde iba el del Seguro Social; me iban a sacar de la escuela cuando hablé con un consejero de la universidad, un latino que me ayudó mucho y fue una persona muy importante para mí. Él habló con el director, le dijo que tenía buenas calificaciones y era buen estudiante, así que me dejaron quedarme. Acabé la primera parte de los estudios, pero después tenía que encontrar una escuela que me ayudara para servir a la comunidad, a mi gente. Vi que me podían aceptar en el sistema público de la Universidad de Nueva York, en CUNY Law School. Apenas fui, le dije a una de las directoras que no tenía papeles y me dijo: "No te preocupes, haz tu prueba y mete tu solicitud". De ahí me gradué en 2011, pasé el examen de la barra de abogacía y la prueba de carácter, una de las más difíciles del país; la primera es la de California, la segunda la de Nueva York. Por mi estatus migratorio, estamos peleando en la corte para que me den mi cédula, porque hay diferencias legales entre el Departamento de Justicia, el gobierno federal y el gobierno estatal de Nueva York. Nueva York dice que sí califico como neoyorkino; el gobierno federal dice que no hay una ley que apruebe a los indocumentados. Tal vez el mes próximo haya una decisión favorable. En el proceso he conocido a muchos de los jueces, me han apoyado y me dan esperanzas. Si todo sale bien, seré el primer abogado mexicano indocumentado en Nueva York.

En lo personal, lo único que me importa es que mi mamá diga: "Mi hijo es un abogado"; ya lo dice, pero le contesto que legalmente no lo soy. Espero que llegue el momento de decir: "Mamá, ya soy un licenciado que puede ejercer su profesión". Mi profesor de filosofía me dice que haga lo que de verdad quiera hacer en la vida y el dinero llegará: ahorita no me importa conseguir un trabajo que me dé mucho porque quiero pagar con mi servicio a toda la comunidad que me apoyó, porque no lo hice solo. Sí fui a averiguar a escuelas pero el apoyo fue comunitario, vino de la familia, los amigos, los profesores, los que me dieron trabajo cuando sabían que no tenía papeles, los lavaplatos que me dijeron: "César, estudia, tú vas a pelear por nosotros".

Por ellos quiero ser abogado, para representar a mi comunidad y pelear juntos por los derechos de nuestra gente.

La ampliación administrativa (DACA) que ha dado el presidente Obama fue un paso muy grande, muy importante, porque fue producto del esfuerzo de los *dreamers*; a veces no entendemos que los políticos no hacen las cosas porque ellos quieran, es la gente la que los empuja, la que tiene el poder. Empujamos al presidente para que protegiera a más de cinco millones de personas: ésa fue una lección política muy importante. Esperamos que el presidente siga el proceso e implemente esas acciones, aunque sabemos que no es suficiente. Todavía quedan siete millones que no van a estar protegidos, tenemos que asegurarnos de que se amplíe la legislación de manera permanente, vamos a pelear y a recordarle al presidente que su trabajo todavía no termina.

En respuesta a la acción del gobierno de Estados Unidos, esperaría que el de México ayude a muchos de los padres migrantes, que ya son grandes y algunos no fueron a la escuela, a que tengan un proceso eficiente en los consulados, que les den pasaporte, actas de nacimiento; que sea un sistema accesible a la gente. Hace siete años los consulados no eran lugares donde la gente sentía que podía pedir ayuda, y con esta acción de los cinco millones vamos a necesitar mucha ayuda del gobierno federal mexicano.

He viajado por todo Estados Unidos, desde Texas hasta Nueva York, y este conflicto social no es nuevo en la historia de Estados Unidos, siempre ha llegado un grupo de personas que son vistos como enemigos: los italianos, los irlandeses, y ahora los latinos. Estamos aprendiendo las lecciones de la historia: los grupos nuevos cambian la identidad americana. Aunque mucha gente diga que no somos americanos, cuando les contamos nuestra historia nos reconocen como tales y ven que no somos muy diferentes a ellos. La identidad es un problema en Estados Unidos, pero como cualquier otro país, necesita mejorar su sistema de gobierno.

Creo que aquí te puedes identificar como americano, pero también como mexicano. Si voy a Francia, aunque mi hijo nazca allá no va a ser francés; eso pasa en México, que también tiene un problema con la migración de los hermanos y hermanas de Sudamérica y de Centroamérica, a veces los tratan peor que en Estados Unidos. Yo amo a México, es un país muy bello, me dio mucho orgullo ser mexicano por mi historia y la historia antes de Cristóbal Colón, pero de verdad siento que mi país es Estados Unidos, me siento americano. Antes no me sentía ni de aquí de allá, ahora me siento de aquí y de allá. Es una identidad muy importante para mí.

Ahora tengo la responsabilidad de pelear por los derechos en Estados Unidos y en México pero particularmente aquí, ahora que ya entiendo el sistema legal y político. Algún día quiero trabajar con México como diplomático, ser representante de Estados Unidos pero como americano, como mexicano, como europeo, como sea. Mi identidad es americana pero mi responsabilidad es con todo el país, con todo el mundo, y particularmente con México.

Si sale todo bien, me entregarían mi cédula para ejercer como abogado en diciembre (2014); va a ser una victoria para mucha gente. Espero que para enero o febrero de 2015 pueda abrir mi propia oficina. Me gusta el comercio, siempre me ha gustado, pero la política es muy importante y como abogado quiero representar a nuestra comunidad.

No sé lo que traiga el futuro pero confío en la fuerza de nuestra comunidad, en la fuerza de mi madre. Con esa fe siento que no importa lo que venga, lo que sé es que vamos a seguir peleando. Por eso, a los jóvenes migrantes a los que les dicen que no tiene caso estudiar, les diría que vieran a su mamá: es el único modelo, la única fuerza que necesitan. Si tu mamá pudo traerte y hacer una vida, tú no tienes excusas, tienes todo el poder. Y a las mamás les diría: gracias, siempre. Hay que hacerlas sentir orgullosas, pelear para que así como ellas nos trajeron para vivir una vida mejor, nosotros hagamos una vida mejor para toda la gente.

TEXAS

Necesitamos ayuda de los empresarios mexicanos
GIOVANNI DE JESÚS CASTILLO JIMÉNEZ

Soy de un pueblo pequeño llamado Temastián, Jalisco; mis padres son maestros en México y siempre me inculcaron el estudio. La primera vez vinimos de paseo en familia con visa de turista: estuvimos en California, luego en San Antonio, nos regresamos y terminé la preparatoria en México. Las cosas se empezaron a poner un poco tristes, feas, y tomé la decisión de viajar a San Antonio. Venía solamente a pasear y trabajar un poquito; traté de hacer trámites, pero me salía caro porque me tomaban como estudiante internacional. Al final me quedé y me traje a mi hermano: yo tenía unos 16 años, mi hermano como 14. Después me traje a mi hermana, que tenía 15 años; ellos han vivido en San Antonio desde entonces y he sido como un papá para ellos. Mis padres siguen en México, no han podido venir porque se les hace complicado dejar su profesión.

Llegamos con un tío que desde el principio era ciudadano estadounidense, nunca tuvo que batallar y yo le preguntaba: "Cómo le hago para ir a trabajar, dónde consigo esto o lo otro", y él no sabía nada. Yo había terminado la prepa en México, pero necesitaba hablar inglés y aquí me salía caro. Tuve que echar la mentira de que no había terminado la *high school* en México; me inscribí a la *high school* aquí y también metí a mi hermano.

Después me ofrecieron una beca en la universidad privada de Bellevue Nebraska, me dio mucho gusto porque era sólo para estudiantes hispanos. Luego vino mi hermana y entró a la preparatoria. Estudié inglés como segunda lengua, pero después tuvimos problemas con otros familiares y decidimos salirnos de la casa. Mi hermano y yo rentamos otro lugar en Nebraska, estábamos chicos, pero se nos hacía mejor estar solos que batallando con familiares.

Nunca imaginamos lo difícil que era estar en este país, sin idioma, sin documentos y más que nada sin tus papás. Rentamos un cuartito, mi hermano iba a la escuela en la mañana, yo trabajaba en las tardes en los restaurantes de hamburguesas y en las mañanas me iba a la escuela. Cuando entré a la universidad empecé a sentir los obstáculos y no tenía el apoyo de mis papás acá: ellos siempre nos ayudaron desde México, pero no es lo mismo que tener el apoyo directamente en tu casa. No terminé mis estudios porque me sentía muy lejos de la familia. Me ofrecieron un trabajo aquí en San Antonio, pero para ese tiempo ya me había casado con una mexicana que se vino a Estados Unidos conmigo; dejamos todo con las ganas de pensar que la familia de mi esposa y mi familia estuvieran más cerca, pero aquí en San Antonio se me complicaron más los estudios. Sentí que había más complicaciones para entrar a la escuela y me tuve que esperar como un año y medio para que me tomaran como residente de Texas; al final me fue bien, gracias a Dios pude comprar una casa y con eso les demostré que era residente de Texas.

Tengo dos hijos, un niño de ocho años y una niña de cuatro. Mi hermano terminó su grado en inglés y se casó por allá en Nebraska; no funcionó la situación y ya se mudó a San Antonio. También está mi hermana con nosotros, ella está estudiando en un colegio comunitario; yo nunca saqué mi grado porque me validaron mi diploma mexicano de preparatoria. Mi hermano, como no se graduó en México, pudo obtener su grado en

Nebraska y también está estudiando. Al final entré a la escuela y estudié una carrera corta —técnica, le llama uno en México— porque empecé a tener problemas a la hora de ir a pedir trabajo. Si sacaba una carrera en laminado automotriz, que es como un técnico para reparar los vehículos chocados, podía trabajar en casa y hacer un poco de dinero sin que me pidieran papeles; terminé esa carrera y ahora estoy con la ilusión de terminar un bachillerato. Quiero estudiar la carrera de administración de empresas porque tengo mi propia compañía de limpieza, somos como cinco o seis personas pero bueno, es un inicio.

Ya estoy en un colegio comunitario, estudiando para poder transferirme a una universidad. Hace 10 años entré por primera vez a la Universidad en Nebraska, ya estamos en 2014 y apenas terminé mi carrera técnica; no he podido terminar la carrera completa por el idioma, y ahora que tengo una familia, por los recursos financieros.

Ya califiqué para DACA, pero recuerdo que me fue muy mal cuando no tenía licencia de manejar. DACA nos beneficia para trabajar y estar tranquilos en este país; no es lo mejor, pero hay que tomar lo que nos den. Existimos muchas personas con ilusiones y necesitamos la ayuda de la gente empresarial, que con un empujoncito pudiéramos llegar a ser como ellos o a lo mejor hasta más. Si nos apoyaran ahorita, podríamos ayudar en un futuro a personas que tienen la necesidad de seguir estudiando, como estamos ahorita nosotros.

La mitad de mi vida he estado en Estados Unidos pero nunca me olvido de mi país, siempre tengo ganas de ir. También quiero a este país, me ha dado oportunidades que no estoy seguro de haberlas tenido en México. Además, gracias a Dios mis papás pueden venir, nos visitan y eso es una gran alegría, porque si no, no sé si hubiera podido aguantar.

Nada es imposible. Llevo ya 10 años tratando de terminar una carrera y sí es un proceso muy largo, pero siento que un día voy a lograrlo. Hay muchas personas que no se dan por vencidas; cuesta tiempo, a lo mejor no tienen los recursos, pero yo les digo que sigan luchando. Habrá personas que nos apoyen y un día lo vamos a lograr.

Hay que cuidar a nuestra gente
César Espinosa

Tenía seis años cuando llegué de México, D. F., con una visa de turista, no hablaba nada de inglés y tuve que repetir el kínder en Houston porque no tenía la edad para entrar a primaria. Cuando cumplí ocho años, a mi papá le ofrecieron abrir una cadena de restaurantes en Ohio y nos movimos a Columbus; era 1993. En la escuela, mis tres hermanos y yo éramos los únicos hispanos, por lo que tuvimos un tutor personalizado que nos enseñó inglés.

Al contrario de muchos *dreamers*, siempre supimos que éramos indocumentados, mi papá nos los había dicho desde el inicio para estar prevenidos. Estuvimos un año y medio en Ohio y a mediados de 1994 regresamos a Houston; allá estábamos muy solos y el frío era muy intenso. Entré de nuevo a la escuela y siempre fui el de mayor calificación en mi clase. Cuando terminé la secundaria me ofrecieron muchas becas, una de ellas en Michael E. Debakey High School, una de las mejores siete escuelas a nivel nacional, reconocida por un nivel académico superior. Es como una escuela privada, cada año aplican como 2 000 personas y solamente aceptan a 200.

Cuando estaba en décimo grado traté de donar sangre, y para hacerlo me pedían el Seguro Social; tenía 15 años y fue la primera vez que tuve problema con mi estatus migratorio. Coincidentemente, fue cuando empecé mi activismo como voluntario en una organización que no era mexicana sino centroamericana. En la escuela me pedían 100 horas de servicio comunitario y aproveché para cumplir ahí el requisito, luchar por mi situación y ser parte de quienes tomaban decisiones. En los 10 años que estuve ahí me gradué de la *high school* y tomé el examen de admisión para las universidades; fui aceptado en las mejores, pero me encontré con el problema de mi situación migratoria. Sin beca, en lugar de ir a una gran universidad en Houston fui a un colegio comunitario; entonces empecé a investigar y a luchar por ayudar a los demás. Ahí decidimos crear una organización que se llama FIEL, Familias Inmigrantes y Estudiantes en la Lucha, y nos lanzamos en mayo de 2007, cuando yo tenía 20 años.

Creamos un grupo de jóvenes y padres para enseñarles a los jóvenes que sí podían ir a la universidad. El primer año pasaron dos cosas muy interesantes. Primero, con un presupuesto de 500 dólares ayudamos a 85 estudiantes a ingresar a la universidad con casi todo pagado y hasta nos sobraron 100. Número dos: anunciamos que íbamos a estar en las *high school* y hubo tanta demanda que no podíamos hacer tantas citas, había que anotarlas seis meses antes, todo el mundo quería hablar con nosotros porque era lo nuevo. Había una ley en el estado de Texas que decía que sí podíamos ir a la universidad: tenía siete años de funcionar, pero mucha gente no sabía. Se llama HB 1403 y dice que cualquier estudiante que viva en el estado de Texas 36 meses antes de graduarse de la *high school* puede aplicar para pagar como residente en la universidad y conseguir ayuda financiera del estado. Nosotros empezamos a difundir esta información y poco a poco la comunidad hispana nos pidió que hiciéramos más foros. El último proyecto fue una clínica con información legal para ayudar a la gente con el tema de la migración.

Del colegio comunitario me transferí a la Universidad de Houston, donde estudié ciencias políticas y terminé hace dos años. Apliqué para DACA porque necesitaba licencia de conducir; ahora ya tengo mi licencia y esperamos que este programa se renueve próximamente.

Sé de dónde vengo, por eso estoy comprometido con la gente. Hemos creado fondos para ayudar a los muchachos a pagar su DACA, porque sabemos que es nuestra responsabilidad cuidar de nuestra gente y no olvidar nuestras raíces ni de dónde venimos; al final, eso nos ayudará a sobresalir como comunidad. Si un muchacho toma la Acción Diferida, puede estudiar y trabajar; un profesionista contribuye más a la sociedad que alguien que no tuvo la oportunidad de ir a la escuela. Debemos crear esas oportunidades, porque en Estados Unidos hay los recursos para hacerlo.

Soy mexicano y entiendo mi realidad. Sé que vivir en México sería muy difícil o imposible, lo que no significa que no quiera regresar algún día, pero a mí me interesa mucho la política de Estados Unidos. Lo he dicho antes: me gustaría entrar a la política, no tanto por cuestión personal sino para poder representar a todos los hispanos que vivimos en Estados Unidos.

Tenemos que cruzar el miedo
María Yolisma García

Mi mamá tenía 20 años cuando llegó conmigo en brazos desde Pánuco de Coronado, Durango; caminó hasta el río y de ahí me cargó mientras alguien empujaba la cámara de un tractor, en un momento tuvo que levantarme para que no me mojara. Estoy agradecida por lo que ella hizo. Yo tenía tres meses de nacida cuando llegué y me crie como si fuera americana, fui a la escuela y tuve amigos. Yo y otro primo éramos los únicos indocumentados en la familia; fue muy difícil crecer donde los demás tenían más oportunidades que nosotros. Mi hermana, que nació en Estados Unidos, estaba bien emocionada yendo a México a visitar a mis abuelos. Yo también tenía esa ilusión y pensaba ir con ella, pero un día mi mamá me dijo que no tenía papeles: no supe lo que significaba sino hasta los 16 años. Todas mis amigas estaban sacando su permiso de manejar, le dije a mi mamá que necesitaba mi número de Seguro Social para sacarlo y me dijo que no tenía porque soy indocumentada, que había muchas cosas que no iba a poder hacer.

Ahorita tengo 20 años, estoy estudiando relaciones públicas y comunicaciones en la Universidad de Arlington. Recuerdo que en la preparatoria todos estábamos emocionados de ir a la universidad, pero yo sabía que no iba a poder sacar ayuda financiera del gobierno federal. Me quedé con el sueño derrotado, pero los maestros me apoyaron al cien por ciento y estoy muy agradecida con ellos. Obtuve unas becas para estudiar mi primer semestre en el colegio comunitario, después entré a la universidad y recibí mi residencia permanente gracias al esfuerzo de mis padres; vendimos el único automóvil que teníamos y muchas de nuestras propiedades para poder pagar los costos migratorios. Una vez estuvimos en riesgo de perder la casa porque nos atrasamos en pagarla. Cuando tuve que traducir la notificación del banco que había llegado por correo fue un reto para mí: mis papás no sabían lo que decía y yo, siendo la mayor, traduje para ellos. Gracias a Dios se resolvió, pero tuvimos que detener por un tiempo el trámite de residencia.

Ahora ya tengo mis papeles, soy *documented dreamer*. Ya no fue necesario inscribirme a DACA, que se anunció el mismo año en que recibí mi residencia. Tenía miedo de hablar porque pensaba que todos los demás eran ciudadanos, pero cuando contaba mi historia, algunos de mis amigos me decían: "Oh, estoy en la misma situación". Era un orgullo para mí saber que éramos más saliendo de las sombras.

El miedo es una barrera. Igual como cruzamos la frontera tenemos que cruzar ese miedo, si no, no podemos seguir adelante. Vencer ese miedo fue otro de mis retos. Ahora que sé que no estoy sola, estoy muy agradecida porque nos apoyamos unos a otros.

Hubo un momento en que empezaron a fallecer nuestros seres queridos en México, pero nomás podíamos enterarnos por teléfono; no poder visitar a mis familiares ha sido uno de los instantes más difíciles. Hace poco regresé y fue el momento más emocionante de mi vida, ni la graduación fue tan fuerte. La última vez que mi papá había estado en México fue hace 20 años, cuando falleció su mamá; no tuve la oportunidad de conocerla, pero cuando mi papá fue a ver su tumba, mirarlo con sus lágrimas me movió mucho. Paseamos por nuestro pueblito, Pánuco, y luego regresamos. Yo había ido una vez a los siete años, pero regresé de forma ilegal: esa vez usé los papeles de otra persona y pasamos en camión. Es algo que nadie debe mencionar, pero fue así.

Ahora me acabo de graduar con un diploma asociado de artes, y gracias al esfuerzo y al liderazgo que demostré, me eligieron para dar el discurso de graduación. Pienso en una abogada muy impactante, se llamaba Adelfa Callejo; ella peleaba por los derechos de los inmigrantes aquí en Texas. Cuando la gente me ve me dicen "Adelfa", como que me ven en ella; yo no sé cómo es, pero lucho por los derechos de muchos. En unos 10 años me veo haciendo algo con la educación, quiero ser directora de escuela porque ahí es donde se hace la diferencia. Los maestros hacen una gran diferencia.

Los *dreamers* somos los estudiantes que más energía tenemos para estudiar, para luchar por legalizarnos y viajar libremente a nuestro país de origen. Desde que me acuerdo, los niños con promedio más alto eran hijos de inmigrantes. Eso demuestra cuánto queremos este sueño americano. Somos un gigante dormido y estamos despertando.

Recuperé mi humanidad
MARCO MALAGÓN

Soy de Apaseo el Alto, Guanajuato, y llegué a Estados Unidos con el sueño de trabajar, ahorrar y regresarme a México para estudiar medicina. Mi niñez fue pobre, sé lo que es no tener zapatos, estar lleno de piojos y con mocos, pero mi madre siempre luchó por mí y por mis 10 hermanos. Ella es madre soltera y puso un negocio en el que vendíamos vajillas en abonos, mis hermanos le ayudaban y yo veía que íbamos progresando; desafortunadamente, en 1994 el gobierno mexicano cometió el error grandísimo de firmar NAFTA, eso destrozó nuestra economía. Cuando pensábamos que estábamos en la clase media, teníamos carro y casa, el negocio se fue a pique, el dólar subió hasta 12 pesos cuando antes valía tres: la gente dejó de comprar y no podían pagarnos aunque quisieran. Tampoco había empleo, los agricultores habían perdido su trabajo por la baja de precios del grano que venía de Estados Unidos. El mundo que con tanto sacrificio había construido mi madre se destruyó; entonces mis hermanos tuvieron la idea de emigrar.

Mi hermano Juan, a los 12 años, fue el primero en migrar a California, trabajó en la pizca y regresó, lo que convenció a mi otro hermano; se fueron y regresaron. Así empezó en mi familia la cultura de emigrar: mis tíos se iban, trabajaban seis meses, regresaban a México, gastaban el dinero. Antes era más fácil, luego empezaron a cerrar la frontera y se hizo más difícil cruzar. Yo tenía 13 años cuando se me ocurrió decirle a mi madre que quería irme a Estados Unidos, que tenía el sueño de ser doctor y necesitaba dinero; ella me dijo que no porque estaba muy chico y era muy peligroso, que cuando cumpliera 17 podría hacerlo. Y estaba ahí, con la hormiguita, esperando a tener 17. Terminé la secundaria y empecé a estudiar en el CETIS #150 de Apaseo el Alto, Guanajuato. Cuando cumplí los 17, le dije a mi madre que ya era tiempo. Ella me enseñó a cocinar, a lavar, a hacer la limpieza de la casa; me dijo: "Para que el día que te vayas no sufras tanto". Me sentía preparado, pero cuando empecé a cruzar la frontera me di cuenta del peligro. Íbamos un amigo y yo, pero yo veía que los que caminaban frente a mí eran mis hermanos: iba siguiendo sus pasos. Llegamos hasta Laredo y ahí me hospedé en un hotel, en la tarde nos llevaron en un autobús y nos dejaron en el puente, a la orilla del río, y ahora sí que ia nadar! Luego empezamos a caminar de noche, hacía frío, teníamos sed; me acuerdo que íbamos por las brechas, se me pegaban los nopales en las espinillas, me los quitaba y seguía. Nos puso una correteada la migración, pero afortunadamente pasamos. Tomamos el autobús hacia Houston y mis hermanos nos recogieron en Dallas.

Empecé pensando que todo iba a ser más fácil, pero no: enseguida me di cuenta de que mis hermanos tenían su propia vida, que yo tenía que ver por mí, pagar mi renta, mis gastos, la luz, el agua. Los primeros tres meses fueron devastadores moral y psicológicamente; no tenía a nadie con quién hablar, nadie con quién compartir las travesuras, porque llegué con la mentalidad de un niño, no de una persona madura. Trabajaba por 5.25 dólares lavando trastes en una pizzería. Cuando empecé a ver todo lo que tenía que pagar, el dinero se hacía poco como para mandarle a mis hermanos y a mi madre para que se compraran un refresco o qué se yo; porque además tienes que ahorrar, y con un trabajo no es suficiente. Entonces conseguí otro empleo, trabajaba tanto que sólo dormía cuatro horas al día y tenía medio día de descanso a la semana. Lavar platos y limpiar mesas no es un trabajo sencillo: en ese momento veía muy difícil salir adelante, pero tenía la esperanza y los sueños grandes.

Un año después conocí a una muchacha en un restaurante de hamburguesas y me preguntó por qué no estaba estudiando; no le iba a decir que era indocumentado porque eso da miedo, no compartes nada, te cierras en tu mundo. Empezamos a platicar y me dio confianza: ahí le conté que era indocumentado. Me acuerdo de los ojos que puso, y me dijo: "¡Pues yo también!" Ella estaba yendo a la escuela, me explicó los documentos que necesitaba y eso hizo que mi sueño volviera a crecer. Le llamé a mi madre todo contento y le pedí que me mandara los papeles porque había una oportunidad; me dio ánimos, dijo que no me preocupara, que le echara ganas. Me apoyó moralmente, porque económicamente no era posible. Si México no me había dado una oportunidad, sentía que Estados Unidos sí me la estaba dando y no quería desaprovecharla. Sin saber inglés, yo solito me registré en la *high school* a la edad límite, 18 años; no sé por qué, pero me dejaron entrar y me pusieron en primer año. Ya había cursado hasta tercero de preparatoria en México, pero no me quisieron revalidar mis créditos y empecé con todo: trabajaba en las tardes y estudiaba en la mañana. Me acuerdo que en una clase en la que no hacíamos nada, yo aprovechaba para dormir.

Al segundo año me desesperé por la edad, los compañeros eran más jóvenes y uno ya no comparte las mismas ideas; ya tenía otra mentalidad, necesitaba terminar para irme al colegio. Hablé con una trabajadora social que había llegado a repartir libretas, le dije: "A mí no me des libretas, necesito que me ayudes de otra manera". Le conté mi historia, por primera vez compartí con alguien más mi estatus migratorio, y le expliqué que no me habían revalidado las materias, que estaba sacando "A" (la nota máxima) en todo. Se sorprendió de que a los estudiantes de Asia y Medio Oriente sí les validaban sus créditos y a los mexicanos no; creo que se llamaba Olga. Regresó a las dos semanas y me dijo: "Saqué una cita para ti con una consejera, te van a revalidar todas tus materias y no sólo eso: gracias a que hablaste, les van a revalidar las clases a todos los mexicanos que están en *junior year*". En 2001 éramos como 161 estudiantes en ese caso; no dije nada, me quedé callado, revalidé las materias, tomé los cursos que necesitaba y me gradué. Sin saber nada de inglés y preguntándoles a los compañeros, obtuve el lugar 154 de 2 000 estudiantes.

Cuando llegó el momento de entrar a la universidad me dio miedo: había visto en las noticias que la colegiatura en el estado de Texas había aumentado. En mi familia pocos habían terminado la primaria; mi hermana, si acaso, cursó medio semestre en la universidad, pero era tan caro que no pudo seguir. Además, acá la universidad se paga en dólares, no en moneda mexicana. Estaba desesperado, triste, desilusionado de la vida. Puse todo lo que tenía sobre la mesa y me dije: *Voy a intentarlo, voy a ir al colegio a ver qué necesito para registrarme.* Agarré mis papeles y mi carro y me fui al colegio comunitario; esperé a que todo el mundo se fuera porque tenía vergüenza de compartir mi historia. Eran las cinco de la tarde, ya iban a cerrar, yo era el último de la fila. Entonces, una señora hispana me pregunta en inglés: "¿Te puedo ayudar?" Le dije que quería inscribirme, me pidió el certificado de la *high school*, se lo di, le di mis registros, y cuando me pidió el número de Seguro Social se me puso la cara roja, sentí que el corazón me latía muy fuerte; "No tengo papeles", respondí. Me ve, se queda pensando y me dice: "No lo necesitas". Me sentí aliviado. Pude estudiar porque acababa de pasar una ley estatal que permitía estudiar bajo el juramento de que a la primera oportunidad que tuviera, arreglaría mi situación migratoria y le avisaría al colegio.

En 2005 estaba tomando las clases básicas, como inglés e historia, pero no entendía la diferencia entre el certificado de asociados, de bachillerato, de doctorado; no tenía ni idea de lo que estaba haciendo, sólo sabía que tenía que estudiar. Pero como no compartía con nadie mi historia ni mis frustraciones, me empecé a ahogar en eso, a decaer: llevaba cuatro años estudiando y sentía que no iba para ningún lado. En junio de ese año me llamaron de la escuela comunitaria donde había estudiado para preguntarme por qué no había ido a la graduación, y yo: "¿Cuál graduación?" Me explicaron que había obtenido todos los créditos para graduarme con un certificado asociado en ciencias, la graduación había sido hacía un mes y yo había perdido la oportunidad de caminar en la ceremonia y recibir mi diploma, pero igual me lo mandaron por correo.

Cinco años después, en 2010, andaba como gallina sin cabeza, nomás corriendo de acá para allá, estudiando sin una idea precisa. Ahí me ganó la depresión: no tenía papeles, no podía seguir pagando una universidad de 1 500 dólares por clase cuando yo ganaba siete por hora. Perdí el cabello, me segregué de todo el mundo, mi familia se desapareció. Me preguntaba: *¿Qué estoy haciendo aquí, cuál es mi motivo, mi lucha?* A punto de regresarme a México, toqué fondo: podía irme y continuar mis estudios allá, pero cuando busqué información me di cuenta de que otra vez mi bendito gobierno mexicano no aceptaba revalidaciones de colegio. Si me regresaba, mis estudios no valían; no eran 1 000 dólares, eran miles los que había gastado y miles de noches sin dormir por trabajar duro. Y pensé: *Me voy como un perdedor o peleo por algo aquí, peleo por mis sueños.* México me había hecho un perdedor y así había llegado a Estados Unidos; no podía regresar igual. Tenía que demostrar que si México no me había dado la oportunidad, había otros países que sí iban a darle una oportunidad a mi talento.

Y empecé a pelear, a buscar con quién moverme para empujar una reforma migratoria. Iba a haber una manifestación en marzo de 2010 en Washington, D. C.; sabía que me podían deportar si me paraba la policía de migración, pero llegué al punto de decir: *Me voy para allá solo, manejando mi carro, y si me agarran que me deporten, por una batalla no me voy a quedar sin darles guerra.* Una amiga me presentó a otro muchacho, Ramiro Luna, y nos fuimos a Washington. Recuerdo que llegamos a Virginia y ahí conocí a una compañera que venía con nuestro grupo, llamada Jennifer Cortés, ella me invitó a cabildear. Y yo pensé: *¿Qué voy a hacer en cabildeo si no tengo papeles?*, pero no dije nada porque creía que todos ellos tenían documentos; habían sacado citas con senadores y congresistas, era un mundo al que no pertenecía. ¿Cómo un *mojado* va a entrar al Congreso, al Capitolio a hablar con ellos? Estuve media hora en la entrada pensando qué decir. En ese momento se me vino a la mente el Servicio Secreto, se iban a enterar de que estaba ahí como indocumentado, y a la entrada del Capitolio me iban a pedir documentos, una visa; no sabía qué iba a pasar, pero tomé la decisión de entrar. Si me detenían, pues hasta ahí llegó Marcos, *de regreso a México y a darle duro*, pensé. Y no: nos revisaron, nos dejaron pasar, los muchachos empezaron a hablar de DREAM Act y quién sabe de qué más. Yo no calificaba porque había entrado a los 17 años y el límite de edad era hasta los 16, pero después todos empezaron a compartir sus historias. Me identifiqué con ellos y ahí dije: *Yo soy un* dreamer, *trabajo y estudio, mi familia no me trajo, me traje solo, pero por mis sueños, mi esfuerzo y mis estudios, soy un* dreamer.

Me acuerdo que en la manifestación grité y grité, esa pequeña bomba atómica que traía adentro, de ansia, de tristeza, esa energía negativa salió en Washington, D. C.; me quedé sin voz, pero regresé con el alma liberada. Les quité mi humanidad de vuelta a las personas que me decían ilegal y *mojado*. Yo decía: no, ésta es mía, es mi vida, no es tuya, no te pertenece.

Empecé a luchar, a organizarme con otros. Veía que los de California venían organizados, ¿y en Dallas qué, en Texas quién? Alfonso Salas, Jennifer Cortés, Ramiro Luna, Nicole Añonuevo y yo formamos un grupo. "¿Y ahora cómo nos llamamos?", preguntó Ramiro: necesitábamos un nombre que nos identificara frente a los congresistas. Y de todas las ideas que teníamos en mente, se quedó el de North Texas Dream Team. Éramos cinco locos trabajando y el movimiento empezó a crecer, se acercaron muchachos que habían llegado con las mismas esperanzas y sueños que nosotros. Hicimos una huelga de hambre de tres días y la gente empezó a apoyarnos, nos llevaban agua y comida; ahí vi que la esperanza no está muerta. Como a veces le digo a la gente, todos queremos que llegue Superman a salvarnos pero esa persona nunca va a llegar porque tú eres Superman, tú eres la Supermujer que va a sacar adelante a toda nuestra gente.

En menos de un año empezamos a construir algo inmenso, a empujar a los congresistas y a la sociedad, que se resistía a entender que estábamos ahí, no podían ignorarnos. En 2011 armamos una estrategia y trajimos a casi 500 jóvenes indocumentados de todo Estados Unidos aquí a Dallas, Texas: no sé cómo le hicimos, pero trajimos el congreso nacional de United We Dream. Nos pusimos de acuerdo para, entre todos, empujar por una sola meta: Acción Diferida. Y ganamos en 2012.

Ahora somos muchos y pocos, muchos que se fueron, pocos que nos quedamos, pero muchos que ganaron. Ahora además de empujar, me dedico a construir líderes, a tenderles la mano a personas como la que fui, cuando deseé que alguien me impulsara a seguir; eso es lo que quiero hacer, ayudar a otros a revivir sus sueños, darles energía positiva, decirles que sí se puede. Como dice el dicho: "Preguntando se llega a Roma", pero si no hablas, Dios no te oye. Te puedes quedar con tus preguntas si quieres, pero así vas a terminar, con tus preguntas y tus desilusiones, porque hay gente que sí quiere ayudarte, que está realmente interesada en la humanidad, que quiere salvar a más personas, pero si tú no quieres, nadie va a salvarte; nadie te pone los obstáculos, tú mismo te los pones.

México me dio la vida y me dio las herramientas, Estados Unidos me dio las oportunidades y los sueños. México me dio dos alas, pero Estados Unidos me dio las plumas para volar; por eso estoy agradecido con los dos países. Si tú me preguntas qué soy, no puedo decir que sea cien por ciento mexicano ni cien por ciento americano. Tengo 32 años y llevo 15 en Estados Unidos. Soy mexicoamericano, y aunque no haya nacido aquí, los dos países se han unido en mí.

Que la gente conozca nuestra situación
MILENA ANDREA MELO TIJERINA

Yo nací en Saltillo, Coahuila, y mis padres son de Monterrey, Nuevo León; llegué a los cuatro años con una visa de turista. Cruzamos por McAllen y nos quedamos en El Valle, Texas: aquí empecé la escuela. Mi mamá me contó que el día que empecé la primaria estuve llorando todo el día porque no sabía ni una palabra en inglés.

A mi mamá la deportaron cuando yo tenía como cinco o seis años: pasaron varios meses hasta que pudo cruzar de nuevo. Yo no sabía por qué la habían deportado pero oía cosas sobre un abogado que nos robó, que nunca hizo nada; nunca lo conocimos, era familiar de alguien que nos dijo que estaba haciendo un proceso. Crecí, seguí estudiando en el colegio y en la universidad agarré mi carrera de biología y antropología, mi segunda carrera, y luego hice mi maestría. Después apliqué para hacer un doctorado, así es como llegué a San Antonio; tenía esta idea de que si no entraba a un programa de doctorado me iba a regresar a México. Estaba cansada de no poder manejar ni trabajar, y mis papás siempre estaban muy preocupados del peligro. Yo no aprendí a manejar hasta los 24 años, porque no me dejaban. Mi novio me enseñó aquí en San Antonio, y ahora con DACA finalmente pude sacar una licencia. El mismo día que Obama anunció la Acción Diferida fui a la universidad y empecé a juntar todos los papeles, porque yo sabía que teníamos que tener pruebas de haber vivido en Estados Unidos antes del 15 de junio: apliqué lo más pronto posible y llené la aplicación sola.

Mi vida cambió totalmente. Ya estaba aquí en un programa de doctorado en San Antonio, pero mi familia está en El Valle y tienes que cruzar el río y la frontera para ir y regresar. Cuando me vine para acá les dije a mis padres que no sabía cuándo los podría ver otra vez, porque no podía correr el riesgo, pero luego pasó Acción Diferida y ahora puedo viajar. He ido como a 20 estados del país en los últimos dos años a muchas conferencias, a muchos viajes. Poder trabajar ha cambiado mi vida totalmente: estuve muchos años limpiando casas y vendiendo libros en el mercado para poder pagar mis estudios, y finalmente tengo un trabajo donde me pagan bien. Ahora me pagan el triple de lo que me ofrecían "por debajo de la mesa".

Estoy trabajando en la universidad, soy asistente de un profesor, que es lo que quiero hacer. Voy a ser una profesora de antropología médica, ahorita estoy haciendo una investigación en El Valle sobre el acceso a servicios de salud para los indocumentados en la frontera de Estados Unidos; sobre eso hice mi tesis de maestría y ahora estoy enfocándome más en diálisis, en cómo pueden acceder a ese servicio. Ahí tenemos muchos mexicanos con diabetes y con presión alta y no hay los recursos o los programas para que obtengan los servicios.

Aunque he vivido en Estados Unidos toda mi vida, me identifico como mexicana y daría todo para poder regresar y enamorarme de México, poder conocer todos los lugares y las personas que mis papás me cuentan y que no he conocido. Tengo la esperanza de poder regresar y a lo mejor un día trabajar en México, en una universidad o en el gobierno. Es muy importante que la gente reconozca a todos los inmigrantes en Estados Unidos, queremos tener la posibilidad de regresar porque hemos establecido familias en los dos países y queremos esa oportunidad.

Me siento de México porque toda la vida he oído que América no quiere a los indocumentados, crecí con esta mentalidad de "Para qué quiero a América si ella no me quiere a mí". Siempre me identifico como mexicana, yo digo que soy mexicana más que americana, aunque tengo la cultura americana; los dos son mis países, pero quiero tener más conexión con México. Si no puedo ir, quiero aprender más sobre cómo trabajan las leyes, el gobierno, el sistema de salud; quiero aprender más porque también es mi país y me gustaría poder sentirme parte de él aunque viva en Estados Unidos.

Lo que hemos vivido yo y otros *dreamers* es para ayudar a muchos más, que nunca paren. Si alguien les dice "no", no le crean la primera vez, porque a mí me dijeron que no podía ir a la universidad y es porque la gente no sabe lo que está diciendo: muchos no se quieren meter en esas situaciones o no quieren investigar cómo guiar a ese estudiante a la universidad, pero aquí en Texas es muy fácil que los estudiantes indocumentados entren y puedan pagar como si fueran residentes del estado. Hay la manera, hay mucha gente que quiere ayudar a los indocumentados.

En El Valle la gente que no tiene papeles no puede salir y se siente encapsulada; en otros lugares los indocumentados pueden viajar, pueden volar, pero aquí esa gente no puede. Mis padres han vivido dentro de las mismas 60 millas durante 22 años, y quiero cambiar eso: quiero que la gente sepa sobre esa situación o sobre este lugar, que a lo mejor no ha sido noticia todo el tiempo. La mayoría de los que han aplicado para DACA han salido de mi condado, de esa parte de Texas, aunque todavía hay mucha gente que tiene miedo de salir. Si podemos tener gente por todo Estados Unidos que vengan o que ayuden, que no sean indocumentados, hispanos o americanos, eso nos apoyaría mucho.

Americanos somos todos
Laura Mendoza de Malagón

Me siento mexicana; nací en Texas, Estados Unidos, pero tengo la sangre verde, blanco y rojo. Crecí con esa pasión, aunque antes no tenía esa identidad porque no iba a las clases donde estaban todos los indocumentados. Yo no entendía el privilegio que tenía al ser ciudadana, por eso me involucré en el movimiento de los *dreamers*, porque vi que a los nacidos en Estados Unidos se nos habían olvidado nuestras raíces, de dónde somos, la cultura que tenemos de ayudar al prójimo. Me di cuenta de que no era sólo yo: si no somos todos, no es nadie.

Mis papás son de Jalisco, mi mamá de Las Liebres y mi papá de Tinajeros, un ranchito cerca de Zapotlanejo; yo nací en Dallas, al otro lado del río Trinity. Mis hermanas nacieron en Jalisco, mi papá venía seguido a Estados Unidos y las trajo a ellas y a mi mamá con un *coyote*: vinieron sin papeles, pero gracias a la amnistía de 1986 todos se hicieron ciudadanos y tenemos la doble nacionalidad.

Mis papás me enseñaron desde chica a trabajar duro y a lograr mis sueños. Por eso, cuando vi el trabajo que los muchachos hacen en el North Texas Dream Team, me fascinó. Antes había estado involucrada en varias organizaciones pero no tenían el carácter, la lumbre encendida como estos líderes. Por su edad, quienes no pueden obtener la Acción Diferida tienen mucho que perder: yo lo vi de cerca cuando una amiga de la Universidad me contó que era indocumentada.

Cuando regresé a Dallas, conocí a Marco Malagón y vi que los del North Texas Dream Team estaban haciendo foros y trabajando con el consulado mexicano; ya habían ayudado a 1 000 personas a obtener la Acción Diferida, y dije: "Wow, son gente increíble con la fuerza de los sueños, con la energía para salir adelante". Invité a Marco Malagón a West, Texas, una ciudad bastante conservadora donde la gente vive en riesgo; está lleno de patrullas fronterizas porque ahí están los trabajos, ahí vive la raza, no como en Dallas, donde hay muchos recursos. El North Texas Dream Team ayudó a mucha gente, incluida mi amiga, que ahora tiene dos diplomas de bachillerato.

Como ciudadana de primera generación inmigrante estoy involucrada en esto porque aunque no estamos conformes con lo que nos están dando, a la vez también veo cómo como comunidad no nos ponemos las pilas. Yo veo a estos muchachos, la energía que traen y lo que pueden contribuir, y por eso estoy en la organización a nivel nacional. Registro a gente a votar para involucrar a una nueva ola de participantes en las elecciones estatales y locales, ya que en realidad los representantes tienen más poder al día a día, que el mismo presidente a nivel nacional. Pongo mi granito de arena para educar a mi comunidad.

El que seamos de un color, el que seamos jóvenes no quiere decir que no van a tomarnos en cuenta. Es un privilegio tener una voz aquí en Estados Unidos y lo comparto con los inmigrantes haciendo foros para educar, para que conozcan los riesgos que pueden ocurrir si no votan o si no sacan su DACA, porque ahora está la amenaza de que lo quieren quitar.

Aquí el voto de veras tiene mucho poder. A lo mejor nosotros traemos el pensamiento que en nuestros países de origen el voto es comprado pero aquí sí podemos dirigir esta nación, tener mejores oportunidades en las escuelas, vivir sin el riesgo de que un policía va a estar atrás de ti nada más por tu color. Tú debes enseñarle a la gente el poder que tiene aquí: agarra la educación, y regístrate para votar. Necesitamos generar la cultura de participar no sólo en las elecciones sino todos los días que afectan a nuestras familias.

Con North Texas Dream Team tenemos un comité que ayuda a las personas que están en riesgo de deportación. Una familia de Oklahoma, por ejemplo, vino acá a Dallas; el padre estaba en riesgo porque, según el policía, no usó su direccional. Su esposa, que también era indocumentada, estaba llorando y le dije: "No se vaya a México, tenga fe, algo bueno va a pasar". Al día siguiente les llamaron y les dieron un año de extensión porque no nos dimos por vencidos. Ahora podemos trabajar más con el caso, mostrar que no es justo remover a un señor que es de casa, de la comunidad; si vas a deportar a alguien, que sea porque andan matando gente o violando niños, no porque van a trabajar o porque están haciendo algo por su familia. Ésa no es la América que yo tengo en la sangre. Americanos somos todos los que vivimos en el continente, no sólo los estadounidenses. Como soy mexicana, soy estadounidense, y voy a seguir luchando por mi gente, por nuestra cultura mexicana que nos enseña que somos todos y juntos, o no somos nadie.

La identidad era un silencio
LISSETTE MORENO

"Ahí viene la *migra*", decían; yo sentía terror al escuchar esa palabra y crecí con pesadillas. Siempre supe que tenía que callar mi identidad y no decir que era indocumentada. También sufrimos discriminación de nuestra propia gente aquí en Estados Unidos; si alguien se enojaba contigo, te amenazaba con reportarte. A mí me insultaban, me decían *mojada*, indocumentada, "regrésate a tu país". Los mismos vecinos mexicanos nos decían eso. Había una división entre el que tenía documentos legales y el que no.

Nosotros vivíamos antes en Monterrey, Nuevo León. Mi papá tenía dos trabajos y lo despidieron del que más ingresos le daba; mis padres acababan de comprar la casa y hacían muchos sacrificios para pagarla. Al no encontrar trabajo, él vino a Estados Unidos a trabajar una temporada: yo tenía cinco años cuando vinimos a visitarlo con visa de turista una Navidad. Él sintió la soledad y la nostalgia al vernos y no nos quiso soltar, nos pidió que nos quedáramos mientras juntaba dinero para volver a Monterrey. Cada año que pasaba nos decía: "Al siguiente nos regresamos", y ese siguiente se convirtió en 26 años. En ese tiempo nació mi hermana, que tenía 25, mi hermano de 23 y la más chica, de 16. Ya estamos establecidos, no hay esperanza de volver a Monterrey. Mis dos abuelitas ya fallecieron, no tenemos familia inmediata allá. Nuestras raíces están aquí, no tenemos más lazos que un papel que nos dice que somos de México. Nunca he regresado pero es un sueño, algo que anhelo.

A los 17 años me enfrenté a la verdad. Era mi último año de la escuela, cuando viene toda la preparación para el SAT, el examen de admisión que requieren muchas universidades para medir tu conocimiento; también había que preparar solicitudes para ser aceptada y pedir becas, pero yo no tenía número de Seguro Social ni un papel que indicara que era legal. Mis papás me decían: "Pon todo tu empeño, es una oportunidad que mucha gente no tiene en México, estás en la gloria". Pero yo sentía que era una jaula de oro, que mis estudios no me llevarían muy lejos en este país. Ni me imaginaba ser la única, había miles y miles como yo; la identidad era un silencio en ese entonces.

Ahora tengo dos carreras. La primera es una licenciatura en administración de empresas internacionales bajo el idioma español; la escogí para conocer más de dónde vengo, es mi primera lengua y pude conocer un poco más sobre estudios de Latinoamérica, porque aquí solamente te enseñan temas de Estados Unidos. El segundo título que tengo es diseño, corte y confección. Para pagar la segunda carrera tuve que tomar dos empleos, uno de tiempo completo y otro en bienes raíces: a veces me tocaba dormir en el carro, pasarme la noche a escondidas en el dormitorio con las amigas, en un rinconcito. Lo digo con orgullo porque fui capaz de hacer todo eso por un sueño, gracias al coraje que me enseñaron mis padres para lograr mi objetivo.

En este momento trabajo en bienes raíces y me enfoco especialmente en ayudar a hispanohablantes. Trabajar en el área de diseño hubiera implicado irme a otra ciudad y ahorita mis padres todavía no están en una situación segura porque pueden ser deportados; yo tengo Acción Diferida, pero todavía no puedo salir del país a menos que sea una emergencia.

Hay muchas personas que se dieron por vencidas al no tener la opción monetaria para seguir estudiando, pero ahora pueden aprovecharlo con DACA. En mi caso, esperé muchos años algo mínimo que me permitiera trabajar, por eso insisto en que hay que aprovecharlo, muchas personas han dado su tiempo para que otros obtengan este beneficio.

Todos venimos a esta vida por un propósito; siempre nos va a faltar algo, pero hay que salir y luchar porque cada día es una nueva oportunidad, un nuevo reto a vencer. Veo a las personas discapacitadas y ellas me inspiran. Yo anhelo poder salir algún día de este país y viajar, porque siempre me he sentido como atrapada a pesar de que Estados Unidos es enorme. Antes de morirme quisiera conocer México, que también es mi país.

Encontré el poder en mis raíces
Tanairi Yamile Ochoa Rodríguez

Llegué en 1994, cuando tenía tres años. Veníamos de Culiacán, Sinaloa: mis papás vieron que no había futuro en México y querían algo mejor para mí. Entonces era hija única y decidieron moverse a Phoenix, Arizona, para empezar una nueva vida.

Cruzamos dos veces, con *coyotes*. La primera vez tenía tres años y no me acuerdo; la segunda tenía seis y me acuerdo de las zonas que cruzamos por el desierto de Sonorita con otros inmigrantes. Al llegar a Phoenix, los *coyotes* quisieron que les diéramos más dinero y no teníamos; nos tuvieron en una casa abandonada con otros migrantes hasta que llegaron unos familiares a pagar el resto.

Mis padres trabajaban y decidieron meterme a la escuela lo más temprano que se pudiera; empecé a estudiar desde los cuatro años. En 1995 existía mucha discriminación, no se permitía el español y nuestra cultura no era muy aceptada especialmente en esa ciudad, en esos tiempos y desafortunadamente hasta el día de hoy. Comencé a preocuparme por cosas de la vida real a los siete años, cuando fue muy obvio para mí reconocer la diferencia entre otros niños y yo. Mis papás siempre han sido muy honestos, somos como amigos. Siempre he sido muy curiosa, sospeché que algo estaba mal y empecé a investigar, entonces me enteré de que estábamos indocumentados.

Fue muy difícil. Sabía que iba a tener muchos obstáculos en mi educación pero nunca me di por vencida, siempre he sido creyente y tengo mucha fe en quebrar el círculo de la estadística en deportaciones de familias mexicanas. No era nada más el ser latina: era mexicana, pobre, inmigrante y de bajos recursos, cinco factores que determinaban que no tendría éxito en mi carrera, pero decidí desafiar todo eso a una temprana edad y fue cuando me empecé a enfocar y a crear mis propias oportunidades, a decirle no al miedo y afirmar que estoy orgullosa de ser quien soy. Encontré el poder, la motivación más grande en mis padres y en sentirme orgullosa de mis raíces.

En la preparatoria tuve muchas oportunidades. Las personas dicen que soy una especie rara porque hago muchas investigaciones; me gustan las estadísticas, los datos, amo el estudio, amo leer, me gusta ayudar a los demás. En la preparatoria era como una *nerd*, también era la que estaba enfrente de todos haciendo todo el movimiento: era un balance entre las dos cosas. En el primer año de preparatoria me nombraron la número uno en una clase de 800 estudiantes; no me daba cuenta del contexto porque siempre estaba muy activa, hasta que luego me enteré de que la número dos y la tres eran gringas. Sus papás se enteraron y les dijeron: "Cómo puedes permitir que una mexicana te gane". Ellas convencieron a un profesor de que me acusara de haber copiado en un ensayo, pero me defendí enviándoles el documento a otros profesores universitarios y no pudieron quitarme el primer lugar.

En la convención de Obama en 2008 fui seleccionada por el congresista Edward López, *Ed Pastor*, de Arizona, para ir como delegada: tenía 16 años, tomé el vuelo y me fui a Denver, Colorado. Era la única latina entre todos los demás, les conté mi historia y todos se sorprendían de la madurez que tenía.

Donde estudié la preparatoria, 80% eran alumnos hispanos mexicanos y sus padres no hablaban inglés. Como me gradué en primer lugar, tuve el privilegio de hablar frente a todos los estudiantes y dar el discurso de graduación; los directivos de la escuela sabían de mis intenciones de dar el discurso en español, por lo que intentaron sobornarme con dinero para mantenerme callada o hacer lo que ellos querían, pero ya lo tenía planeado. Practicaba lo que ellos querían escuchar y se los enseñaba, pero esa mañana me levanté y medité por unos minutos: no necesitaba ningún papel, no necesitaba notas para decir lo que tenía que decir. De antemano había contactado a algunos senadores hispanos del estado de Arizona para que estuvieran atentos a lo que iba a pasar. Era un desafío: todos estaban en contra de que yo hablara en español pero lo hice, hablé en español y terminé mi discurso en inglés porque todos esos padres, al igual que los míos, no hablan inglés, pero habían hecho un sacrificio muy grande. Dejaron un país donde a lo mejor no tenían para comer pero vivían tranquilamente, para ir por un sueño, por sus hijos. Por eso mi discurso fue en español, para que escucharan lo que significaba que sus hijos se estuvieran graduando de *high school*: no podía negarles ese momento de alegría, de saborear todas las lágrimas, el sudor de trabajar día a día para que sus hijos tuvieran educación. Era un momento de orgullo y yo les quería dar ese gozo, agradecerles todo lo que habían hecho por cada uno de sus hijos, por ser los padres que eran, y que gracias a ellos, gracias a ese apoyo, sus hijos estaban sentados en el centro de ese auditorio. Era una graduación de 590 estudiantes, y cada estudiante llevaba de tres a seis personas; ese día, el auditorio tenía más de 1000 personas. Les recordé que ese momento era de orgullo pero también el comienzo de una larga batalla para todos, que continuaran luchando día a día.

Después de la graduación, me dijeron en la escuela que iban a mandar a las universidades que me habían aceptado una recomendación negativa por comportamiento no apropiado, porque no seguí las reglas y los desafié; afortunadamente he tenido muchos ángeles en mi vida, gente que ha creído en mí, personas que me han ayudado y que me dijeron: "No te preocupes, si las universidades están interesadas en ti, van a ver la verdad". Al día siguiente, sin importar que los maestros me hubieran puesto obstáculos, le agradecí a cada uno por hacerme más fuerte y uno de ellos incluso me subió la calificación.

Por mis notas obtuve una beca completa en la Universidad Estatal de Arizona, pero meses antes de graduarme me percaté de que con la Proposición 300 me iban a quitar la beca completa, lo que significaba que me iba a quedar sin educación. No me di por vencida y apliqué a universidades privadas. El reclutador de St. Mary's University, aquí en San Antonio, me contactó, se entrevistó conmigo y con mi papá, y me ofrecieron comida, seguro de gastos médicos, y por primera vez en mi vida, dormitorio y beca académica completa para estudiar cuatro años. Me gradué en 2013 de relaciones internacionales, ciencias políticas y especialidad en negocios con los honores más altos y la medalla más alta que se puede recibir. También hice una familia nueva con las hermanas marianistas, hasta voy a comer los domingos con ellas. Por mis calificaciones me ofrecieron una beca para hacer la maestría en Nueva York, pero decidí quedarme unos años para continuar ayudando a la gente. Ahora voy a ir a la escuela de leyes en Arizona en agosto de 2015 y seguir ayudando a todos los mexicanos que viven en Phoenix; ése es mi sueño, ayudarlos, pelear por ellos y ganar.

Cuando comparto mi historia, la gente se impresiona por la edad y la madurez que tenía. Siempre he dicho que no fue por decisión propia, fue por las circunstancias en que tuve que crecer, tuve que madurar a una temprana edad y por esa razón quiero enseñarles a los demás que sí se puede. No tengo el Seguro Social, pero tengo otras armas más poderosas para seguir adelante. He conocido a muchas personas de mucho poder y mucha influencia, pero siempre les recuerdo que no tenemos que perder de vista nuestras raíces; no tenemos que olvidar de dónde venimos, no importa con quién hablemos, todos somos humanos al final del día. Cada persona a la que ayudo me llena de energía. No duermo más de cinco horas y tampoco tengo vida social pero mi vida es la gente, mi energía es la gente que no tiene voz, los que no son representados. Mi energía es ayudar para que ellos tengan una vida un poquito mejor; al estar en esta comunidad, puedo tender un puente entre ellos y los que no los están escuchando, por la razón que sea.

La primera batalla fue por mis padres, sé que México y Estados Unidos me hicieron ser lo que soy. Muchos padres tienen miedo, y eso lo comprendo porque lo he vivido y lo he sufrido. Los padres les tienen miedo a las leyes, a la deportación y a perder todo por lo que han luchado, pero si cuentan con el apoyo y la confianza de un mexicano lo tienen todo. Muchos estudiantes me hablaban y me decían que sus papás no querían que se inscribieran a DACA; hablaba con ellos, les decía: "Prepárenme café que yo llevo el pan", y me sentaba con ellos a tomar café y pan. Subí muchas libras convenciéndolos, pero valió la pena: se sentían a gusto, podían confiar por primera vez en alguien, alguien optimista que les daba la esperanza de seguir adelante. Es una de mis luchas diarias que trato de hacer; tomo mi coche y voy a platicar con ellos para darles esa esperanza que tanto necesitan.

Lo más difícil fue cruzar la frontera y estar aquí. Por eso les digo a otros jóvenes que no se den por vencidos: a veces, algo tan simple como tener una caja chica es suficiente. Somos ingeniosos, a cualquier reto o desafío vamos a darle solución.

Lo mejor que podemos hacer es dejar el miedo atrás. El miedo ha derrotado a muchas generaciones de muchas etnias, es el peor de nuestros enemigos; el enemigo no es Rick Perry o cualquier otro gobernante, somos nosotros si dejamos que el miedo nos posea. Juntos somos el arma más poderosa; si nos tomamos de la mano y nos apoyamos, ellos serán uno contra mil.

A los empresarios les hablo como inversionistas. Así se lo dije al director de la universidad cuando me gradué: "La inversión que hiciste no fue en Tanairi, fue en la comunidad a la que voy a poder ayudar". Si ellos invierten, no lo hacen en un *dreamer*, es una inversión que beneficia a miles de personas porque va a tocar sus corazones. Yo les pido que escuchen nuestras historias, que nos den una palabra de apoyo; a veces eso hace la diferencia, porque nos hace saber que no estamos solos.

Hazlo por tus padres
Abraham Ponce

Tenía nueve años cuando llegué a Estados Unidos con mis padres y mis dos hermanas menores, era diciembre de 2000. Nos quedamos con un tío en Dallas en un cuarto con una litera, mis papás dormían en el suelo.

A los 17 años todavía pude sacar mi permiso de conducir sin documentos; era un permiso provisional para aprender. Un mes antes de cumplir 18, entró una ley que exigía Seguro Social para sacar licencia de manejo. Yo no tenía: cuando me negaron la licencia sentí horrible, me pasé todo el día llorando. Lo mismo cuando quise entrar a la universidad: también se necesitaba Seguro Social para obtener financiamiento. Preguntando en un colegio comunitario tuve la fortuna de conocer a una maestra que me dijo que ahí sí podía ir, y por otra parte conseguí una beca de 5 000 dólares.

Estoy estudiando tecnología de la información, pero no he terminado porque a los 19 años empecé a trabajar y me salí de casa de mis papás; quería crecer como persona, ver cómo era ser independiente. Por mis padres estoy aquí, por ellos tuve todo, pero no quería depender de ellos. Trabajaba con papeles falsos y la novia que tenía, después de dos años, llamó a la compañía para decir que yo no tenía papeles: eso me llevó a la depresión. Aunque un abogado trató de ayudarme, no pude conservar el empleo.

En 2012 empecé a trabajar con mi papá. Un día, mi primo me dio la noticia de que habían pasado DACA; fue una alegría, algo que no estaba esperando. Busqué información y me enteré de que el presidente Obama había permitido que los estudiantes como yo y muchas personas lo solicitaran. Busqué información para ayudar a mis hermanas a llenar la aplicación, iba a ser muy caro para mis padres porque éramos tres, pero encontré en internet un foro de North Texas Dream Team donde nos explicaron cómo hacerlo, y ya estamos en DACA.

Ya con la Acción Diferida tienes la posibilidad de seguir adelante, nadie te pisa. Ahora quiero ayudar a otras personas para que la obtengan y no los deporten. La Acción Diferida te abre las puertas, te quita el temor. Pero lo más importante es que si no lo quieres hacer por ti, lo hagas por tus padres, que consigas el dinero porque nunca sabes cuándo vas a necesitar un permiso para trabajar. Es por tus padres que estás aquí, sin ellos no seríamos las personas que somos, y ellos están en riesgo de deportación.

DACA fue una bendición
Araceli Sánchez

Entré a Estados Unidos como turista. Venía de Tamaulipas con mis cuatro hermanos, tres más grandes que yo y uno más pequeño; mi papá ya estaba trabajando en Houston, tenía como tres o cuatro años aquí solo. Entré a la *high school* sin hablar inglés. Cuando vivía en Matamoros tomaba clases pero pasaba los exámenes memorizando una guía, luego se me borraba la memoria y ya; nunca puse atención porque no pensé que iba a venir a Estados Unidos.

El año que entré a la escuela comenzó un programa que se llamaba "Academias", consistía en separar a los alumnos por áreas; pusieron academias de ingeniería, academias de leyes, y para identificarnos nos ponían diferentes colores en las playeras de los uniformes. Había una academia especial para los que acababan de llegar al país: eso causó problemas entre los mismos hispanos, porque algunos son de papás chicanos que hablan inglés; eran racistas con nosotros y hubo muchos problemas de discriminación. Yo tenía 13 años y le decía a mi mamá que no quería estar en Estados Unidos, que había niños y niñas que me miraban mal en la clase. Ella me decía: "Tenemos que seguir aquí con tu papá".

Estudié en el colegio comunitario porque es mucho más barato que la universidad. Aquí en Texas hay una ley de ayuda financiera para residentes, pero para aplicar debes tener más de tres años viviendo en Texas y haber iniciado y terminado la *high school*; en eso el gobierno de Texas es muy ayudador, no necesitas papeles, solamente reportar los impuestos para que ellos te ayuden. Y a mí me ayudaron, aunque yo no le veía caso y le decía a mi mamá: "Para qué, si el día de mañana me voy a graduar y no voy a tener papeles, ¿en qué voy a trabajar?" Mi mamá me decía: "Nunca sabes qué pasará el día de mañana, qué tal si te enamoras de alguien y arreglas tu situación o pasan una ley".

Estaba estudiando a ciegas e invirtiendo dinero, porque cada clase vale de 800 a 1 000 dólares. Ahorita agarré dos y pago como 3 500 dólares, que es muy barato en comparación con otras universidades. Imagínate: una universidad de nivel alto vale 50 000 dólares al año. Siempre he sido de primer lugar, y aunque en secundaria había más competencia, siempre salí en el cuadro de honor. Cuando llegué a Estados Unidos se me hizo más fácil porque la formación que me estaban dando ya me la habían dado en México; en matemáticas, que es mi área, se me hacía más fácil porque no era idiomas. Después del colegio entré a la Universidad de Houston para ser maestra de matemáticas, y luego vino esto del DACA: tenía miedo de aplicar porque pensábamos que era una ley para identificar a las familias indocumentadas y deportarlas, luego vimos que no. Apliqué en 2013 y ya recibí mi permiso.

Estudiaba los fines de semana y a veces tomaba clases *online* para poder estudiar mientras estaba trabajando. Tuve muchos trabajos, vendí productos de belleza y productos centroamericanos, ganaba muy bien y no me pedían papeles, era una compañía hispana. También trabajé en La Pulga y en una taquería donde no hacía nada, nada más picaba un botoncito, contaba a la gente cuando entraba y me pagaban 10 dólares la hora cuando el mínimo era de siete. De venir de Matamoros, de no saber inglés, de pasar por gente racista, de llorar y estudiar a ciegas porque no tenía número de Seguro Social, de pensar que nunca iba a haber reforma migratoria… De todo eso a que un día me den la Acción Diferida y el gerente general de Univisión me diga: "No te salgas de la escuela, te voy a acomodar un horario de trabajo de acuerdo a tu horario escolar", imagínate qué bendición.

Desde chica siempre quise ser maestra de matemáticas, siempre me gustó; nunca fui la mejor, pero sacaba excelentes calificaciones y estaba feliz. Ahora estoy estudiando dos carreras: un *major*, la carrera principal, y un *minor*, un segundo recurso. La Universidad de Houston ofrece el área de fotografía como *minor* y la maestría en matemáticas como *major*.

WASHINGTON*

La humildad te lleva a grandes lugares
Ivania Castillo (Virginia)

Soy salvadoreña y llegué a Estados Unidos en el año 80, durante la guerra en mi país. En 1980 habían matado a un tío mío y secuestrado a mi mamá; apenas la recuperamos y decidimos venirnos para acá toda la familia, de una sola vez. Éramos 23 personas, salimos de emergencia y lo dejamos todo porque pensábamos que a los seis meses íbamos a regresar. Yo tenía 13 años cuando llegamos a Virginia y desde entonces vivimos aquí.

Me tocó trabajar igual que todo el mundo. Mi primer empleo fue en la construcción y demolición; yo venía de una familia de dinero en El Salvador y fue muy duro verme con una mangana rompiendo los pisos de las cocinas. Después trabajé seis años limpiando oficinas por las noches; de día, estudiaba como cualquier otra joven.

Mi lucha por los inmigrantes empezó un poco antes de 2007. Donde vivo, en el condado de Prince William, Virginia, iban a aprobar unas leyes racistas muy similares a las de Arizona, así

---

* Entrevistas realizadas durante las manifestaciones en pro de la reforma migratoria que se llevaron a cabo en la Casa Blanca en 2014, en las que participaron migrantes latinoamericanos de todo el territorio estadounidense así como la organización de madres Dreamers' Moms USA.

que me inscribí para hablar en el Congreso estatal. Creo que fui la única que no suplicó ni imploró ese día, les dije exactamente lo que pensaba: que eran unos racistas, que sus leyes eran racistas, que iban en contra de mi gente que tanto ha luchado, que no tenían el derecho de pedirme el pasaporte ni a mí ni a nadie. El video, que está en YouTube, pasó a la historia porque me les paré enfrente, como mujer salvadoreña y latina que soy, a defender a mi comunidad con las uñas. Al propio Corey Stewart, el encargado de todo el condado, le dije que no era justo lo que estaban haciendo. Pero a raíz de esas palabras, ese mismo día llegó la policía a meterse a mi casa diciendo que estaba funcionando la alarma y que tenían que registrarla: Stewart, que es un hombre muy poderoso en el condado de Prince William, me mandó a la policía.

Estuve trabajando con la organización Mexicanos sin Fronteras casi cuatro años. En ese periodo demandamos al condado por racista, los llevamos a la Corte federal y ganamos el caso. Cuando vieron que habían perdido quitaron esas leyes, sin embargo, ya habían logrado deportar a 25 000 personas en un mes y medio; la gente dejó sus casas abandonadas, eso era un desastre. Después de perder el caso se fueron contra cada uno de nosotros. A mí me han metido presa, también a mis dos hijos, a mis dos sobrinos y a mi hermana, que es psicóloga y trabaja para el condado. Una noche, la policía detuvo a mis hijos y a mis sobrinos porque donde vivimos hay una restricción que dice que los menores de edad no pueden andar en la calle después de las once de la noche; recibimos una llamada de aviso antes de las once y salimos para allá. Los chicos dijeron una y otra vez que eran ciudadanos americanos, pero la policía les estaba pidiendo sus papeles y los tenían en el suelo; cuando llegué, los enfrenté hasta que los levantaron. Entonces contratamos abogados foráneos para asegurarnos de que no estuvieran vendidos, se unieron otros cinco de un bufete de Washington y entre todos demandaron al condado. Cuando uno de mis hijos estaba a punto de testificar, lo acusaron de estar hablando en la Corte; en ese momento sentí lo que era que a uno lo discriminen por ser latino. A mi hijo, siendo ciudadano americano, en plena Corte lo levantaron entre cinco policías, lo sacaron al pasillo a empujones, como si fuera un animal, y empezaron a pegarle frente a mí y frente a toda la gente; yo gritaba que lo dejaran. A los fiscales, que eran abogados, también les gritaba que si no veían lo que le estaban haciendo a mi hijo y me respondieron: "Señora, cállese, si no, la callamos". Metieron a mi hijo a un cuarto y me fui detrás de ellos pero me agarraron tres policías, en el cuarto sólo se escuchaban golpes; cuando lo sacaron, lo arrastraron por toda la Corte como para ponerlo de ejemplo para la gente latina. Luego lo tiraron de boca, mi hijo se dio contra el pavimento y se cortó los labios: lo llevé al hospital y busqué el mejor abogado que había para demandarlos por millones de dólares, porque eso que habían hecho estaba filmado, había cámaras en toda la Corte. Cuando ya tenía al abogado y el apoyo de la organización, pedimos los videos y nos dijeron que hacía más de un año y medio que las cámaras de la Corte de Prince William no funcionaban. El abogado no podía hacer nada; era nuestra palabra contra la del fiscal y los jueces, pero todos estaban vendidos.

No pudieron meter a mi hijo preso, pero eso no les bastó. Un día, mi hijo el mayor estaba hablando con sus amigos y se le aparecieron dos hombres, lo siguieron desde la entrada del edificio hasta el departamento y lo golpearon, pero no contaban con que ahí estaban mi esposo y mi otro hijo y empezaron a darse duro: yo también estaba ahí y los hombres me golpearon. Mis nietos, cuando vieron lo que estaba pasando, salieron corriendo y se quedaron en las escaleras. Los dos hombres traían pistolas y amenazaron con matar a los niñitos: mi hijo salió con un cuchillo detrás de ellos y empezaron a pelearse. Al final, mi hijo había apuñalado a uno de los hombres dos veces. Había 19 testigos que vieron cómo había ocurrido todo, pero aun así se llevaron a mi hijo preso por intento de asesinato. Estuvo en la cárcel un año y ocho meses, aunque la condena era de cinco años; gracias a que los 19 testigos declararon en la Corte y dijeron que había sido en defensa propia, le redujeron la condena. Después me di cuenta de que la juez también estaba coludida, entonces los reporté al FBI. A los hombres sólo los condenaron por allanamiento de morada y estuvieron presos dos meses.

Seguí luchando con Mexicanos sin Fronteras y entonces se fueron contra mi otro hijo, empezaron a ponerle multas de tránsito, a acusarlo de estar conduciendo a exceso de velocidad, hasta que lo llevaron a la Corte. Por otros incidentes, a mis dos sobrinos también los metieron a la cárcel. A mi hermana la acusaron de perjurio por haber declarado a favor de mis sobrinos y mis hijos; le dieron cinco años de cárcel, pero contrató a un buen abogado y llevamos el caso a la Corte de Richmond. Pudo salir antes, luego apeló para que borraran los cargos de su expediente y gracias a Dios hoy vive libre.

Uno nunca sabe cuándo Dios nos va a poner a los enemigos enfrente. Yo estaba luchando con Casa Virginia, una organización de ayuda a migrantes, cuando nos avisaron que iban a mandar 100 niños migrantes al condado donde vivo. Dije: "Como que me llamo Ivania, pero en mi condado no van a hacer lo que hicieron en Richmond, donde mandaron a los niños de regreso y los sacaron de Virginia". Estaba dispuesta a luchar por esos niños migrantes de Centroamérica, no iba a permitir que los despojaran ni en el condado de Prince William ni en Virginia. El líder de la organización Casa Virginia es salvadoreño, y junto con él fuimos al condado a hablar con Stewart, ese hombre que había sido gran enemigo mío. Entonces él se me acercó, me abrazó y me dio la mano; se disculpó y me dijo que sentía mucho todo lo que había pasado. En ese momento pensé que la humildad, y no la arrogancia, es la que lo lleva a uno a grandes lugares.

Me humillé por los niños y le dije: "Sé que han pasado muchas cosas, pero ahora vengo a pedirle a usted, por favor, que deje que los niños vengan al condado. Ahora usted tiene la oportunidad de ser una mejor persona; por sus malas decisiones, en 2007 fueron deportadas 25 000 personas, pero ésta es la oportunidad para que mande un mensaje al país y le deje saber que vamos cambiando, que somos una comunidad que les da la bienvenida a los latinos". Y me dijo: "Tiene razón, vamos a recibirlos en el condado, le juro que voy a cumplir". Por las noticias me di cuenta de que los niños estaban siendo bien cuidados; eso me dio la esperanza de que no todo está perdido en este país.

Actualmente trabajo en diferentes organizaciones, incluida Dreamers' Moms USA, pero en la que ya llevo cuatro años es Casa Virginia. También colaboro en otra organización donde velamos por la comunidad de salvadoreños y estamos trabajando para cuidar su voto en las elecciones de 2015, que no se pierda cuando lo manden para El Salvador. Desde mi país me eligieron para preparar a la gente para votar porque hace poco fui nombrada mujer latina del mes en los estados de Virginia y de Washington, algo que para mí fue un honor.

Ahora estoy junto con las madres de jóvenes *dreamers* en esta huelga de hambre frente a la Casa Blanca; desde que entré con Lenka Mendoza a Dreamers' Moms USA, sentí en mi corazón que éstas son grandes mujeres que no tienen por qué luchar solas. A mí el presidente Ronald Reagan me dio mis papeles en 1986 y no tuve que luchar, por eso los latinos que somos ciudadanos americanos tenemos una obligación muy grande con ellas.

Hay más de 11 millones de inmigrantes trabajando todos los días en Estados Unidos sin que nadie les dé un papel, un beneficio para poder viajar a su país, para trabajar y tener una vida normal como la que tenemos nosotros. Hay gente muy humilde que no habla en las cámaras ni va a marchas porque tienen miedo de que los detenga la Migración y los deporten. Yo sé que tengo una voz que habla cuando ellos no pueden hablar. Hace siete meses me hinqué y le dije a Dios: "Sé que a veces soy un poco pleitista, pero te pido que me des fuerza para luchar por los migrantes, dame la bendición de la palabra, que seas tú el que habla por mí". Desde ese momento me metí de lleno en Casa Virginia. Estuve en Richmond luchando contra el congresista Eric Cantor, uno de los que no dejaron que pasara el voto de la DREAM Act en la Cámara Baja; nos encargamos de ser su sombra, íbamos detrás de él y lo confrontábamos: "¿Por qué no deja pasar las reformas migratorias, por qué discrimina a nuestra gente?" Vinieron las elecciones y gracias a que los americanos se dieron cuenta, logramos que lo derrocaran: ése fue un gran triunfo. El cuarto día de la huelga de hambre con Dreamers' Moms USA también vinieron a marchar mis compañeros de Casa Virginia; en cuanto vi la bandera de mi organización me quise ir con ellos. Las compañeras me decían que no me fuera porque yo era la que tenía los permisos para la huelga y nos los podían quitar, pero dije: "Perdónenme, voy a marchar con mi gente por los inmigrantes". Gracias a Dios, nadie se dio cuenta y hasta me sacaron en el *Washington Post*, también en el *New York Times* han puesto mi foto muchas veces. La comunidad ya me conoce y me apoya, saben que llevo 15 años luchando.

Soy defensora de los derechos humanos, no me considero activista, esa palabra no va conmigo. Un activista arma un evento y luego lo desarma pero mi lugar son las calles, marchar, hablar por los derechos de la gente humilde que día a día contribuye a la economía de Estados Unidos; los obreros, los campesinos que están recogiendo verdura, ellos no pueden venir a Washington a hablar. Y no me importa si saben quién soy yo, me los imagino un día felices, celebrando con sus familias. Eso me da fuerza para luchar cuando se me acercan las madres con grilletes electrónicos y me cuentan que les suena en el trabajo o a las dos de la mañana: en ese instante tienen que ir a conectarlo a la electricidad, porque si se descarga y la señal no llega, viene la policía de Migración a buscarlas a la hora que sea. Dicen que suena muy fuerte y que se siente muy caliente, tanto, que se tienen que poner una toallita porque les arde la piel. He estado en la cárcel tres veces este año por marchar, pero no me imagino qué se sentirá traer un grillete en el pie.

Aunque el presidente Barack Obama se vaya a decir a otros países que aquí se respetan los derechos humanos, que vivimos en paz y no queremos ninguna violencia, se han cometido injusticias. Hemos votado por él y nos ha pagado con una traición bien grande: no le ha dado a la comunidad latina lo que prometió. Está sentado en la Casa Blanca porque nosotros lo elegimos, pero él nos quebró el corazón. Ha deportado a más de dos millones de migrantes sin pensar en las consecuencias.

¿Qué pasa con ese padre que no regresó al hogar y deja a la madre que no tiene con qué pagar la renta? ¿Qué pasa cuando a una madre la agarra la policía de Migración y no puede volver a casa? La llevan a la cárcel y nadie vela por sus hijos, viene el Social Service y el gobierno toma posesión de los niños. Para recuperarlos hay que pagar miles de dólares; una madre no tiene para pagar un abogado y recuperar a sus hijos. En este momento, ¿cuántos niños en todo Estados Unidos están en manos del Servicio Social? Son niños olvidados.

Adoro la bandera de Estados Unidos, la llevo en mi corazón y daría mi vida por este país; aquí he visto nacer a mis hijos como todas las madres de migrantes, aquí me casé y aquí hice mi familia, pero no dejo de preguntarme cómo es que este país les ha negado el sueño americano a 11 millones de migrantes, sabiendo que todos los días trabajan y contribuyen a la economía. No vienen a robarle ningún trabajo a nadie, vienen a dar, pero a cambio han recibido deportación, discriminación y humillación. Porque a una gente latina la humillan por cualquier cosa: a mí, así como soy, me han discriminado por el acento, ahora imagínate a mi gente que trabaja en un Seven Eleven. Muchos se han acercado a nosotros para contarnos que los tratan de haraganes, que a veces no les pagan el día sólo porque el jefe está de malas; uno ve esas injusticias ahora que las elecciones ya pasaron. ¿Qué detiene al presidente Barack Obama para venir a tomar la decisión? Si pasa la orden ejecutiva, les daría a 11 millones de migrantes la oportunidad de trabajar, de viajar, de tener su Seguro Social, una licencia de conducir. Simplemente, les daría la oportunidad de no sentirse ilegales.

Que el presidente Obama cumpla su promesa
Francisco Díaz (Florida)

Soy de la Ciudad de México y me vine a Estados Unidos cuando tenía 24 años. Llegué a Florida, aquí me casé y ahora estoy divorciado. Emigrar de México es difícil porque dejas una familia, pero siempre lo haces por buscar un futuro mejor. Hace dos años deportaron a mi cuñado, éramos una familia muy unida y durante esa separación se quebró. En mi familia hay 10 ciudadanos americanos, un residente y un indocumentado, mi cuñado, el que fue deportado. Con la deportación vino un rompimiento completo de la familia, nos dañó mucho.

En marzo hice un viaje en bicicleta desde Miami para Washington. 1 200 millas en 36 días tratando de llamar la atención del Congreso y del presidente Obama para que den un alivio a las familias. Durante ese viaje conocí muchísimas historias de familias que están muy dañadas por el mismo problema. Eso me ha fortalecido para seguir adelante. Estoy cumpliendo nueve días en huelga de hambre, estoy tomando pura agua. Lo hago por mi familia y porque siento un compromiso con todas esas personas que pusieron fe o están buscando una esperanza en mí, que me conocieron y me dijeron: "Haga algo, a ver qué puede conseguir usted, a ver si puede cambiar algo de esta situación". La meta no es venir a sentarnos enfrente de la Casa Blanca o terminar un ayuno, sino que el presidente se dé cuenta de lo que pasan las familias y que detengan las deportaciones. Ya no queremos más separación de familias, que no queden niños huérfanos a causa de un sistema migratorio que está dañado.

Conozco a muchos *dreamers* que están en la misma lucha. El problema migratorio lo han convertido en un juego político, en estira y encoge. Hay que ver la forma de impulsarla para que sea algo justo y amplio para todas las personas que estamos en este problema.

Al principio, cuando el presidente Obama entró, había mucho ánimo porque él significó para Estados Unidos romper las cadenas de la esclavitud que antes tenían los afroamericanos. Él dio esperanza a todos los que estábamos indocumentados en sus promesas de campaña. Dijo que dentro sus primeros 100 días iba a dar una reforma migratoria, lo cual, al momento que él toma el gobierno, era difícil que pudiera pasar. Cuando salió el presidente Bush, dejó a este país a punto de una gran depresión. Sabíamos de antemano, yo en lo personal, que antes de que diera una reforma migratoria tenía que arreglar todo eso. Ha hecho grandes cosas, aunque estoy aquí poniéndole esa presión, lo admiro porque ha hecho grandes cambios para Estados Unidos, ha hecho lo que otros presidentes no habían podido, e incluye a los hispanos. Ahora ya está la economía más arriba y estamos aquí esperando a que cumpla un poquito de lo que prometió hace seis años.

Ojalá que el gobierno mexicano hiciera algo para quitar esa tentación de que la gente brinque la frontera. México está muy dañado, le han robado todo. Lo último que le ha quitado el narcogobierno es el miedo. Ojalá que de estos 43 muchachos, que desafortunadamente van a ser los mártires, se forme un nuevo líder que le dé un buen cambio a México.

No queremos vivir separados
Yethel Franco (California)

Mi hija y yo somos ciudadanas americanas, nacidas en Estados Unidos. En realidad no soy mamá de un *dreamer*, pero estamos manifestándonos frente a la Casa Blanca porque deportaron a mi marido; él está en México y estamos sufriendo la separación de la familia. Al momento de la separación, mi hijo se enfermó y tiene que estar medicado, con muchos cuidados. Sentimos que nuestros derechos como ciudadanos americanos no son tomados en cuenta.

Mi esposo vivió en Estados Unidos por más de 10 años como una persona productiva, teníamos un negocio y dábamos trabajo a más gente. Ésa es mi molestia: ¿por qué no lo puedo traer? Las leyes dicen que cruzó la frontera ilegalmente, pero ahora no hay una ley que pueda hacerlo regresar, porque son castigos de más de 10 años. No queremos vivir tantos años separados, mi hijo lo necesita para hacer cosas tan simples como recogerlo de la escuela, le dan una premiación en la escuela y su padre no está. Son detalles que ponen más delicada la salud del niño, incluso su doctor ya mandó una carta a Migración diciendo que necesitan que el papá esté con el niño para poder estabilizarlo y mejorar su situación. Siento que mis derechos no cuentan y ya queremos un cambio.

Mi esposo es de la Ciudad de México, pero ahorita está cerca de la frontera para que yo pueda bajar y que mi hijo lo esté viendo. Tratamos de darle una vida lo más normal que se puede para que no caiga en las crisis que cae.

Con nuestras demandas queremos hacer un cambio que realmente se necesita. Como ciudadana americana me siento deportada porque vivo día a día con el mismo sufrimiento que las personas ilegales; vivimos así, con la incomodidad de estar separados y batallando siempre. Necesitamos que estas leyes tan quebradas ya den un cambio, y ellos lo saben. Ellos piden nuestro apoyo, piden votos, ¿cómo los vamos a estar apoyando si a nosotros no nos dan el apoyo que pedimos? Ellos dicen: "Bueno, tu esposo como ilegal no tiene derechos". *Okay*, él no pero yo sí, y no están viendo por mis derechos ni por los de mi hijo, que también es ciudadano americano.

Nos casamos en Los Ángeles y aun así deportaron a mi esposo. El problema es que ahora las leyes dicen que si cruzaste como ilegal tienes que irte a México, y te dan un castigo de cinco o 10 años sin poder volver; para que vean, su sistema está muy quebrado. Le pedí ayuda a mi congresista y me dijo: "Bueno, pero tengo que ver su *green card* para saber si te puedo apoyar, porque no puedo ayudar a personas que no tengan un buen *record* en el país". Le mostré el *record* de mi esposo, en Migración y en todas las agencias sale totalmente limpio, porque fue una persona dedicada al trabajo. Ése es el tipo de personas que no deben ser deportadas, no deben estar afuera porque no son criminales, son personas productivas para este país. Ahora mi estabilidad económica no es buena y es muy desgastante porque no lo tengo a mi lado.

Indocumentadas, sin miedo y en acción
LENKA MENDOZA LARCO (VIRGINIA)

Mi nombre es Lenka Mendoza, soy peruana de nacimiento y llegué a Estados Unidos hace 14 años. Vine con mi esposo y mis dos hijos. Alejandro, el mayor, tenía cuatro años y medio; Carlos tenía dos años y aquí nació mi hija Fiorella, que ahora tiene ocho. Mi esposo tenía una visa de trabajo, llegamos a acompañarlo porque tenía una cirugía; queríamos estar juntos porque los niños estaban muy pequeños y extrañaban a su papá. Veníamos por un par de meses, a mi esposo le renovaron la visa de trabajo y nos quedamos un tiempo más. En Perú empezaron los problemas políticos con el presidente Fujimori y no pudimos regresar porque mi esposo trabajaba para el gobierno peruano, pensábamos que las cosas iban a calmarse en un año, máximo dos, pero no creímos que íbamos a quedarnos tanto tiempo.

Cuando llegamos a Nueva York era un mundo muy diferente, nos costó mucho adaptarnos; lloramos toda la primera semana, perdimos peso porque no nos adaptábamos a la alimentación. Un año después nos mudamos a Virginia y aquí ya vamos para 15 años, siempre con la esperanza de volver.

Carlos, mi hijo menor, siempre pensó que era americano, creció con esa mentalidad; nunca sintió el proceso de ser indocumentado hasta que cumplió 16 años. Vio que todos sus amigos tenían licencia de conducir y él no podía tener acceso a ella. Cuando mi suegro enfermó y falleció en 2006, mi hijo me preguntaba por qué no podíamos ir a ver a su abuelito si éramos americanos, "si podemos caminar libremente aquí, por qué no podemos ir y regresar". Le hablé de la visa y él no entendía para qué servía eso, mi hijo mayor lo captó más rápido y hasta le decía a su hermano: "No le hagas tantas preguntas, ya déjala". Sin embargo, lo resintió cuando se iba a graduar y empezó a ver universidades. No tenía la posibilidad de estudiar en Virginia porque no teníamos dinero y había que pagar como estudiante extranjero, cada crédito costaba como 600 dólares y nos parecía injusto porque toda la vida hemos pagado muchos impuestos al estado de Virginia.

Luego vimos la luz con el DACA, el programa de Acción Diferida para los jóvenes soñadores que aprobó Obama. Fue una esperanza para ellos, aplicaron y el día del cumpleaños de mi hijo pequeño abrimos el correo y nos llegó su documento: fue el mejor regalo que pudo recibir. Mi esposo y yo lloramos de emoción y de alegría porque nuestros hijos podían tener un documento legal, pero nos sentíamos mal: aunque

nos habíamos quedado por su bienestar, nosotros los habíamos arrastrado a esto.

Nosotros nos sentimos los soñadores originales porque dejamos todo para soñar por nuestros hijos, para soñar en su bienestar. En nuestro país teníamos una profesión, no éramos gente
millonaria ni acomodada pero teníamos nuestra casita, nuestro
trabajo y era nuestro país, nadie nos podía decir nada, no vivíamos bajo ninguna amenaza.

Cuando vi el trabajo que habían hecho los jóvenes *dreamers*,
todo el esfuerzo y el sacrificio, pensé: *Si ellos lo hicieron, por qué
nosotros los adultos no*. Empecé a contactar a los *dreamers* locales
y junto con mis hijos empecé a trabajar con ellos, fuimos al congreso a hablar con los representantes para pedir por una reforma
migratoria; ese sueño americano del que hablan se volvió a despertar, el espíritu derrotista de temor se fue.

Julieta Garibay, de la organización de *dreamers* United We
Dream, y José Cáceres, otro joven organizador de *dreamers* en
Virginia, nos invitaron a hablar ante el representante en el Congreso para contar nuestras historias; fuimos pero yo tenía miedo
de hablar, nunca me separaba de Julieta porque yo era indocumentada. Adentro del Congreso me dijo que no pasaba nada,
que no estuviera nerviosa. En la oficina del representante, José
Cáceres empezó a contar su historia, yo lo escuchaba y decía:
Qué valor. Luego mi hijo empezó a hablar, contó que era indocumentado, se dirigió al representante y le preguntó: "¿Tiene hijos, ya se graduaron de la universidad, está orgulloso de
ellos?" Él respondió que sí. Mi hijo continuó: "Sí, se nota en su
cara, y sabe qué, señor, yo quiero ver ese gesto en el rostro de
mi madre, eso que veo en sus ojos lo quiero ver en los ojos de
mi madre, quiero tener la oportunidad de seguir estudiando y
que mis padres se sientan orgullosos de mí, pero no puedo porque lo que el presidente ha dado es limitado y no puedo entrar
a una universidad en Virginia". Al ver el valor que tuvieron mis

hijos, me decidí a hablar. Le dije al representante: "Yo también soy indocumentada, pero pago impuestos y trabajo duro"; también le hablé un poquito de la problemática de Virginia. Ese día sentí que se me había caído la mordaza de la boca, se me fue todo el temor; me temblaron las piernas, pero fue el valor de nuestros hijos lo que me dio fuerza. Ahí nació esa conexión tan grande entre madres e hijos *dreamers*.

Nosotras somos las *Dreamers Mothers In Action* (DMIA), somos las madres soñadoras de Estados Unidos y ya tenemos una organización grande con madres de 10 estados del país. Yo fundé el grupo y nos organizamos con el lema de "Madres indocumentadas y sin miedo". Me acuerdo cuando se aprobó en el Senado la S 744, la ansiada reforma migratoria. Lo primero que hice fue llamar a mi madre, y le dije: "Mamá, se aprobó la reforma, ya sólo falta la firma del presidente y vamos a poder vernos, espérame, sé fuerte". Mi mamá estaba enferma de cáncer. "¡Qué alegría poder verte después de tantos años! —me dijo— Ver a mis nietos, que los vi bebitos." Yo sabía que el paso de la ley por la Cámara de Representantes iba a ser difícil, "pero no creo que esta gente tenga corazón de piedra", le dije a mi madre.

Pasó el tiempo, siguió la lucha y esos señores no querían firmar nada: pusieron su odio, su racismo por delante. Hemos ido a hablar con ellos a *lobbies* y nos han tratado con palabras muy duras, como delincuentes, como criminales. Hemos tratado de presentar nuestra humanidad, nuestro dolor y no les ha importado. Aun así hemos ido avanzando, creciendo e impulsando a otras madres, a otras personas para que no tengan miedo, para que salgan a luchar por lo que quieren, porque hay que vencer muchos temores. Como madres, no somos solas, tenemos responsabilidad en nuestra familia, en nuestro hogar y con nuestros hijos.

El dolor de la separación de un hijo y sus padres es muy fuerte: a mí me duele no haber estado con mi madre cuando más me necesitó. Durante muchos años tuve la rutina de hablar diario con mi mamá, le contaba todo lo que hacíamos, cantábamos, reíamos, llorábamos juntas en el teléfono. Esa llamada era nuestro momento, ella y yo solas, era igual que sentir su abrazo y su apoyo cuando me sentía triste o alegre. Cuando estuve 10 días en huelga de hambre y la terminé, le dije que no le iba a llamar ese día porque me sentía muy cansada; lo hice hasta el día siguiente, a mediodía. Su teléfono sonaba ocupado. Como a las cinco de la tarde recibí un mensaje por Facebook, era mi sobrina diciendo que llamara urgentemente porque mi mamá se había puesto mal. Llamé, mi sobrina estaba llorando, había gritos; me dijeron que a mi mamá le había dado un infarto y se la estaban llevando al hospital en ambulancia. Me puse de rodillas y le pedí a Dios: "No me la quites, dame la oportunidad de volver a abrazarla una vez más, además de mi madre es mi amiga, mi compañera, mi consejera"; había visto a mi esposo destrozado cuando murió su padre y le pedí a Dios que no me hiciera pasar por lo mismo. Mis hijos se fueron a comprar una tarjeta para llamar, había caído una tormenta de nieve ese día, los aeropuertos, todo estaba cerrado. Cuando regresaron con la tarjeta y al fin pude comunicarme al hospital, mi hermano me dijo que mi mamá había reaccionado, pero que estaba muy débil; en ese momento escuché que se acercó el doctor y le dijo: "Tu mamá acaba de fallecer". Escuché cómo mis hermanos lloraban y yo no podía hacer nada, estaba tan lejos: fue una impotencia, un dolor muy grande no poder llegar a abrazar a mi mamá, a darle el último adiós. Quería estar con mis hermanos, consolarlos, pero no pude. Recordé las palabras que me había dicho un representante de Virginia: "Ustedes qué exigen si no merecen nada, ustedes han roto las leyes, son unos criminales, ustedes merecen un castigo". Si me querían castigar por quedarme en este país, ese día había recibido el castigo, fue lo peor que me pudo haber pasado, pagué un precio muy alto por quedarme a vivir en Estados Unidos. Ese día pensé muchas cosas: *Nunca me hubiera subido a ese avión, nunca hubiera venido*. Pero aquí estoy, no tengo resentimiento contra este país, yo lo amo, mis hijos lo aman, mi hija nació aquí, aquí he hecho mi hogar, mi familia. Sé que las leyes tienen que cambiar, tienen que ser más justas, más humanas y comprensivas.

A mí me daba tristeza ver una división entre mis propios hijos, porque la niña tenía privilegios que sus hermanos no poseían. Ella los abrazaba y les decía en su inocencia: *"Don't worry*, yo te voy a dar mis papeles para que tú puedas estudiar, para que puedas manejar y trabajar". Nos conmovía su lucha por compartir los derechos que ella tenía. Un día me dijo: "Mamá, llévame con el presidente para hablar con él". Entonces la llevé al Congreso de Virginia y hasta ha hecho *lobby*. Ella es mi compañera en la lucha, igual que mis hijos y mi esposo. En enero de 2014 nos movilizamos y logramos que los *dreamers* pudieran entrar a las universidades sin pagar colegiatura. Ahora con el DACA mis hijos están menos limitados, ya tienen Seguro Social.

Me acuerdo cuando fuimos a renovar nuestros pasaportes al consulado peruano y la niña le dijo a su papá: "Yo quiero ser como ustedes, yo también soy peruana, tú y mi mamá son peruanos, yo como comida peruana". Decidimos inscribirla y sacamos su pasaporte. Mi hija salió feliz diciendo: "¡Ya soy peruana, ahora todos somos iguales!" Como que antes se sentía fuera de su familia, se sentía mal por tener derechos que su familia no tenía. Con su pasaporte en la mano empezó a correr por todo el consulado, los que estaban ahí se reían y decían: *"Oh my God*, ella es americana y está celebrando que tiene otra nacionalidad, y nosotros quisiéramos tener la de ella"; fue tanta su alegría y su alboroto que salió el embajador, se tomó fotos con ella y le regaló un libro de la cultura peruana. Ella salió diciendo: "Ahora sí ya puedo ir al Perú sin que me deporten y puedo seguir tranquila comiendo mi comida peruana".

Si la gente se queda indocumentada aquí es porque las leyes no les ayudan. Las familias quieren estar juntas, reunificadas; no es justo que ciudadanos americanos vivan apartados. Esto no se trata de política, no se trata de republicanos o demócratas, se trata de personas, de seres humanos que viven en este país, que es el país de la libertad, de la democracia y la defensa de los derechos. Todos sabemos que cuando pasa algo en otro país, Estados Unidos es el primero que corre a exigir que se respeten los derechos humanos. ¿Y qué pasa con los que vivimos aquí dentro? ¿Dónde están nuestros derechos? ¿Dónde mueren, dónde terminan? A veces nos tratan inhumanamente, nos deportan, quiebran familias, separan niños y los dejan en hogares de cuidado, o sea, ellos no tienen derechos. Los representantes dicen en el Congreso que su deber es cuidar el bienestar de sus conciudadanos, de los ciudadanos americanos. ¿Acaso el hijo del inmigrante e indocumentado que nació aquí no tiene el mismo derecho que otro niño? ¿Dónde está la libertad? Hay "libertad", entre comillas. Nosotros queremos ser libres en el país de la libertad, por eso elegimos quedarnos aquí, pero la libertad que veo está muy limitada.

Ahora llevamos nueve días de ayuno frente a la Casa Blanca, aguantando el frío. Somos mujeres indocumentadas sin miedo de venir a sentarnos aquí para que el presidente vea nuestro dolor, nuestra necesidad urgente. Él prometió que nos iba a dar un alivio administrativo, como hizo con nuestros hijos; es un respiro, pero nosotros vamos por una reforma migratoria más amplia que resuelva más factores, no sólo la regularización migratoria de los que ya están aquí sino más visas de trabajo, visas humanitarias, visas para estudiantes, agilización de los trámites de los familiares. En estas elecciones trabajamos por el voto latino, pero vamos a seguir concientizando a la comunidad sobre la importancia de pasar una reforma migratoria: que nuestros hermanos que tienen el privilegio del voto vean quiénes son los que obstruyen el avance de este país, que siendo de Primer Mundo se está comportando peor que uno del Tercer Mundo, con discriminación, creando ciudadanos de segunda o tercera clase. Es necesario que la gente sepa lo que está pasando. Los republicanos se oponen a que el mundo sepa, pero aquí hay grupo que maneja la "democracia", entre comillas. Este país que manda tropas a defender la libertad de otros no está mirando por la libertad de los que vivimos aquí adentro; eso tiene que verse, nosotros vamos a pelear, vamos a seguir levantando a la comunidad. Yo no puedo votar, pero tengo familiares y amigos que son ciudadanos y que pueden hacerlo. Vamos a usar esa voz en el Congreso, no nos vamos a quedar sentados.

En nuestra pancarta de Dreamers' Moms USA fuimos tan valientes que pusimos nuestra leyenda en español y en inglés: "Mujeres indocumentadas, sin miedo y en acción". Hay mujeres que venden tacos para venir a protestar acá a la Casa Blanca, aunque las arresten; hay otras que hasta se han encadenado como protesta en Arizona. Algunas no sólo han sido indocumentadas, han sido relegadas y han vivido violencia doméstica por el hecho de estar bajo el machismo, y con toda esa complejidad hemos visto su transformación. Por eso el símbolo de nuestra camiseta es una mariposa: es el deseo de ser libre, de volar. El número 11 es por los 11 millones, la paloma es por la paz y la esperanza; lo que no nos podía faltar es el birrete y el diploma. Nuestro sueño más grande es que nuestros hijos puedan estudiar, verlos realizados como profesionales.

Antes mis hijos me decían: "Mami, ¿de verdad no te da miedo?", y mi esposo también me advertía: "Piénsalo bien, nos vas a jalar a todos". Pero yo no tengo miedo. O luchamos o nos vamos a quedar igual y no vamos a lograr nada. Empezamos cinco mujeres y estamos creciendo. Ahora nos llaman mujeres de otras ciudades diciendo que están inspiradas y que quieren pertenecer a nuestra red: hay mamás que han sido deportadas, que están en Tijuana y se ven todos los días con sus hijos a través de la rejita, se tocan las manos, es muy duro. Yo misma sé lo que duele estar lejos de mi familia, pero mi caso es uno en millones. Por eso voy a seguir luchando para sacar una reforma migratoria. Nosotros trabajamos, pagamos impuestos; no hemos venido a cometer crímenes, estamos construyendo esta nación. No pueden hacernos nada por pedir nuestros derechos, queremos regularizar nuestra situación.

Nos sentimos muy orgullosas de nuestro grupo porque somos mujeres que salimos de la sombra y levantamos nuestras voces para luchar. Les digo a las muchachas que estamos haciendo historia desde el momento en que salimos a marchar por las calles de Washington; luego se ríen cuando les digo que voy a hacer un libro con la historia de cada una, porque cada quien ha vivido un proceso bien diferente. Quiero contar cómo hemos crecido de la mano de nuestros hijos y cómo cada mujer que se ha acercado nos ha enriquecido.

Somos jóvenes comprometidos
Irvis Orozco (California)

Para mí es muy difícil decir que soy de cierto lugar y no conocer ni de dónde soy, es algo que me duele. Tengo muy buenos recuerdos de Veracruz, éramos muy pobres, pero vivíamos muy felices porque era un mundo muy rico, muy *frutoso*; recuerdo la costa, comer mangos, cocos, papaya. Mi mamá se llama Clara y era madre soltera. Para salir adelante se fue a Estados Unidos y me dejó con mis abuelos un tiempo: esos años fueron muy felices. En ese tiempo se hizo el NAFTA, luego entendí que ese tratado había ocasionado lo que estamos viviendo, que mucha gente venga a Estados Unidos.

Mi madre llegó a Sacramento, exactamente a San Joaquín Valley, un lugar donde crece todo y le da de comer a toda la región. Mi tía había llegado antes a Sacramento, en 1982, y gracias a la amnistía pudo arreglar sus papeles de residente y ahora es ciudadana. La primera vez que crucé fue con ella, hace 20 años era más fácil; la segunda vez tenía seis años y crucé con mi mamá. Eso les pasa a muchos jóvenes: sus papás se vienen primero, pero luego no pueden verlos en cinco, 15 o 20 años. Lo mismo ocurre ahora con los niños de Centroamérica, que no han podido ver a su familia, y a las mamás que no han podido ver a sus esposos. En mi caso, me duele no poder volver a Veracruz. Me recuerda la canción de Gloria Estefan, "Mi tierra"; esa canción me hace llorar hasta el fondo. Ella, como yo, no hemos podido visitar el lugar donde nacimos y ése es un dolor muy grande aunque también me hace acordarme de dónde vengo, de mi cultura, aprender lo más que pueda, esforzarme por hablar bien español. Hablar español me acerca más a mi tierra.

A veces las personas en México piensan que venir a Estados Unidos va a ser muy fácil, pero no es cierto. Hay mucho racismo en este país. Aunque haya cosas positivas, es muy difícil tener acceso a la educación y salir adelante. Nosotros llegamos a trabajar, llegamos pobres; la transición de México a Estados Unidos fue muy difícil porque la cultura y la escuela son diferentes. Por mi acento de Veracruz, los niños se reían de cómo hablaba; además soy muy morenito y en los lugares donde iba antes había puros güeros, eso también me complicó la vida. El racismo existe. Sin embargo, en California todo cambia, es un mundo diferente: hay latinos, hay asiáticos, hay afroamericanos, es un mundo multicultural. Me gusta decir que soy mexicoamericano; nací en México y estoy muy orgulloso pero crecí en California, envuelto en una política controversial. Casi tres años después de que llegué empezó la Propuesta 187 que en 1994 encabezaba Peter Wilson, el ex gobernador californiano. La 187 decía que los indocumentados no podían tener educación ni acceso a centros de salud, que si iban, serían reportados a Migración. Yo estaba empezando la escuela y los maestros me decían: "Sigue adelante, sí vas a poder, no te olvides de aprender bien tu español y tu inglés, tienes que ser bicultural".

Mi mamá trabajaba siempre en el campo, se iba a las cuatro de la mañana y regresaba hasta las seis o siete de la noche; después tuvo otras niñas y yo las tuve que cuidar. Podría decir que crecí en la escuela, solito. Ésa es una realidad en Estados Unidos: los padres hispanos trabajan 15 o 16 horas al día y no están conectados con sus hijos porque quieren darles todo. Esos niños, por no tener a sus padres cerca, van mal en la escuela y se meten en pandillas; afortunadamente, a mí me dieron apoyo en la escuela, me decían que si continuaba y salía adelante iba a poder hacer lo que quisiera porque éste era un país de oportunidades. En secundaria me inscribí a todas las clases de inglés, pero a los 13 años mi mamá me sacó de la escuela y me llevó a trabajar con ella al campo. Cuando le conté a una de mis consejeras, me dijo que no podía trabajar por mi edad, sin embargo, hay una ley en todo Estados Unidos que permite a los inmigrantes tener a sus hijos con ellos en los campos: son condiciones muy duras, hace mucho calor, las jornadas son de 12 y hasta 16 horas diarias. Hoy todavía hay más de 500 000 niños que trabajan en el campo. Muchos meses estuve con mi madre hasta que decidí lo que quería hacer y la convencí para que me dejara seguir estudiando.

A los 14 años me escogieron para formar parte de un grupo de estudiantes de todo California que venían a Washington a aprender sobre política en el Capitolio; éramos muchachos de culturas y estados distintos, íbamos a trabajar con legisladores para poder dar nuestra opinión sobre lo que se necesitaba en cuestión de salud y educación para los jóvenes. Me involucré mucho con esos estudiantes y seguí capacitándome con ese programa durante tres años. A los 17 estaba a punto de terminar la escuela, pero no sabía qué hacer para pagarla porque no había mucho financiamiento en ese tiempo. La directora me habló de una ley reciente, la AB 540, que nos daba a los indocumentados el derecho de pagar lo mismo que paga un residente por estudiar. Apliqué a muchas escuelas, me aceptaron en la Universidad de Berkeley, la Universidad de California en San Diego y en Los Ángeles y en la Universidad de California Davis. Me ofrecieron una beca en UCLA, pero sólo pude tomar unas clases porque a otros dos estudiantes y a mí nos quitaron el apoyo por no tener papeles; eso fue porque otro latino, nacido en Texas, estaba diciendo que iba a meter una demanda contra la universidad.

Ahí me regresé a vivir con mi mamá por un tiempo, fui a la escuela de la comunidad y otra vez quise inscribirme en la Universidad de California: quería estudiar relaciones internacionales y economía pero la inscripción costaba casi 7 000 dólares, era muy caro y yo no veía ninguna esperanza. Había más estudiantes en el mismo caso, mexicanos y centroamericanos. En 2007, en las oficinas de CHIRLA (Coalition for Humane Immigrant Rights of Los Angeles), decidimos juntarnos como 40 o 50 muchachos para ayudarnos uno al otro, para apoyarnos y seguir adelante. Ahí se formó lo que ahora se conoce como California Dreamers Network, una organización de más de 88 escuelas en todo California que trabajan para abogar por los derechos de los migrantes y dar servicios a estudiantes indocumentados. Un año después nos juntamos en UC Davis; para entonces éramos 120 estudiantes de todo el estado. Me acuerdo que hicimos *carpooling*, conseguimos hospedaje y donaciones para la comida. Logramos pasar dos o tres resoluciones. Entonces estaba de gobernador Arnold Schwarzenegger: aunque él también había sido migrante indocumentado por muchos años acá en California, se negó a firmar el acta.

En 2009 había dos candidatos a la gubernatura de California, Jerry Brown y Meg Whitman; iban muy parejos, no se sabía quién iba a ganar. Brown era pro inmigrantes y Whitman estaba en contra de lo que hacíamos. Brown dijo que nos iba a firmar el acta y que iba a ayudar a los inmigrantes, por eso empezamos a trabajar en su campaña y anduvimos por todo el estado haciendo acciones con él. Cuando le preguntaban frente a las cámaras si iba a firmar la California DREAM Act, decía que sí; sin embargo, cuando ganó la gubernatura no firmó.

En noviembre de 2010 pasó la DREAM Act por la Cámara de Representantes, el presidente Obama decía que ya sólo faltaba que la firmara el Congreso. Esa vez vinimos a Washington con Nancy Pelosi, ex presidenta de la Cámara de Representantes, quien nos ayudó bastante con la iniciativa, pero no pasó por dos o tres votos en el Senado. La votación fue bastante controversial porque usualmente sólo se necesitan 60 votos, pero para esa ley se requería el voto de dos tercios del Senado.

Fue una decepción, pero nos recuperamos. En el verano de 2011 postulé para un programa en UCLA. Fui uno de los 100 estudiantes seleccionados para trabajar en el grupo de los *dreamers* de todo el país: entre ellos había un muchacho que se había graduado, otra que estaba estudiando para ser médico y una arquitecta, mi amiga María Gómez, mexicana graduada de UCLA. Nos dieron una beca y un entrenamiento, éramos muchos jóvenes comprometidos.

Luego empecé a trabajar en varias organizaciones como UCLA Law Center, donde me dieron chance de hablar frente a la legislatura y conté lo mismo que les estoy contando ahora. Mi historia es como la palabra *bittersweet* en inglés, que es "azúcar amargo": me habían aceptado en las mejores universidades del país, en UCLA y Berkeley, pero no podía pagarlas. Sin embargo, sabía que si me aceptaban una vez, podían aceptarme otra vez.

Hablar ante la Asamblea ha sido una de las cosas más difíciles para mí, pero sabía que mi historia podía beneficiar a otros estudiantes. Me acuerdo que luego vino un reportero y me dijo:

"Hola, soy de la Associated Press". Yo no sabía qué tan grande era esa agencia de noticias; me tomó fotos y salimos en todos los periódicos. A partir de ahí, los estudiantes de todo el país se empezaron a enterar de lo que estábamos haciendo.

Un año antes el director del centro de investigación de Sacramento me llamó para entrevistarme, le conté todo lo que estaba haciendo y cuando terminé me dijo: "Te quiero contratar". Le contesté que no tenía papeles y dijo: "*I don't care*". Y me contrató. Les ayudé a entrenar a nuevos estudiantes en política y cómo hacer lo que yo estaba haciendo; esa experiencia me abrió muchas puertas.

En 2011, un sábado, me llamaron para decirme que el gobernador había firmado el acta de los sueños: empecé a llorar de la emoción, iba manejando, me estacioné y eché brincos. El primer estado en que se había firmado fue Texas, en 2001, pero no había pasado en un estado tan grande como California. El gobernador firmó el acta con la condición de que empezara en 2012, aunque luego lo cambió. Ahora, para solicitar las becas estudiantiles tienes que ser parte del AB 540, hacer tres años de bachillerato y graduarte de una escuela de California; si cumples con esos requisitos, puedes entrar a las universidades comunitarias y estatales.

Ese año también conocí a las personas del consulado de México en Sacramento, especialmente a Carlos Gutiérrez González, una persona muy educada e inteligente a la que le tengo mucho afecto. Nos ayudó para hacer una conferencia con más de 3000 estudiantes mexicanos, ahí les hablamos sobre derechos y sobre los *dreamers*. Mientras esperaba que pasara la DREAM Act federal, también me ofrecieron trabajo en Tucson y en Phoenix, hasta me invitaron a dar conferencias a Detroit; era la primera vez que iba tan lejos y la conferencia era para 5000 personas. Hasta nos dijeron: "Traigan sus pasaportes, porque esto ya es Canadá". Después fuimos a Chicago y a Tucson, donde nos reunimos con estudiantes, y tres meses antes de las elecciones de 2012 ayudamos a que muchos mexicanos y latinos se inscribieran para votar.

Mientras todo esto pasaba, no podía volver a la escuela porque debía como 3000 dólares. Cada verano me iba a trabajar al campo para pagar mis estudios; pasó el tiempo y al fin en 2013 pude regresar a la Universidad de California y me gradué en diciembre. En 2014 llegué a Washington como parte de un programa de la Universidad de California y he seguido trabajando con los *dreamers* porque sé que las cosas pueden cambiar. Un ejemplo es la campaña de la Acción Diferida que hicimos en abril de 2012, fue una idea que no vino del presidente ni de los congresistas sino de nosotros. La Casa Blanca no nos escuchaba, pero tuvimos la oportunidad de empezar a trabajar con un profesor de leyes de UCLA que nos dijo que en ciertas circunstancias el presidente podía hacer una orden efectiva para limitar las leyes antiinmigrantes: nosotros vimos la oportunidad de empezar una campaña, el profesor llamó a otros 96 profesores de leyes de todo el país y firmaron una carta para el presidente Obama. La Acción Diferida le hizo muy difíciles las elecciones al presidente Obama, pero al mismo tiempo, en noviembre de ese año 78% de los latinos le dieron su voto.

Ahora sigo trabajando en proyectos con California Dreamers Network, hacemos conferencias en las que damos información sobre DACA y también platicamos con niños latinos que nacieron acá. Posiblemente, con UCLA voy a hacer un programa en Oaxaca sobre prevención de salud; sería una buena oportunidad para ir a México. Mientras tanto quiero seguir adelante, hacer una maestría e ir a la escuela de leyes.

Mi mensaje para los jóvenes es que nunca se rindan. Mi mensaje para los grupos que rechazan a los migrantes, que se sienten amenazados y se oponen a lo que hacemos, es que no se olviden de que Estados Unidos siempre se ha hecho con los inmigrantes y que recuerden que este país lleva una parte de México.

Agradecimientos

Este libro no hubiera sido posible sin la participación y el apoyo de un increíble grupo de personas.

Quisiera agradecer en primer lugar a los jóvenes *dreamers* su confianza al compartir sus historias y su constante lucha por salir adelante frente cualquier adversidad. Sus experiencias enriquecen este libro, y me gustaría manifestar mi más grande reconocimiento a su grandeza y compromiso con ambos países. Gracias a ellos por abrirme las puertas de sus hogares y permitirme conocer a sus familias, tocar sus corazones y estar siempre cerca de la comunidad. Gracias por compartir su tiempo y sus reflexiones: sus testimonios son lecciones de vida para muchos mexicanos, sin importar en qué lado de la frontera se encuentren.

Gracias a todo el personal de la Red Consular de México en Estados Unidos, en especial a los consulados generales de Nueva York, Boston, Miami, Chicago, Los Ángeles, Atlanta, Houston, Raleigh, Phoenix, San Antonio, Dallas y Las Vegas, así como a la Embajada de México en Estados Unidos, por su respaldo excepcional y su profesionalismo con la comunidad.

También agradezco la colaboración y el apoyo de Jorge Santibañez, Luza Alvarado, Alyshia Gálvez, Robert Smith y Jorge Suárez Vélez, así como al equipo que me acompañó en esta experiencia: Horacio Ramírez, Edith Escobar, Verónica Sánchez, Roberto Lomelí y Carmen Pedraza.

Gracias a Sergio y a mis hijas, María José, Celia María y Montserrat, por su apoyo incondicional.

Finalmente, gracias al Grupo Editorial Penguin Random House por la ardua labor y la colaboración que hacen posible la publicación de este libro.

Nosotros los dreamers de Josefina Vázquez Mota
se terminó de imprimir en noviembre de 2016
en los talleres de
Litográfica Ingramex, S.A. de C.V.
Centeno 162-1, Col. Granjas Esmeralda, C.P. 09810
Ciudad de México.